이 책에 쏟아진 찬사

바야흐로 메타버스 시대다. 메타버스가 불러온 발전의 기회를 붙잡아 시대의 흐름을 타고 디지털 신세계로 나아가야 할 때이다. 메타버스라는 말을 처음 들어보는 독자는 물론이고 이미 메타버스에 온몸을 던진 업계 관계자도 꼭 읽어보길 권한다.
—우중저(吳忠澤) 전 과기부 부부장, 디지털 경제 전문가

이 책을 읽다 보면 메타버스가 파노라마처럼 눈 앞에 펼쳐진다. 메타버스를 이루는 핵심 기술이 어떻게 응용되는지도 쉽게 설명해준다. 우리는 이미 완전히 새로운 디지털 시대로 들어섰다. 미래를 알고자 하는 당신에게 이 책을 추천한다.
—정웨이민(鄭維敏) 중국 공정원 원사, 칭화대학 교수

메타버스로 인해 정보기술은 새롭게 도약할 기회와 동기를 맞이했다. 새로운 디지털 공간에서 차세대 정보통신기술은 빠르게 융합되고 디지털 경제, 디지털 사회, 디지털 생태계도 급속히 발전할 것이다. 메타버스 시대를 관통하는 6가지 중대한 트렌드에 대해 논하는 이 책을 통해 미래 기술의 발전 방향을 이해하면 메타버스 시대를 기꺼운 마음으로 맞이할 수 있을 것이다.
—장핑(張平) 중국 공정원 원사, 베이징우전대학 교수

발전은 끊임없이 옛것을 부수고 새것을 세우는 데서 비롯된다. 메타버스 시대는 디지털 경제 발전에 다시 없을 기회를 불러올 것이다. 모든 업계가 메타버스 시대를 체계적·객관적으로 철두철미하게 이해하는 데 이 책이 디딤돌이 되기를 바란다.
—니젠중(倪健中) 중국이동통신연합회 집행 회장

지난 몇 달간, '메타버스'라는 개념과 그 적용 사례가 전 세계에 충격을 몰고 왔다. 그러나 그 영향력과 속도, 범위가 유례를 찾아볼 수 없는 까닭에 '메타버스'를 이해하는 것이 발등에 떨어진 불이 되었다. 서점가를 점령한 여타 '메타버스' 서적에 비해, 이 책은 메타버스의 역사적 변천, 기술 원리, 응용 시나리오, 인문학적 의의 등을 상세히 설명해준다. 특히 메타버스의 앞날을 창의적으로 그려내고 있다.
—주자밍(朱嘉明) 경제학자

메타버스는 전 세계 경제 시스템의 디지털화, 스마트화를 촉진하고 기술과 조직, 효율의 변혁을 이끌 것이다. 이 책의 저자는 실제 사례를 통해 메타버스의 잠재력을 심도 있게 논한다. 메타버스는 생산력과 생산 관계 전반에 걸쳐 틀림없이 혁신을 몰고 올 것이다.
—량신쥔(梁信軍) 푸싱 그룹 공동 창업자

미래에는 클라우드 컴퓨팅, 빅데이터, 블록체인, 인공지능, 5G, 가상현실, 양자컴퓨팅 등이 융합 발전하면서 디지털 경제의 발전과 사회 신용 시스템의 구축을 촉진하고 차세대 인터넷 시대의 막을 열 것이다. 이 책은 메타버스를 이루는 핵심 기술의 응용 분야를 전반적으로 분석하고 예측한다. 이는 다양한 기술의 발전과 응용 및 핵심 기술의 자체 개발을 촉진하는 데 유익할 것이다.
—허바오훙(何寶宏) 중국정보통신연구원 클라우드 컴퓨팅·빅데이터 연구소 소장

이 책은 독특하고 논리적인 시각으로 차세대 인터넷인 메타버스에 대해 이야기한다. 새롭게 도래한 메타버스 시대에는 혁신적인 '애플리케이션'이 대거 등장할 것이며 새로운 형태의 위대한 경제 조직이 탄생할 것이다. 개인이든 조직이든, 메타버스 시대의 기회를 잡으려면 어떻게 해야 할까? 이 책이 여러분의 등대가 되어줄 것이다.
—관칭요우(管淸友) 루스(如是)금융연구원 원장 겸 화신(華鑫)증권 수석 경제고문

대항해 시대부터 우주개발 시대, 인터넷과 디지털 공간에 이르기까지, 인류는 끊임없이 미지의 시나리오를 탐색했다. 디지털 세계와 물리 세계가 결국 하나로 합쳐진 것이 메타버스다. 이 책은 점차 달라지는 시나리오를 차근차근 살피며 자아를 새롭게 인식하는 길을 마련해준다. 이 책은 미래에 대한 사고 패러다임까지 바꿀 것이다.
—우성(吳聲) 콘텍스트 랩Context Lab 창업자

새로운 기술이 나타나고 대변혁이 시작될 때는 늘 시대의 선도자가 나와 대중이 두려움을 떨치고 미래로 나아가도록 이끈다. 이 책이 바로 그 역할을 할 것이다.
—창지아(長鋏) 8BTC 창업자

메타버스는 다음 인터넷 시대를 열고 각계각층에 발전과 변혁의 기회를 몰고 올 것이다. 이 책은 어려운 내용을 알기 쉽게 설명하고 많은 사례를 통해 메타버스의 복잡한 기술 융합과 경제 논리를 분석한다. 이는 메타버스에 대한 이해도를 높이고 디지털 시대에 새로운 기회를 찾게 해줄 것이다.
—리궈칭(李國慶) 당당왕(當當網), 자오완두수(早晚讀書) 창업자

메타버스의 발전은 도전이자 기회다. 이것을 기회로 만들려면 미래 디지털 세계의 본질과 법칙을 적확히 이해해야 함은 물론이고 데이터의 보호, 특히 '법률 체인RegChain'을 이용해 '체인으로 체인을 관리'할 수 있게 해, 안전하면서도 믿을 수 있고 효율적인 가상현실을 구축하는 데 힘써야 한다. 이 책은 유익하면서도 통찰력 있게 미래 인터넷 및 디지털 경제 발전을 분석한다. 이 책은 기여자, 사용자, 관리자가 형성한 DAO 경제 커뮤니티 거버넌스 모델에 NFT 자산을 토큰화한 것을 더해 가치 분배 혁명을 이루는 '코큰Coken 이론'의 삼위일체 특징을 잘 보여준다. 메타버스의 발전 기회를 포착하는 데 중요한 가이드가 되어줄 것이다.
—양둥(楊東) 중국인민대학 블록체인연구원 집행원장 겸 중국 인민대학 핀테크 및 인터넷안전연구센터 주임

대항해 시대에서 우주개발로, 다시 메타버스 디지털 공간 연구에 이르기까지, 선각자들의 탐구 열정은 꺼진 적이 없다. 5G, 인공지능, 빅데이터, 사물인터넷, 블록체인, 가상현실, 증강현실 등의 기술은 인류를 혁신적인 메타버스 디지털 시대로 이끌었다. 이 책은 메타버스 시대 변혁의 흐름을 체계적으로 설명하므로 꼭 한번 읽어보길 바란다.
—왕밍푸(王明夫) 허쥔(和君) 그룹 CEO 겸 허쥔교육마을 설립자

메타버스는 최첨단 기술들을 융합하고 새로운 비즈니스 모델과 조직 모델을 만들어낼 것이다. 이 책은 이해하기 쉽고 흥미로우며 생생한 사례들로 메타버스 시대의 추세를 이야기하므로 꼭 읽어보길 바란다.
—랑용춘(郞永淳) 전 CCTV 앵커 겸 다오자(到家) 그룹 CPO

메타버스는 웹 3.0 시대의 문을 활짝 열어젖혔다. 블록체인은 핵심 기술의 혁신 기반이자 메타버스를 지원하는 원천 기술로 무한한 잠재적 가치를 보여준다. 이 책은 메타버스에 응용된 최첨단 기술을 파노라믹으로 분석하고 예측한다. 이는 향후 기술 혁신과 응용의 속도를 높이는 데 큰 도움이 될 것이다.
─선보(沈波) 펀부시캐피털 공동 창립자

2021년, 가장 큰 사회적 반향을 일으킨 단어를 꼽으라면 단연 '메타버스'다. '메타버스'는 미래 과학기술에 대한 상상과 실천에서 비롯되었고 나와 커뮤니티, 삶과 생명, 의의와 가치에 대한 사변 속에서 자라났다. 이는 기술의 혁명이자 대중문화의 급격한 진전이다. 인터넷 시대에는 사람과 콘텐츠 사이의 관계를 탐구했으나 메타버스 시대에는 사람이 곧 콘텐츠다. 시간을 거슬러 미래의 메타버스를 현재의 우리에게 체계적이고 이성적이며 상세하게 소개해준 저자에게 감사를 표한다.
─천천(陳辰) 언론인

진정한 메타버스를 실현하기까지는 아직도 갈 길이 멀다. 미래를 내다보는 혜안과 드높은 이상을 가진 사람들의 노력이 필요하다. 따라서 전문적이면서도 이해하기 쉬운 서적의 출간은 시대의 부름이자 현실의 요청이다. 이 책은 이 분야의 독보적인 수작으로, 짧은 시간 안에 메타버스를 이해하는 데 큰 도움이 될 것이다.
─위안위밍(袁煜明) 중국중소기업협회 산업블록체인 전문가위원회 주임

현재 원자 세계(원자로 이루어진 물리 세계)는 디지털화 방식으로 새로이 창조되고 있고 비트 세계는 무한히 진실에 가까워지고 있다. 2021년, 원자 세계와 비트 세계가 서로 융합하면서 '현상'으로만 존재하던 메타버스가 발전의 원년을 맞이했다. 메타버스는 아직 개념 또는 초기 인식의 테스트 단계에 놓여 있다. 그러나 디지털 경제가 이미 국가 경제의 고차원적 발전을 이끄는 중요한 원동력이 된 상황에서, 메타버스와 이를 지원하는 새로운 정보통신기술은 미래 디지털 경제의 발전을 돕는 강력한 수단이 될 것이 분명하다. 이 책은 메타버스의 본질적 특징을 시작으로 메타버스의 6대 트렌드를 체계적으로 설명한다. 메타버스를 철저하게 분석하고 소개하는 글 속에서 필자의 마음속에 존재하는 '아바타'를 엿볼 수 있다. 디지털 경제 분야에서 오랜 세월 관록을 쌓아온 저명한 학자가 내놓은 수많은 참신한 관점은 독자들이 메타버스 시대를 살아가는 데 큰 힘이 되어줄 것이다.
─마팡예(馬方業) 금융증권 언론인 겸 증권일보사 부편집장

블록체인에서 NFT, 뒤이어 메타버스의 출현은 경제 활동을 가상 세계로 끌어들여 진실한 가치를 만들어내려는 인류의 노력을 보여준다. 가치를 논하는 데 희소성이 빠질 수 없다. 블록체인은 알고리즘을 바탕으로 희소성을 보장하려는 혁신적인 기술 발전의 길을 열었다. 메타버스 기술 생태계에서 가장 중요하며 필수적인 부분이 바로 희소성 기술이다. 이 책은 앞으로 펼쳐질 디지털 시대의 새로운 경제 논리를 체계적으로 설명해준다. 미래가 궁금한 독자라면 꼭 읽어보길 바란다.
─바이쉬(白硕) 항생(恒生)연구원 원장, 전 상해증권거래소 대표

메타버스는 차세대 인터넷, 즉 웹 3.0이다. 이는 단순히 웹 1.0, 웹 2.0을 잇는 것이 아니다. 블록체인 기술과 이를 운영하는 사고방식은 메타버스를 이해하는 핵심이다. 위자닝은 이 분야의 관록 있는 전문가다. 본문 중 '메타버스에서의 하루'를 묘사한 부분이 인상적이다. 이 책은 산업계와 기술계에도 시사하는 바가 크다.
─쿵화웨이(孔華威) 하오웨이(豪微)연구원 원장 겸 전 중과원 컴퓨팅 기술연구소 소장

메타버스는 가치투자와 공동부유共同富裕를 시험할 수 있는 장이다. 먼저 가상 세계에서 시행해본 뒤, 시행착오를 거친 결과물을 현실에 대입할 수 있다. 메타버스는 인류 운명공동체를 형성할 수도 있다. 이 책은 메타버스를 이해하는 첩경이다. 탁월한 분석과 최신 사례를 통해 생기 넘치는 메타버스를 우리 눈앞에 펼쳐 보인다.
—쉬위안중(徐遠重) '신(新) 과학기술 볼씨 심기 프로젝트' 발기인

이 책은 메타버스 가이드북이다. 메타버스에 정통한 저자는 메타버스 관련 분야를 하나하나 자세히 짚어준다. 메타버스 전반을 다루기 때문에 관련 지식을 이해하는 데 도움이 된다. 그뿐만 아니라 여러 부분에서 생각지도 못한 기회를 포착하게 해준다. 메타버스 시대에 새로운 삶의 길을 개척하려는 독자라면 책 곳곳에서 천재일우의 기회를 만날 수 있을 것이다.
—멍옌(孟岩) 중국 디지털자산연구원 부원장

정보화는 인류의 생활 방식을 근본적으로 바꾸고 디지털에 기반한 삶을 영위하게 만들었다. 인터넷의 다음 단계는 아마도 메타버스가 될 것이다. 새로운 디지털 공간에서 디지털 경제, 디지털 사회, 디지털 생태계는 급속도로 발전할 전망이다. 이 책은 메타버스 시대를 관통하는 6가지 트렌드를 생생하면서도 날카롭게 분석했다. 메타버스 초심자와 레벨업을 원하는 준전문가 모두에게 유익한 책이 될 것이다.
—류싱량(劉興亮) 인터넷 학자, 산둥성 정협 위원

다음 세대의 창의적 콘텐츠 인프라는 무엇일까? 늘 이 문제를 고민해왔다. 과학기술이 상상을 현실로 만들 장을 만들고 메타버스가 새로운 가능성을 열어주었다. 기술과 창의는 더 큰 시너지효과를 낼 것이며 가치관과 세계관의 공유가 불러온 동질감과 커뮤니티 문화는 장기적으로 인류의 발전을 이끌 것이다.
—양전(楊振) 터판Tezign 총수

메타버스는 여러 신기술이 융합해 만들어낸, 가상과 현실이 융합된 새로운 형태의 인터넷 애플리케이션이자 사회 형태이다. 메타버스는 경제 시스템, 소셜 네트워크 시스템, ID 시스템상에서 가상 세계와 현실 세계를 긴밀하게 연결하며 모든 이용자의 콘텐츠 생산 및 편집을 허용한다. 이 책은 메타버스의 본질적 특징, 기술적 토대, 응용 분야, 경제 모델, 조직 변혁 등을 포괄적으로 다룬다. 단언컨대, 이 책을 읽고 나면 미래에 대한 시각이 달라질 것이다. 그러나 한편으로는 메타버스가 불러올 부작용에 대해서도 경각심을 가져 거버넌스와 발전, 두 마리 토끼를 모두 잡아야 한다.
—선양(沈陽) 칭화대학 신문방송학과 교수

3차 산업혁명인 IT 혁명은 인터넷의 폭발적인 발전을 불러왔다. 차세대 인터넷인 메타버스는 사회 효율과 경제 규모를 지속적으로 업그레이드할 것이다. 이 책은 메타버스 시대의 경제 형태와 사회의 모습을 생생히 그려냈다. 이는 거시적인 시대의 흐름을 읽고, 다가올 미래를 보다 능동적으로 맞이하는 데 도움을 줄 것이다.
—자오허쥐안(趙何娟) TMTPost 창업자 겸 CEO, ChainDD 창업자 겸 CEO

메타버스

새로운 부의 탄생

메타버스 새로운 부의 탄생

위자닝·최준용 지음 | 정주은 옮김

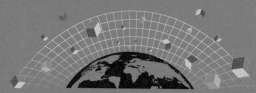

META
VERSE

비즈니스맵

메타버스 시대는 이미 시작됐다

최근 들어 글로벌 과학기술 혁명과 산업 변혁이 급격히 진행되고 있다. 온라인 환경이 빠르게 바뀌고, 모든 데이터가 융합하며, 스마트 관리 모델이 진화하는 중이다. 이는 사회의 생산 활동 방식, 산업 모델, 조직 형태를 근본적으로 바꾸었으며 디지털 경제의 발전에 힘을 불어넣었다. 디지털 경제는 세계 경제 발전을 촉진하는 '디지털 엔진'을 작동시킨다. 2021년, 디지털 세계를 휩쓴 새로운 개념인 '메타버스'는 사실 최첨단 디지털 기술이 하나로 합쳐진 것이다.

인터넷이 등장한 뒤로 인류는 끊임없이 디지털 공간을 탐색해왔다. 5G, 인공지능, 빅데이터, 사물인터넷, 산업인터넷Industrial Internet, 블록체인, VR(가상현실), AR(증강현실) 등 차세대 디지털 기술이 놀라운 속도로 발전하고 있다. 이에 따라 메타버스는 물리 세계와 디지털 세계가 합쳐진 새로운 디지털 공간을 만들고, 실물 경제와 디지털 경제의 융합을 이끌며, 미래 디지털 경제의 형태를 이루어나갈 것이다. 메타버스 시대에는 디지털 기술이 사회 전 분야에 응용되고 디지털 경제를 더 높은 차원으로 끌어올릴 것이다.

기술별로 보자면, 5G 네트워크는 신속하고 안정적으로 데이터를 전송한다. 사물인터넷과 산업인터넷은 온라인과 오프라인 데이터의 양방향 소통을 통해 '디지털 트윈digital twin'을 실현한다. 디지털 트윈은 현실 세계의 기계나 장비, 사물 등을 컴퓨터 속 가상 세계에 구현한 것을 말한다. 블록체인 기술은 메타버스 내 데이터를 자산화해 새로운 형태의 신뢰 메커니즘과 계약 모델을 만들어간다. VR과 AR은 사람과 디지털 세계의 상호작용 방식을 바꿔 '가상과 현실의 공존'을 실현한다. 인공지능은 디지털 네트워크의 '싱크탱크'가 되어 디지털 경제를 스마트 경제로 진화시킨다.

기술이 메타버스의 토대라면 배경 환경은 메타버스의 핵심이다. 메타버스는 원격근무, 온라인 문예 창작, 디지털 소셜 네트워크, 온라인 교육, 온라인 의료, 핀테크, 스마트도시, 산업 연결, 공급체인 관리 등 다양한 분야에서 중요한 역할을 할 수 있다. 예를 들어 도시 건축, 교통, 공공시설, 기업 등의 디지털 모델을 구축해 '디지털 트윈'을 만들면 각 도시 맞춤형 디지털화 관리가 가능해진다. 그 안에서 우리는 보다 완벽하고 개성적이면서도 편안한 디지털 생활을 누리게 된다.

현재 글로벌 인터넷 기업들이 메타버스 발전에 사활을 걸기 시작하면서 전 세계적으로 메타버스 붐이 일고 있다. 메타버스를 보면 향후 10년 과학기술의 향방을 가늠할 수 있다. 앞으로 각국은 메타버스에서 디지털 경제력을 겨룰 것이다. 저자 위자닝은 메타버스가 차세대 인터넷, 즉 웹 3.0이며 사람들이 놀고, 어울리고, 일까지 하는 디지털 공간이 될, 모든 사람이 다 참여할 수 있는 '디지털 신세계'라고 설명한다. 디지털 경제 전문가인 위자닝은 디지털 기술의 응용 분야를 연구해 블록체인 기술 응용, 디지털 금융 체계, 분산형 비즈니스 모델 등 디지털 경제의 최신 분야에서 많은 성과를 거뒀으며 큰 영향을 미쳤다. 그는 인터넷과 메타버스 분야에 대해 해박한 이론 지식을 가지고 체계적으로 연구해왔다.

이 책은 메타버스의 과거와 현재, 미래를 아울러 소개한다. 메타버스 세계관을 구체적이고 생생하면서도 통찰력 있게 이야기한다. 산업, 디지털 권리, 조직, 정체성, 문화, 금융 등 6개 섹터에서 메타버스 시대의 6대 트렌드를 분석했다. 또한 전 세계의 최신 사례를 통해 메타버스 내에서 기술이 어떻게 융합되고 있는지, 어떤 경제 모델을 구축했는지에 관한 저자의 설명을 따라가다 보면 디지털 경제와 과학기술의 발전 상황이 눈앞에 그려진다.

이 책은 논리정연하며 복잡한 내용을 알기 쉽게 설명한다. 덕분에 단시간에 메타버스를 파악해 메타버스의 혁신적 사유를 이해하고 '메타버스 공감대'를 형성할 수 있다. 메타버스라는 말을 처음 들어보는 독자는 물론이고, 이미 메타버스에 온몸을 던진 업계 관계자도 꼭 읽어보길 권한다. 마지막 장을 덮는 순간, 첫 장을 펼쳤을 때와는 완전히 다른 자신이 되어 있음을 깨닫게 될 것이다.

메타버스 시대는 이미 시작됐다. 시대가 준 기회를 붙잡고 시대의 흐름에 발맞춰 디지털 신세계를 이룩해보자!

우중저(吳忠澤)

전 중국 과기부 부부장

디지털 경제 전문가

앞으로 10년, 메타버스의 진화 과정을 파헤치다

디지털 경제가 빠르게 발전하면서 블록체인, 인공지능, 클라우드 컴퓨팅 등 최신 정보기술이 생산 현장과 일상 속으로 파고들고 있다. 인터넷이 한 단계 더 올라서면서 디지털 정보기술 혁명이 새로운 세상을 열고 있다.

 2021년부터 텐센트, 페이스북, 마이크로소프트 등 국내외 정상급 인터넷 기업들이 회사의 명운을 걸고 메타버스로 뛰어들기 시작했다. 다들 메타버스가 모바일 인터넷의 다음 주자이며 가상 세계와 현실 세계의 융합이 이미 시작됐다고 입을 모은다. 아마도 메타버스는 다음 단계의 인터넷이 될 것이다. 어쩌면 다음 단계의 디지털 경제 형태가 될수도 있다. 메타버스에 대한 연구는 실물 경제와 디지털 경제를 융합시키고 디지털 경제의 발전을 이끌 것이다. 메타버스를 탐구하고 발전시키면, 자연히 경제와 사회의 디지털화가 뒤따를 테고 과학기술 혁신은 발전의 자양분이 될 것이다.

기술 융합이 실물 경제의 발전을 이끈다

연산 능력과 데이터는 메타버스와 디지털 경제 발전의 토대이고 메타버스와 디지털 경제가 발전하려면 5G의 기반 위에 'ABCD'가 필요하다. 여기서 A는 인공지능artificial intelligence, B는 블록체인blockchain, C는 클라우드 컴퓨팅cloud computing, D는 빅데이터bigdata이다. 이상의 기술이 융합하면서 키워낸 디지털 경제는 각계각층에 응용되고 있다.

메타버스는 디지털 경제 중의 5G, 인공지능, 블록체인, 클라우드 컴퓨팅, 빅데이터는 물론이고 VR, AR, 뇌-컴퓨터 인터페이스, 사물인터넷 등의 기술을 필요로 한다. 메타버스를 발전시키려면 혁신 능력을 키우고 핵심 기술력을 확보해야 한다.

연산처리 능력의 다원화 및 정밀화

연산 능력은 메타버스의 기본 요소이자 디지털 경제 수준을 가늠하는 바로미터다. 물리 세계에서는 전력이 생산력에 큰 영향을 미친다. 디지털 경제 시대에는 연산 능력이 그 역할을 대신한다. 1인당 연산 능력은 그 지역의 디지털 경제 수준을 반영한다. 디지털 정부, 핀테크, 스마트의료, 스마트제조 등 모든 인터넷 혁신 분야에서 강력한 연산 능력이 요구된다.

연산 능력은 경이로운 속도로 발전하고 있다. 무어의 법칙Moore's law에 따르면 반도체 집적회로 성능은 18개월마다 2배로 증가하는데 현재 연산처리 능력은 3~4개월마다 2배로 증가하고 있다. 그러나 연산

처리센터가 제대로 발전하려면 데이터센터, 슈퍼컴퓨팅센터, 스마트컴퓨팅센터 등 다양한 '애플리케이션'이 무엇인지를 분명히 해야 한다. 다시 말해 다양한 선택지 중 각각의 응용 시나리오에 적합한 연산처리 능력을 골라 적용할 수 있어야 한다. 예를 들어 스마트컴퓨팅센터는 주로 이미지 처리, 자연어 처리, 의사결정과 관련된 시나리오를 처리한다. 각기 다른 시나리오에 맞는 연산처리센터를 연결해야 연산능력을 제대로 끌어올릴 수 있다.

데이터의 분산 저장과 가치

연산처리 능력 외에 메타버스와 디지털 경제를 키우는 주요 요소로 '데이터'를 꼽을 수 있다. 메타버스는 데이터로 이루어진 세계다. 메타버스를 지속적으로 유지하는 기본 방식은 분산 데이터 저장이다. 데이터 사용 과정에서 데이터의 생산자, 관리자, 통합자, 사용자 등 각 역할 사이의 권리 한계에 모호하거나 겹치는 부분이 발생할 수 있다. 이는 데이터 소유권 분쟁과 데이터 남용 문제를 일으켜 데이터의 유통과 사용에 부정적 영향을 미친다. 그러므로 데이터의 원활한 유통과 거래, 시장화를 위해서는 데이터 소유권을 확정 지어야 한다.

블록체인은 이런 문제를 기술적으로 해결할 수 있는 핵심 인프라다. 블록체인은 '소유권 확정 기계'(극히 낮은 비용으로 데이터의 소유권을 확정해주는 도구)라고 할 수 있다. 또 블록체인으로 데이터의 소유권을 확정한 뒤 유통하면, 자산화된 데이터의 가치를 극대화할 수 있다. 이밖에 데이터 보안에 각별히 유의해야 한다. 데이터 소유권 확정 및 개방, 유통, 거래와 관련된 제도를 정비하고 개인의 사생활 데이터를 보호해야 한다. 핵심 정보 인프라 보안을 강화하고 중요한 데이터 보호에 힘써야 한다.

이 책은 메타버스를 속속들이 해부한다. 핵심 기술이 어떻게 응용되는지를 이해하기 쉬우면서도 심도 있게 설명한다. 저자는 메타버스가 다음 세대 인터넷의 신기원을 열 것이라고 단언한다. 메타버스의 진화 과정을 생생하면서도 구체적으로 이야기하고 메타버스의 6대 트렌드를 분석했다. 이 책은 각국의 최신 메타버스 사례를 정리해 메타버스 내 응용 시나리오를 설계하는 데 유의미한 의견을 개진한다. 전례 없는 디지털 시대가 코앞에 닥쳤다. 미래를 엿보고 싶다면 꼭 한번 정독해보길 바란다.

정웨이민(鄭維敏)

슈퍼컴퓨팅 전문가

칭화대학 교수

차례

PART 1   차세대 인터넷의 신기원

PART 2   시대의 선구자가 메타버스를 창조하는 법

PART 11 메타버스 시대, 기회의 주인공이 돼라

METAVERSE

메타버스 황금기를 한중 양국이 함께 이끌기를 바라며

이 책을 한국 독자들에게도 전할 수 있어서 무척 기쁘다. 필자는 대학원생 때 한국 경북대학교에서 반년 동안 교환학생으로 공부하며 한국과 인연을 쌓은 바 있다. 그 당시, 담당 교수님과 함께 한중 양국의 금융을 비교하는 논문을 발표하기도 하고, 틈날 때마다 이곳저곳을 구경하면서 여러모로 값진 시간을 보냈다. 또 한국 친구들도 많이 사귀었는데, 새록새록 떠오르는 그 친구들의 열정적이고 진솔했던 모습에 지나간 그 시절이 몹시 그리워진다. 코로나19 팬데믹이 덮치기 전에는 각종 회의에 참석하기 위해 한국을 자주 찾았다. 서울, 부산, 동계올림픽의 도시 평창 등에서 열린 회의에 참석할 때마다 세계적인 석학들과 의견을 나누며 많은 것을 얻었다.

한국은 무한한 잠재력을 지닌 '혁신의 땅'이다. 최근 한국의 정보통신 산업은 경이로운 속도로 빠르게 발전하고 있다. 블록체인 산업을 예로 들자면, 한국에서 글로벌 상위 10위권 안에 드는 퍼블릭 블록체인과 스테이블 코인 프로젝트가 탄생했다. 또 한국은 글로벌 암호화폐 자금세탁방지와 관련한 새로운 규칙, 트래블룰Travel rule을 세계 최초로 시행하고 있다. 무엇보다 중요한 점은, 한국 지인들과 이야기를 나눌 때마다 한국 청년들의 뜨거운 창업 열기를 느낄 수 있었다는 것이다.

2021년 여름부터 '메타버스'에 전 세계의 이목이 쏠리기 시작했다. 한국에서는 정부, 기업을 가리지 않고 메타버스 산업에 적극적으로 뛰어들었다. 2020년 말, 한국 과학기술정보통신부는 세계 5대 가상융합경제 선도국 진입을 목표로 '가상융합경제 발전전략'을 발표했다. 2021년 7월, '디지털 뉴딜 2.0'에서는 메타버스를 빅데이터, 인공지능, 블록체인 등과 함께 5G 산업 발전의 중점 프로젝트로 선정했다. 또한 한국 정부는 '메타버스 얼라이언스'를 결성해 메타버스 기술과 관련 산업 생태계의 발전을 지원할 뜻을 분명히 밝혔다. 서울시는 '메타버스 서울 비전 및 추진 과제'에서 메타버스 스마트도시를 건설해 경제, 관광, 문화, 교육 활동 및 민원 서비스 일부를 메타버스로 이전할 계획을 밝혔다.

정부뿐만 아니라 기업도 발 빠르게 움직이고 있다. 삼성, LG, SK 등 대기업을 비롯해 카카오, 네이버 등 인터넷 기업들도 메타버스 관련 기술과 제품을 잇따라 내놓고 있다. 금융업계도 신속하게 대응하고 있다. KB국민은행은 메타버스에서 다양한 금융 서비스를 제공하는 테스트를 시행 중이다. 한국에서 출시된 메타버스 ETF는 이미 8종목에 달하며 여기에 쏟아진 투자금만 해도 10억 달러가 넘는다. 학계의 움직임은 더욱 놀랍다. 한국 학자들은 메타버스 연구 분야에서 선두를 달리고 있다. 지금까지 수많은 메타버스 관련 서적이 출판되었고 그중 네 권이 이미 중국어로 번역돼 많은 시사점을 던져주었다. 메타버스를 탐구하는 데 한국은 이미 가장 앞서가는 셈이다.

메타버스는 앞으로 만날 디지털 세계의 근사한 모습을 보여준다. 하지만 '어지러이 흩날리는 꽃에 눈앞이 아득해진다'는 시구처럼, 실체가 보이지 않는 탓에 메타버스의 본질을 제대로 이해하지 못하는 사람들이 적지 않다.

메타버스를 이야기하면 대부분 〈프리 가이〉 속 '프리 시티'나 〈매트릭스〉 속 '매트릭스', 〈레디 플레이어 원〉 속 '오아시스' 등 영화 속 설정을 떠올린다. 또 'VR 인터넷', '게임 인터넷', '3D 인터넷'이 메타버스라고 생각하는 사람들도 있다. 그러나 이는 메타버스의 본질이나 핵심이 아니라 단편적인 묘사일 뿐이다.

메타버스는 더 아름답고 진화한, 새로운 디지털 생태계다. 현실 세계와 긴밀하게 융합된 메타버스는 디지털 유토피아도 아니고 인터넷 게임의 확장판도 아니다. 블록체인, 5G, VR, AR, 인공지능, 사물인터넷, 빅데이터, 에지 컴퓨팅, 프라이버시 컴퓨팅, 뇌-컴퓨터 인터페이스(BCI) 등 최첨단 과학기술이 융합해 모든 사람이 물리 세계의 속박을 떨치고 메타버스에서 자신의 가치를 극대화할 수 있도록 돕는다. 이뿐만이 아니다. 메타버스의 핵심 가치는 모든 산업 분야에서의 응용에 있다. 원격근무, 문화 콘텐츠, 온라인 소셜 네트워크, 온라인 교육, 온라인 의료, 핀테크 등은 물론이고 스마트도시, 스마트팩토리, 산업인터넷, 공급체인 관리 등의 분야에서도 중대한 역할을 할 수 있다. 또 정교화, 맞춤화된 디지털 사회 거버넌스를 실현해 모든 사람이 더 행복하고 편안하게 자신이 바라는 디지털화된 삶을 누릴 수 있게 해준다.

메타버스 10년 황금기의 서막이 열렸다. 필자는 본문 중 특별칼럼을 통해 각자의 포지션과 발전 방향에 맞는 기회를 포착해 메타버스 구축에 동참할 수 있는 구체적인 방법을 제시했다.

2022년은 한중수교 30주년이다. 한중 양국은 모두 동아시아 문화권에 속하며 지리적·문화적으로 매우 가깝다. 또한 두 나라 국민은 모두 화목을 으뜸으로 여기고 선善을 중시한다. 과학기술 분야에서 상호보완적인 한중 양국이 메타버스 분야에서 손을 잡는다면 전 세계 메타버스의 발전을 함께 이끌 수 있을 것이다. 무릇 가까운 이웃은 서로가 잘되기를 바라는 법이다. 한중 양국이 새로운 출발점에서 좀 더 긴밀하게 협력해 메타버스를 비롯한 디지털 경제 분야의 눈부신 업적을 함께 이룩하길 바란다.

이 책이 한중 양국의 메타버스 분야 교류를 촉진하고 메타버스 시대의 기회를 함께 탐색하는 계기를 만들고 기업과 개인이 시대의 흐름을 따라잡아 위대한 디지털 시대를 함께 이끄는 데 밑거름이 되기를 진심으로 바란다.

2022년 3월

위자닝

향후 10년은 메타버스 발전의 황금기

필자는 디지털 경제 연구가로 메타버스, 산업 블록체인 등 새로운 분야를 연구하면서 학생들을 가르치고 있다. 디지털 경제와 블록체인이 전 세계의 화두로 떠오르면서 세계 각국에서 개최되는 회의에 초청받거나 외국 대학에서 강연하는 일도 잦아지고 있다. 2019년에는 샌프란시스코, 런던, 도쿄, 싱가포르, 멜버른, 카이로 등 5개 대륙의 아름다운 도시들을 섭렵했다. 그해에 나는 늘 회의에 참여하거나 참여하러 가는 중이었다. 그러나 2020년 초, 갑작스럽게 퍼진 코로나19가 세계의 자연스러운 운행 방식을 뒤집으면서 내 발걸음도 멎게 되었다.

2020년 말, 항저우 대극장의 새해맞이 '바람을 타고 날아오르리' 강연을 준비하면서 그해를 찬찬히 돌이켜보다가 문득 2020년에 참가한 회의와 강의 횟수가 2019년보다도 많다는 사실을 깨달았다. 다만 이 회의와 강의는 대부분 온라인에서 이루어졌다는 점이 다를 뿐이다. 디지털 세계의 내 '분신'이 전 세계를 누빈 것이나 다름없었다. 2020년 7

월, 싱가포르국립사회과학대(SUSS)의 요청으로 블록체인 강의를 맡게 되었다. 비록 나는 싱가포르가 아닌 다른 곳에 있었지만 줌Zoom을 통해 수백 명의 학생과 진지하게 토론하고 교류하는 데는 아무런 문제가 없었다. 가장 인상 깊었던 일은 줌을 통해 '기념사진'을 찍은 것이다. 즉, 참가자들의 화면을 캡처해 기념으로 삼았다. 물론 별로 그럴듯하지는 않다. 이런 화상회의 소프트웨어를 써봤다면 알 테지만 다른 참가자의 모습을 볼 수 있는 경로는 스크린상의 작은 네모 칸뿐이다. 그래서 상대방을 제대로 기억하기 어렵고 도무지 '함께 있다'는 느낌이 들지 않는다.

2021년 3월, 실리콘밸리에서 일하는 친구에게서 연락이 왔다. 친구가 디센트럴랜드Decentraland 디지털 공간에서 열리는 '디지털 패션쇼'를 참관해달라고 했다. 그런 이벤트에 참가한 것은 처음이었다. 이 이벤트는 더 패브리칸트The Fabricant(디지털 패션 스타트업), 아디다스, 모델 칼리 클로스Karlie Kloss가 공동으로 개최한 디지털 패션쇼였다. 컴퓨터 브라우저를 통해 좌표를 입력하고 패션쇼가 열리는 '현장'에 가보니 이미 '관중'들로 북새통을 이루고 있었다. 나는 아바타를 보고 한눈에 친구를 알아봤다(어찌나 본인과 똑같던지!). 나는 친구와 함께 디지털 공간을 걸으며 이야기를 나눴는데 마치 그가 정말로 내 곁에 있는 듯한 기분이 들었다. '작은 네모 칸' 안에 갇혀 힘겹게 소통해야 하는 화상회의와는 천지 차이였다. 이런 디지털 공간에서는 모두가 자신만의 3D 아바타로 자유롭게 다른 사람 곁으로 다가가 이야기를 나눌 수도 있다.

정말 오랜만에 '사람과 어울리고 있다'는 기분이 들었다.

그 일로 깨닫는 바가 컸다. 비록 팬데믹 때문에 현실에서의 만남은 줄었지만 디지털 세계에서의 관계는 더 돈독해졌다. 사람들의 생활 방식은 이미 근본적으로 달라졌다. 모두가 온라인상에서 일하고 공부하고 쇼핑하는 데 익숙해졌다. 이제 다시는 과거로 돌아갈 수 없고, 돌아갈 필요도 없다. 더 나은 디지털 공간을 찾아 디지털화된 생활을 누리면 된다. 문제는, 이런 공간이 어디에 있냐는 것이다.

그때부터 나는 메타버스를 연구하기 시작했다. 미국 벤처투자자 매튜 볼Matthew Ball이 2020년에 쓴 《메타버스: 무엇일까, 어디서 찾아야 하나, 누가 구축할까, 그리고 포트나이트The Metaverse: What It Is, Where to Find it, Who Will Build It, and Fortnite》를 읽고 나서는 더 메타버스에 빠져들었다. 딩톡DingTalk이나 텐센트 미팅 같은 온라인 회의 툴로 수업과 회의를 하는 것은 일종의 과도기일 뿐이다. 개방적이고 자유롭고 창조할 수 있는 디지털 세계야말로 진정한 미래다.

최첨단 디지털 기술이 이 새로운 공간에서 융합 및 응용되고 일상생활과 업무, 교류, 협력, 창조가 이루어지는 '디지털 신대륙'이 만들어져 인터넷의 외연을 확장할 것이다. 아마도 이것이 다음 단계의 인터넷이 될 것이 분명했다. 그때부터 나와 우리 팀은 메타버스 연구에 몰두했다. 지금 여러분이 읽고 있는 이 책이 그간 우리가 체계적으로 연구하고 생각한 결과물이다.

이 책을 만들 때, 우리 팀도 마치 메타버스에서 그러하듯이 베이징,

상하이, 정저우, 란저우 등 중국 각지에서 작업을 진행했다. 2021년 여름이 끝나갈 무렵에도 여전히 코로나19가 간간이 발생한 탓에 출장 한 번 가기가 여간 어렵지 않았다. 팀원 중에는 코로나19 고위험 지역에 갔다가 집중 격리된 사람도 있었다. 그러나 이는 책을 만드는 데 아무런 걸림돌이 되지 않았다. 우리는 날마다 온라인 회의를 열었고 여러 메타버스 디지털 공간을 둘러봤다. 가상공간을 걸으며 브레인스토밍을 하고 진전 상황을 토론하면서 영감을 찾았다. 그러한 경험을 이 책에 담았다.

이 책의 마지막에는 메타버스를 연구하면서 느낀 점이 많았던 NFT Non-Fungible Token(대체 불가능한 토큰), 게임, 영상물을 부록 형식으로 첨부했다.

그렇다면 도대체 메타버스란 무엇일까? 어쩌면 저마다 다른 답을 가지고 있을지도 모른다. 메타버스의 영문은 'Metaverse'로 초월을 뜻하는 'meta'와 우주, 세계를 뜻하는 'universe'에서 따온 'verse'의 합성어다. 위키백과에서는 차세대 인터넷을 가리키는 말로 쓰이는데, '영구적', '공유성', '3D 가상공간'이라는 특징을 가진 감지할 수 있는 가상 세계를 의미한다. 물론 너무 추상적인 설명이라서 들어도 잘 이해가 안 된다.

필자가 생각하는 메타버스는 미래에 인류가 놀고, 타인과 어울리고, 일과 삶을 누리는 디지털화된 공간이자 모든 사람이 참여하는 디지털 신세계다.

메타버스는 블록체인, 5G, 가상현실(VR), 증강현실(AR), 인공지능

(AI), 사물인터넷(IoT), 빅데이터 등 최첨단 디지털 기술을 융합해, 물리 세계의 현실적 제약을 떨쳐내고 디지털 공간에서 더 나은 자신으로 거듭나 자아의 가치를 극대화할 수 있도록 해준다.

이 책에서는 메타버스를 다음 단계의 인터넷, 즉 웹 3.0으로 정의한다. 2021년은 메타버스 원년으로, 새로운 인터넷 시대의 서막이 열렸다. 메타버스에서는 최첨단 기술이 융합 응용될 전망이다. 블록체인은 디지털 자산을 창조하고 스마트 계약은 스마트 경제 시스템을 구축하고 사물인터넷은 물리 세계의 실체를 디지털 세계에 매핑해 현실의 물체와 가상의 물체를 연동시킨다. 인공지능은 전 세계 디지털 네트워크의 싱크탱크로서 '디지털 휴먼'을 창조한다. AR은 디지털 세계와 물리 세계를 중첩시키고 5G 네트워크, 클라우드 컴퓨팅, 에지 컴퓨팅은 더 장엄한 디지털 공간을 구축한다.

인터넷은 다시금 중대한 기로에 섰다. 장담하건대, 향후 10년은 메타버스 발전의 황금기가 될 것이며 이미 변혁의 물결이 흐르기 시작했다. 인터넷이 새로운 단계로 들어설 때마다 완전히 새로운 형태의 '킬러 애플리케이션killer application'이 나타났고 위대한 경제 조직이 잇달아 탄생했다. 혁신과 창업의 기회가 눈앞에 이르렀다. 부의 형태도 변하고 있다. 자산의 토큰화는 거스를 수 없는 대세가 되었다. 메타버스가 구축되고 전파되면서 디지털 경제와 실물 경제는 한층 더 긴밀하게 융합될 것이다. 이는 모든 산업의 전환을 이끌어 실물 경제를 새로운 발전 공간으로 이끌 것이다.

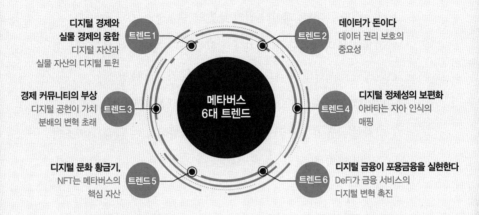

그림 1 메타버스 시대의 6대 트렌드

디지털 경제와 실물 경제의 융합
디지털 자산과 실물 자산의 디지털 트윈

데이터가 돈이다
데이터 권리 보호의 중요성

경제 커뮤니티의 부상
디지털 공헌이 가치 분배의 변혁 초래

디지털 정체성의 보편화
아바타는 자아 인식의 매핑

디지털 문화 황금기,
NFT는 메타버스의 핵심 자산

디지털 금융이 포용금융을 실현한다
DeFi가 금융 서비스의 디지털 변혁 촉진

메타버스
6대 트렌드

트렌드 1 / 트렌드 2 / 트렌드 3 / 트렌드 4 / 트렌드 5 / 트렌드 6

메타버스는 디지털 유토피아가 아니라 진실하고 새로운 디지털 세계다. 메타버스는 우리가 최종적으로 내린 결론인 '5대 융합', 즉 디지털 세계와 물리 세계의 융합, 디지털 경제와 실물 경제의 융합, 디지털 생활과 현실 사회생활의 융합, 디지털 자산과 실물 자산의 융합, 디지털 정체성과 현실 정체성의 융합을 실현할 것이다. 메타버스는 현실 세계를 더 아름답게 만들어줄 것이다.

이미 우리 눈앞에 다가온 메타버스는 사회 경제의 변혁을 이룰 기회를 몰고 왔다. 이러한 변혁은 우리 모두의 삶을 바꿀 것이다. 여기에서는 산업, 디지털 권리, 조직, 정체성, 문화, 금융 등 6개 섹터에서 전 세계의 최신 사례를 들어 메타버스 시대의 6대 트렌드를 분석한다.(그림 1)

1. 디지털 경제와 실물 경제의 융합: 디지털 자산과 실물 자산의 디

메타버스가 핫이슈로 떠오르면서 메타버스 시대에서 기회를 포착하는 방법을 묻는 지인들이 많아졌다. 새로운 변혁의 물결이 밀려올 때, 개인의 앞날을 좌우하는 것은 그 새로운 사물에 대한 인식과 이해도라고 생각한다. 다급한 마음에 준비도 안 된 상태로 시류에 휩쓸리기보다는 새로운 물결의 본질을 파악하는 데 힘써야 한다. 메타버스를 제대로 이해하려면 많은 시간과 노력을 들여 공부하고 생각해야 한다. 특히 사유 방식의 벽을 허물어야 한다. '메타버스 사유 방식=기술 사유×금융 사유×커뮤니티 사유×산업 사유'를 이해해야만 앞으로 닥칠 신기술의 도전에 담담히 대응할 수 있다. 또한 특별칼럼을 마련해, 각자의 포지션과 발전 방향에 맞는 기회를 포착하고 메타버스 구축에 동참할 수 있는 구체적인 방법을 제시했다. 이상이 필자의 '메타버스 세계관'이다. 미국의 공상과학 소설가인 윌리엄 깁슨William Gibson은 이런 말을 했다. "미래는 이미 와 있다. 단지 고루 퍼지지 않았을 뿐이다The future is already here. It's just not very evenly distributed." 이 책이 메타버스에 대한 이해를 도와 시대의 흐름을 놓치지 않고 디지털 신세계의 진보와 발전을 추진해 시대가 준 선물을 누리는 발판이 되기를 바란다.

이 책이 나오기까지 많은 분의 도움과 성원이 있었다. 후오비 아카데미 고문 파트너 팡쥔(方軍)은 이 책을 저술하는 과정에 진행된 모든 토론에 참여해 원고를 완성하기까지 많은 도움을 주었다. 리치훙(李棋虹)은 1장, 2장, 4장, 7장, 8장, 9장, 11장 저술 과정에 참여했고, 저우팡거(周芳鴿)는 1장, 3장, 4장, 5장, 6장, 10장 저술 과정에 참여했다. 장뤼빈(張睿彬)은 이 책에 실린 모든 사진을 수집 및 정리하고 부록 작성에 참여했다. 중신출판그룹 판권부, 와이팡출판사 편집부, 판권 대리, 번역자 모두에게 감사를 표한다. 이분들의 도움과 성원이 없었다면 이 책은 독자들과 만나지 못했을 것이다. 모든 분들에게 진심으로 감사의 말씀을 올린다.

위자닝

새로운 기회의 물결

새로운 기술이나 서비스의 시장가치는 플랫폼 경제학의 '네트워크 효과network effect'로 설명할 수 있다. 네트워크 효과란 네트워크의 규모가 커질수록 그 가치가 기하급수적으로 증가하는 현상을 말한다. 네트워크 효과가 작동하는 시장에서는 상품 자체에 대한 각 개인의 선호보다는 다른 소비자의 소비나 구매 행위가 개별 소비자의 효용에 영향을 미친다. 예를 들어 한국에서는 대다수가 카카오톡을 메신저로 사용하므로, 설령 그 대체재인 라인Line 서비스에 대한 개인적 선호가 높다 하더라도 어쩔 수 없이 카카오톡을 쓰게 된다. 반대로 대다수가 라인을 사용하는 일본에서는 같은 이유로 개인 선호와는 상관없이 라인 서비스가 보편적으로 사용된다는 점을 들 수 있다. 이렇듯 네트워크 효과가 작동하는 시장에서는 이른바 '선입자의 우세first mover's advantage'가 작용하여 후발 주자가 나중에 비록 더 우수한 제품을 출시해도 (소비자의 관성에 의해) 선두 주자의 자리를 뺏어오기가 매우 힘들다.

더욱 흥미로운 점은 한 네트워크가 네트워크 효과로 인해 점점 더 규모가 커지고 견고해지면 또 다른 보완재 네트워크와 양면시장two-sided market을 구성하며 플랫폼으로 성장하게 된다는 것이다. 이를 '교차 네트워크 효과cross-side network effect'라 한다. 네트워크가 플랫폼으로 발전하여 여러 다른 네트워크와 끊임없이 교차가 일어나면 견고한 생태계 조성과 보완재로 인한 잠김 효과lock-in effect를 통해 지속 가능성를 확보하게 된다.

디지털 자산 시장에서 더 우수한 블록체인 기술을 표방한 코인이 나와도 비트코인과 이더리움의 아성을 위협하지 못하는 것도 이 네트워크 효과로 설명할 수 있다. 비트코인의 내재가치는 디지털 시그널에 불과한 개별 BTC(비트코인의 화폐 단위)가 갖는 효용가치에서 나오는 것이 아니라, 정부가 만든 화폐가 아님에도 전 세계 많은 사람이 실제로 디지털 자산에 투자하고 있고 또 이를 어떻게 활용할지 생각하는 사람들의 기대와 신뢰, 그 인적 네트워크 자체에서 나오는 것이라 할 수 있다. 이는 향후에도 비트코인이나 이더리움은 절대 사라지지 않고 그 지속 가능성을 담보하게 되리라는 예측의 근거가 된다. 현재 약 2억 명 이상의 유저가 비트코인이나 이더리움 등 디지털 자산에 투자하고 사용하는 것으로 알려져 있다. 이미 그 자체로 엄청난 네트워크이자 플랫폼인 것이다.

이른바 4차 산업혁명이란 글로벌 플랫폼 경쟁 속에서 일어나는 기존 산업체계 질서의 붕괴와 재편을 의미한다고 정의할 수 있다. 붕괴와 재편의 주역인 플랫폼 사업자들은 글로벌 시장에서 자신들이 구축한 양면시장의 네트워크 효과를 내재화하기 위해 산업 간의 경계를 넘어 각종 교차보조cross-subsidy 수단을 끊임없이 확장시켜간다. 스마트폰의 출현은 '시간과 공간에 구애받지 않는' 저비용의 교역 플랫폼을 제공하였으며, 이러한 거래의 용이성 확보는 양방향으로 한 개인이 소비자가 되기도 하고 공급자가 되기도 하는 새로운 비즈니스 모델 확산의 배경이 되었다.

이렇게 지식과 기술이 공유되고 보편화되는 디지털 세상에서의 혁신은 기존 일정 산업 밸류체인 안에서 이뤄지는 것이 아니라 전혀 다른 방향에서 튀어나와 빠른 속도로 기존 시장을 와해시켜가는 파괴적 혁신이다. 결국 중요한 것은 앞선 기술이 아니라 누가 더 빨리 기존 산업계가 가지고 있었던 '상대적인' 구조적 불합리성을 타파할 수 있느냐다.

앞서도 언급했듯이 플랫폼 시장은 성격상 선두가 계속 앞서가는 포지티브피드백positive feedback 효과에 의해 승자독식이 나타나는 시장이다. 바야흐로 메타버스와 블록체인의 등장으로 인해 글로벌 플랫폼 시장의 경쟁 양상이 중앙화 플랫폼에서 분산화 플랫폼 경쟁으로 옮겨가고 있다. 그간 글로벌 플랫폼 전쟁에서 다소 소외되어 있던 한국 입장에서는 다시 도전해볼 새로운 기회의 장場이 열린 것이다.

메타버스라는 새로운 디지털 세상이 펼쳐짐에 따라 가상 세계 속에 구현되는 자산의 가치나 유일성을 입증하는 도구로서 대체 불가능한 토큰이 각광받고 있다. NFT가 메타버스 내 경제 활동을 가능케 하는 수단이 되리라 보는 것이다. 메타버스를 운영하는 사업자가 임의로 재화의 가치를 조종할 수 없으며, 재화의 수량이나 소유권의 흐름이 투명하게 공개되게 하려면 블록체인 기술을 통해 탈중앙화를 통한 신뢰 구축이 필요하다는 점에 다수가 공감하고 있다. 과거 상상이나 영화 속에서 펼쳐지던 메타버스가 눈앞으로 다가오면서 메타버스 속 부동산, 아이템, 각종 미술품 등 다양한 재화가 NFT를 통해 현실에서도 그 유일성과 가치를 인정받을 수 있게 되었다. 메타버스와 디지털 자산 시장은 NFT를 매개로 강력한 상호보완의 교차 네트워크를 형성하고 있다. 이른바 '토큰 이코노미token economy'의 진정한 시작을 알리고 있다.

우리 눈앞에 메타버스라는 디지털 신대륙이 놓였다. 이 책을 길잡이 삼아 여러분이 누구보다 빨리 새로운 세계의 선도자가 되길 희망해본다.

최준용 박사

METAVERSE

차세대 인터넷의
신기원

2020년 4월. 전 세계가 코로나 팬데믹으로 시름에 빠져 있을 때 1,230만 명의 관중이 모인 콘서트가 열렸다. 얼핏 들어도 오프라인에서 개최했을 리가 만무하다. 물리 세계에는 이렇게 많은 사람을 수용할 만한 공간이 없다.

이 콘서트가 열린 곳은 에픽게임즈Epic Games의 대형 온라인 게임 〈포트나이트Fortnite〉 안이었다. 콘서트가 시작되는 순간, 노래가 흘러나왔다. 동시에 무대 위로 시뻘건 불길이 치솟았다. 무대 전체가 떨어져 내리는 불꽃에 휩싸이는 순간, 가수의 거대한 아바타가 멋지게 등장했다. 소름이 쫙 돋는 오프닝에 '현장'에 있던 관중들은 흥분했다. 콘서트 도중, 가수의 거대한 아바타는 리듬에 맞춰 춤을 추고 때로는 다른 무대로 순간이동을 했다. 모든 관중이 가수 곁에서 음악에 몸을 맡겼다. 단 15분 동안 진행된 이 라이브 콘서트는 게임 역사상 최대 동시접속 기록을 경신했다.

그 이후 비슷한 콘서트가 〈포트나이트〉에서 여러 차례 개최됐다. 이 같은 콘서트는 전 세계에서 수백만 명을 불러 모아 팬데믹으로 인한 언택트(비대면) 시대를 살아가는 사람들에게 환상적인 경험을 선사했다. 이 콘서트는 그 자체로 역사적 의미를 지닌다. 디지털 공간이 더는 게임만 하는 곳이 아니라 사람들이 어울리고 협동하고 창조하고 일하고 살아가는 공간이 될 수 있음을 보여줬기 때문이다.

차세대 인터넷의 막이 올랐으니 바야흐로 메타버스의 시대다.

메타버스의 기원:
《스노 크래시》에서 〈레디 플레이어 원〉까지

2020년 느닷없이 코로나19가 전 세계를 덮쳤다. 사회적 거리두기로 인해 오프라인에서의 활동은 거의 멈춰버렸지만 디지털 세계에서의 인간관계는 더욱 끈끈해졌다.

전 세계적으로 숏폼 동영상, 온라인 교육, 배달 문화 등 새로운 산업 형태가 주목을 받았다. 사람들은 온라인상에서의 업무, 학습, 쇼핑, 엔터테인먼트에 익숙해져 갔다. 강력한 소셜 네트워크, 초실감을 갖춘 〈포트나이트〉와 같은 디지털 세계에서 이용자는 물리 세계에서와는 전혀 다른 경험을 하게 되었다. 그림 1-1은 〈포트나이트〉에서 개최된 유명한 래퍼 트래비스 스콧의 콘서트 장면이다.

사람들은 온라인상의 디지털 세계가 단순히 게임을 즐기는 곳이 아닌, 일상생활과 사회 활동을 누리는 새로운 공간임을 깨닫기 시작했다. 전 세계 언론계, 과학기술계, 투자업계, 산업계의 관심이 쏟아졌다.

그림 1-1 〈포트나이트〉에서 개최된 트래비스 스콧의 콘서트 장면　　(출처: 에픽게임즈)

도대체 메타버스가 무엇일까

메타버스를 이해하려면 먼저 저명한 미국 SF 소설가 닐 스티븐슨Neal Stephenson이 1992년에 출간한 《스노 크래시Snow Crash》부터 이야기해야 한다. 이 소설의 주인공 히로Hiro는 특별 제작한 컴퓨터로 현실 세계와 평행한 가상 세계에 접속한다.

　　히로의 컴퓨터 상단은 보라색 광학 코팅이 입혀진, 매끈하게 연마된 유리돔인 어안 렌즈fisheye lens를 빼면 아주 매끄럽다.

　　양쪽 눈에 서로 살짝 다른 이미지를 그려내면 3D 효과를 볼 수 있다. 이 입체 이미지를 초당 72번 바꾸면 동영상이 만들어진다. 이 움직이는 3D 이미지를 2K 픽셀 해상도로 그려내면 육안으로 식별할 수 있는 선명한 화면이 나타난다. 그리고 작은 이어폰을 통해 스테레오 사운드가 쏟아져 나오면 움직이는 3D 화면은 완벽하게 실제에 가까운 사운드 트랙까지 갖추게 된다.

(……)

그래서 히로는 실제로 이곳에 사는 것이 아니다. 그는 컴퓨터가 고글 위에 이미지를 그려내고 이어폰으로 사운드를 전송해 만들어낸 세상에 있다.

(……)

명함 뒷면에는 그의 연락처들이 너저분하게 쓰여 있었다. 전화번호, 국제음성통화 위치탐지기 코드, 사서함, 전자통신 웹사이트 주소 6개, 그리고 '메타버스' 속 주소였다.

이 소설이 출간된 1992년, 인터넷은 세상에 나온 지 얼마 안 된 새로운 생명체였다. 바로 이즈음에 월드와이드웹(WWW)의 창시자인 팀 버너스 리Tim Berners Lee는 유럽입자물리연구소(CERN) 여직원 4명으로 구성된 밴드의 단체 사진을 인터넷에 올렸다. 이는 인터넷 최초의 사진이 되었다. 이때의 컴퓨터 프로세싱 능력과 인터넷 전송 속도로는 메타버스 디지털 세계를 구현하는 것이 불가능했다.

그러나 일시적인 기술의 한계가 메타버스에 대한 상상을 가로막지는 못했다.

세계적인 감독인 스티븐 스필버그는 SF영화 〈레디 플레이어 원Ready Player One〉을 제작했다. 이 영화는 매우 직관적으로 어쩌면 현실이 될 수

도 있는 미래 메타버스의 광경을 보여준다.(그림 1-2) 아마 다음의 '명
장면'을 기억하는 사람들이 많을 것이다.

2045년, 웨이드 와츠Wade Watts는 '고층빌딩'이 즐비한 오하이오주의 음침한 빈
민촌 스택스The Stacks에 사는 고아다. 말이 좋아 '고층빌딩'이지 사실은 수많은
컨테이너를 아무렇게나 쌓아 올린 곳이었다. 그러나 주인공은 자신을 둘러싼
현실에는 아무런 관심이 없다. 그는 집에 돌아오자마자 HMD 등 각종 VR 장
비를 착용하고 디지털 세계인 '오아시스Oasis'에 접속해 위안을 얻는다.
'오아시스'는 독립적인 사회 경제 시스템을 갖추고 있으며 플레이어는 저마다
의 개성이 담긴 새로운 디지털 분신을 만들 수 있다. 웨이드는 오아시스에서
완전히 다른 사람으로 거듭나 푸른 눈에 흰 피부를 가진 '파시발Parzival'이라는
소년이 된다. 파시발은 디지털 세계에서 히말라야에 오르기도 하고 튜닝카로
맨해튼을 질주하기도 하면서 이스터 에그를 찾는 험난한 여정에 오른다. 웨이
드뿐만 아니라 모두가 '오아시스'에 푹 빠져, 시궁창 같은 현실은 아예 존재하
지 않는 것처럼, 가상 세계에서 두 번째 삶을 즐긴다.

'오아시스'는 거대한 '박물관'이기도 하다. 세상에 존재하는 그 어떤
책, 드라마, 노래, 예술품, 게임이라도 누구나 읽고 보고 듣고 만지고
플레이할 수 있다. 날마다 수십억 명이 '오아시스'에서 삶을 즐긴다. 그
들은 모두 이 거대하고 끊임없이 확장되는 무한한 세계에서 생활한다.
그 안에서 알게 된 사람과 친구가 되고 결혼도 하지만, 현실 세계에서

그림 1-2 메타버스 '오아시스' 속 이야기를 그린 〈레디 플레이어 원〉   (출처: 워너브라더스)

는 서로 만난 적이 없다. 사람들은 자신의 '디지털 아바타'와 점점 혼연일체가 되어간다. 오아시스에서 유통되는 화폐인 '코인'은 물리 세계의 법정화폐와도 교환된다.

《스노 크래시》부터 〈레디 플레이어 원〉, 그리고 2021년 8월에 상영된 〈프리 가이Free Guy〉까지, 이런 예술작품들은 SF 형식으로 참여자의 무한한 상상력이 실현되는 디지털 공간을 묘사해 시선을 사로잡았다. 또한 전 세계의 수많은 긱Geek(컴퓨터만 아는 괴짜─옮긴이)을 자극해 메타버스의 창조주가 되고픈 열망을 불러일으켰다. 그리고 이러한 천재들의 노력으로 메타버스는 점점 SF의 영역에서 빠져나와 현실이 되고 있다. 그렇다면 얼마나 더 가야 메타버스에 다다를까?

메타버스에 너도나도 뛰어드는 글로벌 인터넷 기업들

평소 과학기술 분야 뉴스에 귀를 기울였다면 거대 인터넷 기업들이 메타버스에 얼마나 '진심'인지 느꼈을 것이다. 그중에서도 가장 먼저 메타버스로 질주하고 있는 기업은 메타(구 페이스북)이다.

2021년 6월 말, 페이스북의 창업자 겸 CEO인 마크 저커버그는 미디어와의 인터뷰에서 중대한 선언을 한다. "앞으로 페이스북은 SNS 사업 외에 메타버스를 집중 육성할 것이며 5년 안에 메타버스 기업으로 전환할 계획이다."(그림 1-3)

하고많은 거대 인터넷 기업 중, 어째서 페이스북이 가장 먼저 메타버스를 외친 걸까? 먼저 인터넷에 대한 저커버그의 비전을 살펴보자. 저커버그가 쓴 편지에 이런 내용이 있다. "세계의 모든 사람을 서로 연결하고 모든 사람이 자신의 의견을 말할 수 있는 세상으로 바꾸는 데 기여하는 것은 엄청난 기회이자 필요한 일이다." 저커버그는 '세상을

그림 1-3 저커버그가 가상현실 기술로 가상공간에서 인터뷰하는 모습 (출처: CBS)

연결하려고' 페이스북을 설립했다. "사람들이 인터넷을 통해 진정으로 연결되고 더 많은 사람이 네트워크를 통해 뜻이 맞는 친구를 사귀고 친구와 가족 간에 더 가까워지기를 바란다."

모바일 인터넷 다음은 메타버스

모바일 인터넷 시대가 열리면서 페이스북은 새로운 전략을 추진했다. 저커버그는 스마트폰 등 모바일 기기가 대중화되면 모바일 채팅과 사진 공유 등 새로운 기능에 대한 수요가 폭발적으로 증가하리라 예상했다. 2012년 4월, 페이스북은 당시 직원이 13명뿐이었던 사진 공유 앱인 인스타그램을 10억 달러에 인수했다. 2014년 2월에는 메신저 앱인

왓츠앱WhatsApp을 160억 달러에 인수했다. 이를 통해 페이스북은 모바일 인터넷 시대의 네트워크 효과를 더욱 강화했다. 2021년 6월 30일 기준, 페이스북의 월간 활성 이용자 수Monthly Active Users, MAU는 전 세계 인구의 3분의 1이 넘는 29억 명에 달한다.

그 뒤를 잇는 인터넷은 무엇일까? 저커버그는 메타버스가 모바일 인터넷의 뒤를 이을 것이라고 본다. "현재 모바일 인터넷은 잠에서 깨는 순간부터 다시 잠자리에 들 때까지 필요한 모든 것을 충족시킨다. 그래서 나는 메타버스가 주목해야 할 부분은, 사람들이 더 자주 인터넷을 사용하게 하는 것이 아니라 더 자연스럽게 인터넷에 참여하게 만드는 것이라고 생각한다", "메타버스는 게임만 하는 곳이 아니라 지속성과 동시성이 있는, 그 안에서 모두가 함께 살아갈 수 있는, 현재 사람들이 사용하는 소셜 미디어 플랫폼들의 혼합체와 비슷한 공간일 것이며 강력한 몰입감을 경험할 수 있는 환경이다"라고 말한다.

2014년 1월, 저커버그는 설립된 지 2년이 채 안 된 VR 기업 오큘러스Oculus를 찾아간다. HMD VR 장비인 오큘러스 리프트Oculus Rift를 처음으로 착용해본 저커버그의 감상은 딱 한마디로 정리됐다.

"이것이 바로 미래임을 알아야 한다."

2014년 페이스북은 23억 달러에 오큘러스를 인수하고, 가상현실 사업에 대한 R&D 투자 규모를 꾸준히 늘렸다. 최근에는 R&D 투자 규모가 연간 185억 달러에 이르렀다. 가상현실 분야의 선두주자가 된 오큘러스의 대표 제품은 VR HMD 퀘스트Quest 시리즈다. 원래 399달

그림 1-4 흥행 중인 VR 게임 〈비트 세이버〉   (출처: 비트 게임즈)

러나 나가던 오큘러스 퀘스트는 기술 향상을 통해 가격을 299달러까지 낮추고 시장점유율을 75%까지 끌어올렸다. 또한 〈비트 세이버Beat Saber〉와 같이 인기 있는 가상현실 게임도 내놓았다. 오큘러스 퀘스트는 이미 페이스북의 메타버스 창세기에서 가장 중요한 '입장권'이 되었다.

인터넷 기업들이 메타버스로 달려가는 이유

페이스북뿐만이 아니다. 중국 인터넷 기업들도 메타버스를 향해 발 빠르게 뛰기 시작했다. 2020년 12월, 텐센트는 그해 특집물 〈삼관三觀〉을 내놓았다. 텐센트 CEO인 마화텅馬化騰은 서문에서 최초로 '리얼 인터

넷'이라는 개념을 제시하며 텐센트의 다음 전장은 '리얼 인터넷'이라
고 강조했다.

마화텅은 이렇게 말했다. "이미 가상 세계와 현실 세계를 잇는 문이
열렸다. 가상에서 현실로 오든 현실에서 가상으로 가든 이용자가 좀
더 진실한 경험을 할 수 있게 해야 한다. 일반 인터넷에서 산업인터넷
까지, 다양한 응용 시나리오도 이미 마련됐다. 커뮤니케이션, 소셜 네
트워크는 영상화되고 화상회의, 라이브 스트리밍이 뜨고 있으며 게임
도 클라우딩화되고 있다. 모바일 인터넷으로 전환할 때 그랬던 것처럼
시대의 흐름을 놓친 사람은 점차 뒤처질 것이다."

2012년 텐센트는 에픽게임즈 지분의 48.4%를 3.3억 달러에 사들
였다. 이번 장의 서두에서 언급한 〈포트나이트〉가 에픽게임즈의 주요 제
품이다. 〈포트나이트〉는 2017년 에픽게임즈가 내놓은 배틀 로얄 게임
으로, 끊임없는 업데이트를 거치면서 단순한 게임이 아닌 가상 세계로
진화해 단편적으로나마 메타버스의 특징을 보이고 있다. 〈포트나이트〉
안에서 마블 스튜디오Marvel Studios와 DC코믹스DC Comics의 유명 캐릭터들
이 같이 등장하기도 하고 〈스타워즈〉 신작의 미공개 장면이 인게임에서
구현되기도 했다. 심지어 에픽게임즈는 패션 브랜드 에어조단Air Jordan,
AJ.과 컬래버해 게임 속에서 AJ슈즈를 출시했다. 2020년 5월 기준, 〈포
트나이트〉 이용자는 3.5억 명에 달하며 점차 플레이어들의 소셜 네트
워크 플랫폼으로 자리 잡아가고 있다. 에픽게임즈는 이미 메타버스를
향해 질주하고 있다. 2021년 4월, 에픽게임즈는 메타버스 관련 사업에

쓸 10억 달러 규모의 투자를 유치했다고 밝혔다.

에픽게임즈의 업무는 〈포트나이트〉를 통해 개인 이용자에게 게임 서비스를 제공하는 것과 '언리얼 엔진unreal engine'을 개발하는 것, 이 두 부분으로 나뉜다. 에픽게임즈의 설명에 따르면, 언리얼 엔진은 세계에서 가장 개방되고 진보된 리얼타임 3D 제작 플랫폼이다. 실사 같은 비주얼과 몰입감 있는 경험을 제공하며 게임, 건축, 영화와 드라마 등 물리 기반 렌더링(PBR)이 필요한 업계에 서비스를 제공할 수 있다.

언리얼 엔진은 〈포트나이트〉의 지속적인 확장을 위한 프레임을 제공했다. 언리얼 엔진은 이 엔진으로 개발되고 에픽게임즈 스토어(앱스토어)에 업로드된 게임을 하나로 모아, 플레이어가 〈포트나이트〉 안에 설정한 디지털 분신으로 그 어떤 게임도 마음껏 '오갈' 수 있게 한다. 에픽게임즈는 게임 간의 장벽을 허물고 게임 개발자들이 합심해 새로운 생태계를 구축하길 바란다. 현재 에픽게임즈는 거대한 디지털 공간을 구상하고 있다. 이 공간에서는 게임은 물론이고 사회 활동, 일상생활까지 가능하다.

에픽게임즈의 언리얼 엔진은 이미 여러 시나리오에서 사용된다. 미국 드라마 〈만달로리안The Mandalorian〉은 기존의 '초록색 벽' 대신, 에픽게임즈와 인더스트리얼 라이트&매직Industrial Light&Magic사가 공동 개발한 스테이지크래프트StageCraft 리얼타임 3D 촬영 기술로 드라마를 찍었다. 드라마 배경을 촬영 현장에 시뮬레이션했을 때의 시각적 효과는 가히 충격적이었다.(그림 1-5) 이제 제작팀은 더 이상 적당한 장소를 물

그림 1-5 언리얼 엔진의 리얼타임 3D 촬영 기술을 사용한 〈만달로리안〉 촬영 현장

(출처: 인더스트리얼 라이트&매직)

색하러 발품을 팔지 않아도 되고 배우도 상상력에만 의존해 연기하지 않아도 된다.

위에서 말한 기업 외에, 수많은 공룡 기업이 2021년에 메타버스 전략을 발표했다. 마이크로소프트는 메타버스로의 이행을 공식 선포하고 새로운 소프트웨어 플랫폼인 팀즈용 메시Mesh for Microsoft Teams와 다이내믹스 365 커넥티드 스페이스Dynamics 365 Connected Spaces를 출시했다. 디즈니는 '디즈니랜드 메타버스'를 위해 신청한 기술 특허인 '가상 세계 시뮬레이터Virtual-world Simulator'를 승인받았으며 메타버스가 디즈니의 미래라고 선언했다. 나이키, 아디다스는 가상 세계인 나이키랜드Nikeland

와 아디버스adiVerse를 내놓고 메타버스를 향해 힘차게 달려가고 있다.

중국에서도 넷이즈, 바이두, 바이트댄스, 텐센트, 알리바바, 화웨이, 빌리빌리BiliBili 등 거대 인터넷 기업들이 잇달아 메타버스 전략을 내놓았다. 넷이즈는 메타버스를 향한 차세대 인터넷 기술 아키텍처를 발표하고 소프트웨어 개발 키트(SDK) '요우링有靈', 몰입식 활동 시스템 '야오타이瑤臺'를 출시했다. 또 하이난海南 산야三亞 시정부와 메타버스 산업 기지 공동 구축을 위한 전략적 협력 협정을 맺었다. 바이두는 소셜 네트워크 성격의 메타버스 플랫폼 '시랑希壤'을 출시했다. 알리바바 다모 아카데미Alibaba DAMO Academy는 OS실험실과 XR실험실을 증설하고 메타버스 기반 기술을 연구하고 있다. 화웨이는 사이버버스Cyberverse 기술로 베이징 서우강위안首鋼園과의 협력 프로젝트 '서우강위안 메타버스'를 오픈했다. 빌리빌리는 '가오넝롄高能鏈'을 오픈하면서 새로운 디지털 오리지널 커뮤니티를 만들겠다고 했다.

메타버스는
웹 3.0

메타버스를 어떻게 정의해야 할까? '메타버스는 집단의 가상 공유 공간으로 모든 가상 세계와 인터넷, 어쩌면 현실 세계의 파생물까지 포함하지만 증강현실과는 다르다. 메타버스는 진보된 인터넷을 묘사하는 용어로 쓰인다. 진보된 인터넷이란 지각되는 현실 세계와 연결된 영구적으로 공유하는 3차원 가상공간들로 구성된다.' 위키백과에 나오는 정의다.

여러분이 생각하는 메타버스 정의와 비슷한가? 사실 메타버스는 아직 시작 단계라서 과학기술계, 산업계, 투자업계 등은 각자의 상황에 따라 저마다 다른 정의를 내리고 있다.

저커버그에 따르면 메타버스는 모바일 인터넷을 잇는 차세대 인터넷으로 영구적이고 리얼타임이며 진입 제한이 없는 환경이다. 메타버스 이용자는 다양한 기기를 통해 자유롭게 메타버스를 찾을 수 있다.

"그곳에서는 단순히 콘텐츠만 보는 것이 아니다. 당신이라는 사람 자체가 그곳에 실재한다."

게임 플랫폼인 로블록스(RBLX) 공동 창업자이자 CEO인 데이비드 바스주키David Baszucki는 메타버스를 사람들이 오랜 시간 일하고 배우고 놀 수 있는 가상공간이라고 표현했다. "앞으로 로블록스 이용자들은 플랫폼에서 고대 로마에 관한 책을 읽으면서 메타버스에 지어진 역사 명소를 참관하고 도시를 둘러볼 수도 있다."

나이키Nike의 기술 혁신 글로벌 책임자인 에릭 레드몬드Eric Redmond는 메타버스가 현실과 가상 사이에 있는 물리와 디지털의 갭을 뛰어넘었다고 말한다.

《AI 저널The AI Journal》 창업자 톰 앨런Tom Allen의 설명은 이러하다. "메타버스는 기하급수적으로 성장하는 가상 세계다. 사람들은 자신이 생각하기에 알맞은 방식으로 물리 세계의 경험과 지식을 응용해 메타버스 안에 자신만의 세계를 창조할 수 있다."

인터넷의 발전 3단계

메타버스를 '차세대 인터넷, 즉 웹 3.0'이라고 아주 간단하게 정의할 수도 있다.

지난 25년간 인터넷의 발전 과정을 연못의 수면 위로 물결이 잔잔히 퍼지는 것에 비유한다면, 인터넷이 이룬 진보는 모두 기술 혁신을 통해 응용 시나리오의 외연을 점차 확장해나간 것으로 볼 수 있다. 그 결과 사회와 경제는 더 높은 차원으로 나아갔다. 이 같은 논리에 따라 인터넷의 발전 단계는 다음과 같이 구분할 수 있다.(그림 1-6)

그림 1-6 인터넷의 발전 3단계

웹 3.0
메타버스

웹 2.0
모바일 인터넷

웹 1.0
PC 인터넷

웹 1.0은 PC 인터넷으로 1994년에 시작돼 지금에 이르렀다. 웹 1.0은 정보를 효과적으로 전달할 수 있다. 뉴스, 검색, 이메일, 메신저, 전자상거래, 컬러링, 클라이언트, 웹 게임 등 애플리케이션이 보급되면서 전 세계 인터넷 이용자들이 빠르게 연결돼 정보 전송의 효율이 크게 향상되고 정보 획득의 문턱이 낮아졌다. 웹 1.0의 대표적 기업으로는 야후Yahoo, 아메리칸 온라인American Online, 구글Google, 아마존Amazon, 텐센트Tencent, 바이두Baidu, 알리바바Alibaba 등이 있다.

웹 2.0은 모바일 인터넷으로 2008년 즈음에 첫발을 내디딘 뒤로 끊임없이 위대한 여정을 이어오고 있다. 스마트폰은 '24시간 온라인 상태', '언제 어디서나 가능'이라는 특징이 있다. 이 스마트폰 덕분에 웹 2.0이 우리의 삶으로 깊숙이 파고들었다. 웹 2.0 단계에서는 '네트워크 접속'이라는 개념이 점차 사라졌다. 일상생활이 네트워크상에서 이루어지기 때문이다. 오프라인에서 맺은 사회적 관계 중 다수가 온라인으로 옮겨갔고 아예 온라인에서 새로운 사회적 관계를 맺는 경우가 훨씬 많아졌다.

스마트폰은 전 사회에 획기적인 변화를 몰고 왔다. 다양한 분야에서 각종 센서의 수요가 폭발적으로 증가했고 물리 세계가 빠른 속도로 디지털 세계에 매핑돼 디지털화가 이뤄졌다. 또 디지털 세계의 다양한 서비스를 현실 세계에 그대로 응용할 수 있게 되면서 온라인과 오프라인의 경계가 모호해지고 강력한 상호작용을 일으키기 시작했다. SNS, O2O서비스Online to Offline, 모바일 게임, 숏폼 동영상, 라이브 스트리밍, 정보 흐름 서비스Information flow, 앱 배포, 인터넷 금융 등 모바일 인터넷 서비스가 주류를 이룬다.

웹 2.0 단계에서는 애플, 페이스북, 에어비앤비Airbnb, 우버Uber, 샤오미Xiaomi, 바이트댄스ByteDance, 디디Didi, 메이퇀Meituan, 핀둬둬Pinduoduo 등 여러 기업이 탄생함과 동시에 급속히 성장해 각 분야의 선도 기업이 되었다.

웹 3.0은 메타버스라고 생각한다. 2021년은 메타버스 원년으로, 새로운 인터넷 시대의 서막이 열렸다. 머잖아 생각지도 못한 혁신적인 변화가 잇따라 발생할 것이다. 블록체인은 디지털 자산을 창조하고 스마트 계약(블록체인과 더불어 빛을 본 자동화 계약 기술-옮긴이)은 스마트 경제 시스템을 구축하고 사물인터넷은 물리 세계의 실체를 디지털 세계에 매핑해 현실의 물체와 가상의 물체를 연동시킨다. 인공지능은 전 세계 디지털 네트워크의 싱크탱크로서 '디지털 휴먼'을 창조한다. AR은 디지털 세계와 물리 세계를 중첩시키고 5G 네트워크, 클라우드 컴퓨팅, 에지 컴퓨팅은 더 장엄한 디지털 공간을 구축한다. 이 단계에서도 이전과 마찬가지로 완전히 새로운 형태의 '킬러 애플리케이션'이 나타나고 (시장 독점적 거대 기업이 아닌) 위대한 경제 조직들이 탄생할 것이다.

현재 중요한 메타버스 애플리케이션이 쏟아져 나오고 있다. 오픈월드open world 게임은 메타버스의 초기 '테스트베드'다. VR 장비와 실감형 장비는 우리의 모든 감각을 메타버스로 옮겨주는 '링커linker'다. 디지털 트윈은 가상과 현실이 결합된 가상공간을 구축하는 '빌더'다. 디지털 휴먼은 우리와 함께 메타버스를 만들어나갈 '동료'다. NFT는 메타버스에서 만물에 '가치를 부여하는 기계'다. 디파이(탈중앙화 금융)는 메타버스에서 디지털 부의 '가치 경로'다. 디지털 정체성과 아바타는 메타버스에서의 '통행증'이다.

메타버스의 실현은 5가지 융합에 달려 있다

메타버스의 특성은 '5대 융합', 즉 디지털 세계와 물리 세계의 융합, 디지털 경제와 실물 경제의 융합, 디지털 생활과 현실 사회생활의 융합, 디지털 자산과 실물 자산의 융합, 디지털 정체성과 현실 정체성의 융합으로 정리할 수 있다.(그림 1-7) 메타버스는 단순한 '가상공간'이 아니다. 메타버스의 실현 여부는 '융합'에 달려 있다.

1. 디지털 세계와 물리 세계의 융합

오픈월드 게임은 메타버스 '디지털 세계'의 초기 형태다. 오픈월드 게임은 게임 장르의 하나로, 기준이 모호하긴 하나 기본적으로 이동의 자유가 있어 어느 장소든 자유롭게 갈 수 있는 것이 특징이다. 지난 10년 동안, 대형 오픈월드 게임은 전자오락 산업의 핵심으로 떠올랐다.

오픈월드 게임은 퀘스트의 비선형성, 자유롭게 탐색할 수 있는 대형 맵, 지능적이고 상호작용성이 강한 NPC_{non player character} 등의 특징이 있다. 플레이어는 이런 게임 속에서 자신만의 플레이 스타일을 찾을 수 있다.

〈젤다의 전설: 야생의 숨결The Legend of Zelda: Breath of the Wild〉에서는 다양하게 방어구 강화하기, 각종 몬스터에 도전하기, 온갖 식재료로 여러 가지 요리하기 등에 푹 빠져 정작 메인 스토리인 '공주 구하기'를 포기하는 플레이어가 속출했다. 〈엘더스크롤 5: 스카이림The Elder Scrolls V: Skyrim〉과 〈위처 3: 와일드 헌트The Witcher 3: Wild Hunt〉도 자유도가 굉장히 높다. 플레이어가 원하는 캐릭터를 만들 수 있고 자유롭게 직업을 고를

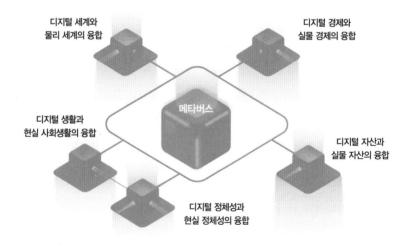

그림 1-7 메타버스의 특성, '5대 융합'

수 있으며 여러 가지의 결말 스토리를 선택할 수 있다. 대형 오픈월드 게임에서 게임은 단지 배경일 뿐, 플레이어는 자유롭게 자신이 원하는 것을 경험할 수 있다. 한마디로 방법이 다를 뿐이지 메타버스가 이용자에게 주는 경험과 일맥상통한다.

이런 게임들과 달리, 메타버스 디지털 공간은 '영속성'이라는 특징을 가진다. 다시 말해 물리 세계와 마찬가지로 디지털 세계에 계속 머무를 수 있으며 더 높은 차원으로 진화할 수도 있다. 메타버스는 몇몇 거대 기업이 지배하는 '중앙화'된 세계가 아니다. 메타버스 자체를 비롯해 이용자가 디지털 공간에서 소유한 데이터와 자산은 분산 저장 시스템을 기반으로 영속적으로 보존되며 임의로 수정 또는 삭제할 수 없다.

메타버스는 디지털 세계이면서 디지털 세계와 물리 세계가 강력하게 상호작용하고 긴밀하게 융합된 세계이다. 그래서 메타버스는 인터넷과 사회, 경제를 더 높은 차원으로 진화시킬 수 있다. 디지털 세계가 현실 세계에 가치를 전할 수 없다면 발전 가능성이 제한적일 것이다.

2020년, 페이스북의 오큘러스가 VR 플랫폼 기반, 가상현실 커뮤니티인 호라이즌Horizon을 공개했다. 이용자는 호라이즌 안에서 회의실을 만들어 원격회의를 열 수 있다. 필자는 오큘러스 퀘스트 2의 VR 헤드셋을 쓰고 호라이즌 워크룸Horizon Workroom에 회의실을 만들어봤다. 디지털 세계에서의 상호작용 경험은 필자의 상상을 훌쩍 뛰어넘었다. 물리 세계에서 서로 다른 도시에 거주하는 회의 참석자들은 메타버스 회의

실에서 활발하게 상호작용했다. 서로의 거리는 물리 세계에서보다 훨씬 더 가까웠다. 예를 들어, 회의 중에 한 동료의 '디지털 아바타'가 내 왼쪽에 앉았다. 그런데 그와 대화할 때 목소리가 내 왼쪽에서 전해졌으며 몸짓까지 분명히 알아볼 수 있었다. 물론 아직은 배경의 정밀도가 아쉽고 참가자들이 허공에 둥둥 뜬 상태라는 문제가 있다. 그러나 2D 버전의 화상회의 툴과는 느낌부터 완전히 달랐다. 회의 중에 다른 참가자들의 의견도 귀에 쏙쏙 들어왔고 감정 교류도 현실과 똑같았다. 물리적으로는 서로 멀리 떨어져 있었지만 디지털상에서는 서로의 눈앞에 있었다. 디지털 세계와 물리 세계의 융합이 불러온 변화였다.

그렇다면 메타버스는 어떻게 디지털 세계와 물리 세계를 융합시킬까? 이 문제는 '물리 세계에서 디지털 세계로', '디지털 세계에서 물리세계로', 이 2가지 방향에서 살펴볼 수 있다.

'물리 세계에서 디지털 세계로' 가는 것은 '디지털 트윈'으로 이해할 수 있다. 예를 들어 3D 스캐닝 기술의 발달로 물리 세계 속 대상을 3D로 빠르게 모델링할 수 있게 되면서 '물리 세계에서 디지털 세계로' 가는 것이 가능해졌다. 현재 디지털 트윈은 이미 상당한 기술력을 확보했다. 심지어 iPhone 12(또는 13) Pro 등에 탑재된 라이다LiDAR로 물리적 물체나 장면을 빠르게 스캔해 모델링하고 3D 디지털 모델을 만들 수 있다. 디지털 트윈은 스마트 도시와 스마트 제조 등 다양한 시나리오에 활용될 수 있다. 한번 상상해보라. 디지털 트윈 기술로 현실의 도시를 그대로 옮긴 가상 도시를 만들어 메타버스에 그대로 접속시키면

전 세계에서 온 사람들이 그 가상 도시를 마음껏 활보하며 무한한 창의력으로 새로운 것들을 만들어낼 것이다.

기술 발달에 힘입어 '디지털 세계에서 물리 세계로' 옮겨오는 것도 가능해지고 있다. AR 기술이 진화하면서 마이크로소프트의 홀로렌즈HoloLens, 구글 글라스Google Glass, 매직 리프Magic Leap, 디지렌즈DigiLens 등 AR 글라스 장비가 일부 산업군에서 쓰이기 시작했다. 이러한 장비의 도움으로 디지털 세계와 물리 세계의 융합이 실현되면서 사용자는 두 세계에 존재하는 모든 것과 상호작용할 수 있게 되었다.(그림 1-8) 이밖에도 드론, 스마트 로봇과 외골격 로봇exoskeleton robot 관련 기술의 진화도 디지털 세계와 물리 세계의 긴밀한 상호작용을 실현했다.

예를 들어 화재 사건이 발생하면 메타버스 안에서 디지털 트윈을 바탕으로 화재 현장을 신속히 분석하고 프로그램을 통해 곧바로 각종 드론, 로봇 등을 화재 현장에 급파할 수 있다. 뉴스 보도에 따르면 상하이 전력 회사는 고압선에 걸린 비닐을 제거하는 데 분화드론을 사용한다고 한다. 기존의 방식으로 고압선에 걸린 이물질을 제거하려면 사람이 직접 송전탑에 올라가야 하므로 시간도 많이 걸릴뿐더러 위험하기까지 했다. 2021년 허난성에서 폭우로 인한 수해가 발생했을 때도 수상 구조 로봇, 이룽翼龍 드론 등 새로운 스마트 장비들이 구조 활동, 재해 탐사, 응급 통신 복구 및 응급 수송 등의 임무를 맡아 활동했다.

기술이 진보하면서 '물리 세계에서 디지털 세계로', '디지털 세계에서 물리 세계로' 가는 통로가 점점 더 넓어지고 있다. 물리 세계와 디지

그림 1-8 AR 기술에 힘입어 '디지털 세계에서 물리 세계로'의 이동이 가능해지고 있다.

(출처: Visual China Group)

털 세계는 공생 관계가 될 수 있다. 예를 들어 둔황국제문화박람회 전시관은 도면 설계부터 전 과정을 3D 디지털화로 완성했는데, '설계의 표준화, 관리의 정보화, 응용의 스마트화'를 목표로 한 조립식 건물을 단 8개월 만에 완공했다. 디지털 공간에 미리 둔황대극장 내 사운드, 조명의 시뮬레이션 모형을 만들어두고 대량의 음향 분석, 컴퓨팅, 시뮬레이션 작업을 진행했다. 그 결과, 대형 공공건물을 단시일 내에 지을 수 있었다. 앞으로 메타버스에서는 이 같은 경우를 흔히 보게 될 것이다. 메타버스는 디지털 유토피아가 아니라 더 나은 현실 사회, 더 강한 실물 경제를 만드는 차세대 인터넷이다.

2. 디지털 경제와 실물 경제의 융합

블룸버그 인텔리전스Bloomberg Intelligence는 전 세계 메타버스 시장 규모가 2024년에 8천억 달러(한화 988조 4천억 원)에 달할 것이라고 예상했다.[1] 오래전부터 메타버스를 연구해온 벤처투자자 매튜 볼Matthew Ball은 메타버스가 완전한 경제체제를 갖춰야 한다고 생각한다. 메타버스는 앞서 언급한 정보의 상호작용은 물론이고 경제 분야에서의 상호작용도 실현한다. 그리하여 고도로 디지털화, 스마트화된 완전한 순환 경제 시스템을 형성할 것이다. 그리고 최종적으로는 디지털 경제와 실물 경제의 융합을 실현할 것이다.

메타버스 내 디지털 경제, 즉 메타버스 경제는 다음 4가지 특징을 보인다.

하나, 스마트smart 경제다. 스마트 경제는 블록체인 스마트 계약을 기반으로 한 새로운 경제 패러다임이다. 블록체인은 협력 프로토콜이면서 결제 네트워크다. 블록체인 스마트 계약을 바탕으로, 사람과 사람('디지털 휴먼' 포함), 사람과 사물, 더 나아가 사물과 사물도 번거로운 절차 없이 신뢰할 수 있는 경제 협력을 빠르게 진행할 수 있다. 이밖에도 블록체인은 아토믹 스왑atomic swap(각기 다른 암호화폐를 서로 교환하는 것-옮긴이) 방식으로 디지털 세계에서 증권·대금 동시 결제Delivery Versus Payment, DVP를 실현했다. 신뢰를 보증할 제삼자의 존재가 필요 없어진 셈이다. 양측 모두 신용 리스크를 걱정하지 않아도 되므로 거래 비용도 대폭 줄어든다.

둘, 베니핏benefit 경제다. 코로나19의 확산은 세계 경제의 모습을 완전히 바꿔놓았다. 밖으로 뻗어나가던 경제는 안으로 퇴행하기 시작했다. 메타버스는 이런 상황을 뒤엎고 젊은 층에게 새로운 기회를 제공해 다 함께 잘 사는 사회를 만들 것이다. 또한 저개발 지역이나 저개발 국가에도 기회를 나눠줘 인류 공동운명체를 이룰 것이다. 예를 들어 팬데믹으로 막다른 길에 몰렸던 수많은 필리핀인이 블록체인 게임〈엑시 인피니티Axie Infinity〉덕분에 적잖은 수입을 거뒀다. 또 메타버스에서는 '디지털 금융'이 '낮은 진입장벽, 저비용, 고효율'의 스마트 금융 서비스를 제공할 것이다. 금융 서비스에 대한 접근성과 편의성이 높아지면 포용적 성장inclusive growth(모두가 균등하게 경제 활동에 참여하고 성장의 혜택을 공정하게 분배받는 성장-옮긴이)을 할 수 있다.

셋, 창조 경제다. 디지털 콘텐츠는 메타버스를 이루는 중요한 요소 중 하나다. 메타버스는 크리에이터가 이끌어가는 세계다. 메타버스 이용자는 디지털 콘텐츠의 소비자이자 창조자이며 전파자다. 이들은 프로슈머prosumer 커뮤니티 문화에 기반한 새로운 발전 모델을 만들어나간다. 예를 들어 로블록스 개발자들이 거둔 수익은 2021년 1분기에 이미 1.2억 달러에 달해 전년 동기 대비 167%나 성장했다.[2] 창조 경제는 비즈니스적 가치와 문화적 가치를 동시에 지녀, 메타버스 경제의 성장을 촉진할 뿐만 아니라 디지털 문화의 황금기를 불러올 것이다. 또 디지털 세계에서 만들어진 작품의 가치가 점차 사회의 인정을 받을 것이며 NFT에 담길 것이다.

넷, 데이터 경제다. 쉽게 말해 데이터 경제는 현실 세계의 물리적 거래를 데이터의 흐름으로 바꾸는 것이다. 메타버스에서는 '디지털 부동산', 아이템, 장비부터 알고리즘 모형, 데이터 자원까지 모두 가치 있는 디지털 자산이 되고 시장에서 공정가액을 형성하게 된다. 데이터를 시장경제 체제에 따라 거래할 수 있게 만들면 데이터의 가치가 극대화된다. 데이터는 메타버스에서 가장 중요한 자산이자 생산요소가 될 것이다.

메타버스 시대에는 디지털 경제와 실물 경제를 이어야 한다. 디지털 경제란 메타버스 내 경제 형태를 말한다. 메타버스가 어떻게 발전하든, 그 성과는 반드시 실물 경제의 발전에 보탬이 되어야 한다. 메타버스의 주요 응용 시나리오는 산업 현장이다. 메타버스에서는 세계 각지의 사람들과 효율적으로 소통하고 협력할 수 있다. 하나로 연결된 스마트 기기들은 효과적으로 연동될 것이며, 산업 간 협업은 더 투명하고 능률적으로 변할 것이다. 자산의 토큰화가 주류 비즈니스 모델이 될 전망이다. 이는 디지털 자산과 실물 자산을 융합시키고 자산의 유동성과 가치를 높일 것이다. 메타버스는 경제체제의 디지털화, 스마트화를 이루고 기술, 조직, 효율의 혁신을 불러와 디지털 경제체제 구축을 앞당길 것이다.

3. 디지털 생활과 현실 사회생활의 융합

메타버스 세계에서는 시행착오 비용이 들지 않는다. 그래서 아무리 허무맹랑한 생각도 주저 없이 행동으로 옮길 수 있어 현실적 제약을 떨치고 꿈꾸던 인생을 살아갈 수 있다. 메타버스 '평행 세계'로 가는 문은 모두에게 활짝 열려 있다. 누구나 디지털 세계의 이점을 충분히 이용하고 상상력을 최대한 발휘해 무한한 가능성을 탐색할 수 있다. 이는 더 나은 삶, 더 멋진 삶에 대한 간절한 바람을 이루는 방식이 될 것이다. 예를 들어 디센트럴랜드에서는 드래곤을 타고 하늘을 날 수도 있다.(그림 1-9)

최근 들어 시뮬레이션 게임, 샌드박스 게임의 인기가 치솟고 있다. 이런 게임에는 플레이어가 창의력을 마음껏 발휘하고 행동에 옮길 수 있는 드넓은 세상이 펼쳐져 있다. 예를 들어 〈심시티Sim City〉에서 플레이어는 실제와 똑같이 도시를 관리하는 경험을 할 수 있다. 물리 세계 속 도시의 레이아웃, 교통, 에너지 등의 데이터를 게임 시스템에 입력해 적은 비용으로 최적화 테스트를 진행한 뒤, 그 성과를 현실에 적용할 수 있다. 그래서 이 게임은 도시 관리와 계획에 관심 있는 사람들 사이에서 굉장한 인기를 끌었다. 〈심즈The Sims〉는 시간의 흐름에 따라 단계적으로 자라는 일종의 성장 게임이다. 플레이어는 신생아부터 시작해 완전히 다른 삶을 경험할 수 있다. 건축가라면 건물 편집기 기능을 이용해 물리 세계에서 지으려는 건물과 똑같은 건물을 게임 속에

지어 사전에 문제를 파악할 수도 있다.

샌드박스 게임은 창의적이고 자유도가 높아 플레이어가 원하는 대로 플레이할 수 있다. 플레이어는 자신이 상상하는 신기한 세상을 마음껏 만들 수 있다. 〈마인크래프트Minecraft〉에서 플레이어는 생존, 창조, 모험, 극한, 관찰 모드 중 자신이 원하는 것을 선택할 수 있다. 몬스터를 잡을 수도 있고 자신만의 건물을 지을 수도 있다. 픽셀감이 강해 좀 조잡해 보이기는 하지만, 이는 〈마인크래프트〉가 전 세계에서 사랑받는 게임 중 하나가 되는 데 전혀 장해가 되지 않았다. 2021년 5월 기준, 〈마인크래프트〉 판매량은 2.38억 장, 월간 활성 이용자 수는 1.4억 명에 달했다. 〈마인크래프트〉는 2020년 유튜브 조회 수가 가장 많은 게임으로 2천억 뷰[3] 이상을 기록했다.

그림 1-9 디센트럴랜드에서 폭발적 인기를 얻은 미니게임 〈드래곤러쉬DragonRush〉에서 필자가 1위에 이름을 올렸다.

(출처: 디센트럴랜드)

이런 게임은 플레이어가 원하는 디지털 생활을 경험하게 해준다. '원하는 삶을 사는 것'은 디지털 생활에서 가장 중요한 부분이다. 이는 메타버스 생활 방식의 기본 형태이기도 하다. 그러나 정말로 디지털 생활을 하려면 키보드, 마우스, 스크린터치 등으로 디지털 세계와 상호작용하는 것만으로는 부족하다. 또 디지털 생활을 게임 속에서만 할 수도 없다. 디지털 세계에서의 '생활'은 VR, AR, MR(혼합현실) 장비와 촉각, 후각, 심지어 미각까지 구현할 수 있는 오감 시뮬레이션 장비를 통해 온몸으로 강렬한 몰입감을 느낄 수 있어야 가능해진다.

필자는 몽환적인 디지털 아트를 경험할 수 있는 '팀랩 보더리스 TeamLab Borderless' 전시회에 참가하기 위해 팀원들과 함께 도쿄를 찾은 적이 있다.(그림 1-10) 관람객들은 시각, 청각, 후각, 미각, 촉각 등 모든 감각을 통해 기이하고 환상적인 세계에서 초실감超實感을 경험했다. 예를 들어 '그라피티 네이처Graffiti Nature' 전시에서는 제자리에 가만히 선 채로 사방에서 꽃이 피어나고 봄, 여름, 가을, 겨울이 물 흐르듯 자연스럽게 변하는 것을 경험할 수 있다. '꼬마요정이 사는 테이블A Table where Little People Live' 전시에서는 디지털로 구현된 꼬마 요정들과 어울릴 수 있다. 관람객이 테이블 위에 물건을 배치하면 꼬마 요정은 그 물건을 피하려고 뛰어오르거나 미끄러진다. 요정들이 탁자 가운데에 있는 태양 근처까지 오면 반짝이는 별들이 나타난다. 팀랩은 베이징, 상하이, 마카오, 타이베이, 도쿄, 싱가포르, 뉴욕 등 세계 각지에서 상설 전시회를 열어 많은 관람객의 호평을 받았다.

그림 1-10 팀랩은 디지털 기술로 현실 속에 몽환적인 세상을 만들었다. (출처: 팀랩)

   디지털 세계에서의 삶이 여러모로 매력적인 것은 맞지만, 사실 디지털 세계에서만 살아가는 것은 불가능하며 몹시 외로울 것이다. 빌리빌리에서 '플래시캐럿FlashCarrot'이라는 이용자는 VR 헤드셋을 착용한 채로 5일(120시간) 동안 생활한 경험을 동영상으로 기록했다. 그는 디지털 세계에서 게임을 하고, 온라인 강의를 듣고, 논문을 쓰고, 사회생활도 했으며 달나라로 여행까지 갔다. 그러나 처음 시작할 때의 설렘이 잦아든 뒤, 디지털 세계에 머문 시간이 늘어날수록 부작용이 나타났다. 낮 시간을 멍하니 보낸 뒤에는 불면의 밤이 찾아왔고 바깥의 햇볕, 꽃향기, 풀밭이 그리워 견딜 수가 없었다. 영상의 마지막에 그는 VR 헤드셋 기기를 벗어던지고 근처 공원으로 달려가 두 팔을 활짝 펼친 채 이제 막 떠오르는 해를 온몸으로 맞았다. 그리고 그는 이런 말을 남겼다. "과학기술의 발전은 복제와 모방이 불가능한 것은 없다는 생각을 심어주었지만, 동시에 나는 영원히 대체할 수 없는 것도 있음을 깨달았다."

과학기술의 발전은 끊임없이 새로운 경험을 선사하고, 디지털 세계는 겪어본 적 없는 삶으로 인도한다. 그러나 현실에서의 느낌과 경험도 매우 중요하다. 디지털 세계의 삶과 현실 세계의 삶이 융합될 때만이 인간의 고차원적인 정신적 니즈가 충족된다.

4. 디지털 자산과 실물 자산의 융합

현대 금융에서 가장 중요한 것은 '효율적'이고 '신뢰'할 수 있게 가치를 이전하는 능력이다. 블록체인 기술은 디지털 자산의 소유권을 확정하고 유통시키며 자산을 안전하게 보호해준다. 또 디지털 경제 활동을 통한 디지털 자산의 생성과 축적을 지원한다. 블록체인상의 디지털 자산, 즉 토큰token은 물리 세계와 디지털 세계의 자산을 잇는 '다리' 역할을 한다. 이러한 디지털 자산이 디파이와 만나면 유동성이 커져 진정한 가치를 갖는다.

NFT는 메타버스 경제에 맞는 중요한 자산 유형이 되었다. 모든 NFT는 단 하나뿐이며 나눌 수 없다. NFT는 블록체인 기술로 발행되며 '배타적 소유권, 투명한 수량, 거래 이력 기록' 등의 특징이 있다. 2021년 초부터 NFT로 이목이 쏠리기 시작했다. 2021년 8월, 패션 브랜드 루

그림 1-11 **루이비통이 출시한 모바일 게임에 내장된 NFT 디지털 수집품** (출처: Louis Vuitton Malletier)

이비통Louis Vuitton은 〈루이 더 게임Louis the Game〉이라는 모바일 게임을 출시했다. 게임 속 주인공인 비비엔이 초를 찾는 퀘스트를 완수하면 NFT 형태의 수집 가능한 아이템을 지급받았다.(그림 1-11)

　NFT는 '대체 불가능한 토큰'으로 모든 자산에 가치를 부여할 수 있어 산업 블록체인의 새로운 저장 수단이 될 전망이다. 미래에는 모든 것이 NFT화될 것이다. 또한 많은 자산이 증권형 토큰Security Token 방식으로 메타버스에 매핑될 것이다. 자산을 디지털 세계로 옮겨 가치의 유통과 증대를 실현하면, 자산의 유동성과 거래 범위를 확대하고 거래 비용과 문턱을 낮춰 자산의 가치를 극대화할 수 있다.

5. 디지털과 현실의 정체성 융합

메타버스에서 생활하려면 먼저 디지털 정체성을 마련해야 한다. 디지털 정체성도 점차 현실 정체성과 융합해 새로운 정체성 체계를 이루고 메타버스의 디지털 신용을 구축하게 될 것이다.

미완성이지만 이미 디지털 정체성이 현실에 쓰이고 있다. 중국 내 수많은 앱과 애플릿applet(미니 응용프로그램)이 위챗 계정, QQ계정, 알리페이 계정으로 로그인을 허용한다. 구글 계정, 페이스북 계정, 애플 계정으로 로그인할 수 있도록 지원하는 글로벌 웹사이트도 적지 않다. 이는 모두 디지털 정체성의 초기 버전이라고 할 수 있다. 문제는 '중앙화' 체계라는 점이다. 이용자는 사실상 자기 정체성에 대한 통제권을 포기하는 대가로 소소한 편의를 누릴 뿐이다.

코로나19가 퍼지면서 널리 사용되기 시작한 헬스 코드Health Code(중국에서 사용되는 애플리케이션으로 백신 관련 정보 및 테스트 이력 등이 기록된 백신 패스-옮긴이)도 동적인 디지털 정체성 식별자identifier다. 정적인 신분증과 달리, 헬스 코드는 개인의 신원, 이동 지역, 건강 상태 등 일련의 정보를 전반적이고 정확하게 반영한다. 지방마다 각자의 헬스 코드를 사용하는데, 그중 광둥성에서 사용하는 헬스 코드인 웨캉마粤康碼가 굉장히 눈에 띈다. 중국 본토와 마카오는 개인정보보호법에 따라 양쪽 지역 주민의 개인정보를 직접 전송하거나 교환할 수 없다. 이런 상황에서 웨캉마는 블록체인 기술과 프라이버시 컴퓨팅privacy computing 기술로 마카오 헬스 코드를 상호 인정할 수 있도록 만들어 데이터는 교환하지 않은 상태로 응용만 교환해 법의 테두리 안에서 통용 가능한 디지털 정체성 인증 모델을 만들었다. 이 사례를 통해 메타버스 플랫폼 간 디지털 정체성의 상호 소통 및 상호 인정이 100% 가능하다는 점을 확인했다.

메타버스 내 디지털 정체성은 블록체인에서 만들어진다. 디지털 정체성과 현실 정체성은 하나로 융합될 수 있다. 블록체인을 기반으로 하는 까닭에 소유자가 본인의 정체성을 완전히 통제할 수 있다. 보안도 확실해서 디지털 정체성의 신뢰도를 높이고 위조, 도용, 절취를 방지하고 개인정보를 안전하게 보호할 수 있다. 즉 인증은 할 수 있되 실물로 볼 수는 없는 정체성을 획득하게 된다.

디지털 정체성 시스템에서 중요한 또 다른 기술은 프라이버시 컴퓨팅이다. 프라이버시 컴퓨팅은 다수가 개인 데이터를 사용하는 과정에서 데이터 보호를 강화해 정체성 정보 노출을 최소화한다. 그리하여 '보이지는 않되, 사용할 수는 있게' 된다. 블록체인과 프라이버시 컴퓨팅이 이룬 생태계에서, 모든 사람은 디지털 정체성을 기반으로 자신의 데이터 권익을 누릴 수 있다. 디지털 정체성 시스템은 프라이버시를 보호하는 동시에 데이터의 가치를 충분히 창출한다.

스위스 추크Zug주에서는 이미 이더리움 블록체인 기반의 신원 확인 시스템인 '유포트uPort'로 주민들의 신원 정보를 디지털화해 관리 및 검증하고 있다. 해당 지역 주민은 유포트 응용프로그램을 다운받아 디지털 정체성을 만들고 그에 알맞는 유일한 개인 키를 모바일 장치에 저장한다. 동시에 이더리움 블록체인에서 신원 계약과 제어 계약, 이 2가지 스마트 계약을 진행한다. 유포트 이용자는 특정 기업 또는 정부 기관에 개인정보를 선택적으로 노출할 수도 있다. 개인 키가 저장된 모바일 장치를 분실했을 경우, 이더리움상의 제어 계약을 통해 디지털 정체성을 복구할 수 있다.

많은 사람이 옷, 시계, 자동차 등으로 경제력과 품위를 드러낸다. 사실 이는 자신의 정체성을 대외적으로 드러내는 방식이다. 디지털 세계에서는 NFT 예술품, 소장품이 개인의 디지털 정체성을 드러내는 수단이 될 것이다. 예를 들어 NFT의 시초로 꼽히는 일부 '크립토펑크CryptoPunks'는 단순한 전자 그림처럼 보이지만 실상은 소유자의 자아 인식을 보여주는 매개물이다. 메타버스 시대에는 모든 사람이 각자의 아바타로 활동할 것이다. 아바타와 블록체인상의 분산 식별자decentralized identifier가 개인의 디지털 정체성을 이룬다. 디지털 정체성을 기반으로 블록체인상에서 정체성, 자산, 데이터를 하나로 이을 수 있다. 모든 디지털 자산은 디지털 정체성을 기반으로 관리되며 안전하게 지켜진다.

미래의 어느 날,
메타버스에서 보낸 하루

10년 뒤, A가 보낼 메타버스에서의 하루를 그려보자.

2032년 어느 날, 아침 식사를 마친 A는 일터로 향한다. 단, 집 밖으로 나갈 필요 없이 VR 장비로 메타버스 내 사무실에 접속해 업무를 시작한다. 실제로는 '원격근무' 중이지만, 메타버스에서 동료와 '대면' 접

그림 1-12 현실에서는 원격, 메타버스에서는 '대면' 상태로 교류할 수 있다.   (출처: vSpatial 공식 홈페이지)

촉하여 매끄러운 커뮤니케이션을 이어간다.(그림 1-12) 오늘, A는 해외 공장을 돌며 검사하고 협력파트너와 특허 이전 계약을 체결해야 한다.

9:00

동료와 '대면' 회의를 마친 뒤, VR 헤드셋을 끼고 해외 공장의 '디지털 트윈'에서 검사를 진행한다. 검사 도중 이상을 발견한 A는 설비를 꼼꼼히 조사한 뒤, 잘못된 파라미터를 고쳐 정상으로 복구시킨다. A가 디지털 세계에서 위의 동작을 수행하는 동안 물리 세계의 공장에서는 로봇이 이러한 복구 동작을 동시에 수행한다. 대량의 센서가 실시간으로 데이터를 모아 물리 세계의 공장 상태를 메타버스 내 디지털 트윈과 동일하게 유지한다.(그림 1-13)

그림 1-13 메타버스 내 디지털 트윈 공장과 물리 세계의 공장은 동기화 상태를 유지한다.

(출처: iStock)

10:30

검사 작업을 마치고 메타버스 사무실로 돌아온 A는 특허 이전 계약 체결을 준비한다. 계약의 전 과정이 스마트 계약 형태로 진행되므로 스마트 계약 코드를 꼼꼼히 확인하고 다양한 툴을 활용해 코드 감사 code audit를 진행한다.

11:00

A는 메타버스 내 협력파트너 사무실의 좌표를 입력해 곧바로 상대방 회사를 찾아가 계약을 체결한다. 이 특허 이전 계약은 스마트 계약이라서 블록체인상에 저장되며 자동으로 집행된다. 계약 당사자들이 코드에 문제가 없음을 확인한 뒤, A가 특허권 양수에 사용할 CBDC(중앙은행 발행 디지털화폐)를 해당 스마트 계약으로 옮기면 상대방도 NFT 형식의 특허권 양도증서를 해당 스마트 계약으로 옮긴다. A가 NFT 특허증을 검증하면 스마트 계약이 자동으로 집행되는데, 미리 정한 대로 양수 금액을 상대방에게 지급함과 동시에 NFT 특허증을 A의 회사 주소로 발송한다. 스마트 계약은 자동집행성, 즉 원자적 트랜잭션atomic transaction으로 증권·대금 동시 결제를 실현함으로써 계약 불이행 위험을 피할 수 있다. 또 블록체인에 저장되므로 위·변조를 막을 수 있다.

12:00

A는 메타버스 내 디지털 부엌에 들어가 여러 식재료를 고른 뒤, 맛

있는 점심을 준비한다. 이 디지털 부엌은 물리 세계 부엌의 디지털 트윈이다. A가 메타버스에서 음식을 준비하는 동안, 그의 집에서 멀지 않은 곳에 있는 센트럴키친Central Kitchen(중앙 집중식 조리시설) 안에 있는 로봇도 부지런히 음식을 준비한다. 조리가 끝난 음식은 스마트 드론을 통해 그의 집으로 배달된다. A는 맛과 영양이 훌륭한 점심을 맛있게 먹는다.

14:00

A는 자율주행 택시를 타고 '후오비 아카데미'(저자 위자닝이 설립한 디지털 경제 교육기관-옮긴이)로 향한다. 교실에 들어선 A는 AR 헤드셋을 끼고 수업을 듣는다. 이 수업은 NFT 아트 창작 마스터 과정으로 세계적인 디지털 예술가가 강의를 맡았다. 기본적인 기술을 익힌 A는 여가 시간에 디지털 예술품을 만들어 팔아 CBDC를 번다. 이 수업은 아시아 지역 10개 도시에 위치한 캠퍼스에서 동시에 진행된다. 강사는 특정 교실이 아니라 메타버스 내 디지털 교실에서 강의를 진행한다. 학생들은 AR 글라스를 쓰고 강의를 듣는다. 실습 시간에는, 각 학생을 맡은 '디지털 조교'가 개별적으로 실습을 돕는다. 수업 도중에 A는 옆자리 친구와 채팅으로 이야기를 나누고 AR 장비를 통해 교사, '디지털 조교', 다른 지역에 사는 학우와 토론을 할 수도 있다.

그림 1-14 메타버스에서는 짜릿함은 그대로이면서 100% 안전한 프리클라이밍을 즐길 수 있다.

(출처: iStock)

19:00

A는 메타버스에서 친구와 함께 프리클라이밍과 윙수트 플라잉 Wingsuit Flying을 신청한다. 올인원 웨어러블 장비를 입고 암벽을 오르기 시작한다. 물리 세계에서 프리클라이밍이나 윙수트 플라잉은 매우 위험한 익스트림스포츠에 속한다. 그러나 VR과 웨어러블 장비 덕에 A는 깎아지른 절벽을 맨손으로 오른 뒤 그대로 몸을 날려 지평선 너머로 사라지는 태양을 향해 날아가는 경험을 '안전'하게 할 수 있다.(그림 1-14)

2

METAVERSE

시대의 선구자가
메타버스를 창조하는 법

메타버스 생태계는 이제 막 움트고 있을 뿐이지만 미래를 내다보는 기업과 프로젝트는 메타버스의 위대한 비전을 현실로 만들기 위해 걸음을 서두르고 있다. 그중에서도 로블록스와 디센트럴랜드는 가장 발 빠르게 움직이는 대표적인 애플리케이션이다. 이번 파트에서는 시대의 선구자인 로블록스와 디센트럴랜드가 어떻게 메타버스를 구축하고 있는지 자세히 살펴보자.

월가가 선택한 메타버스의
슈퍼 유니콘: 로블록스

2021년 3월, 로블록스라는 게임 기업이 뉴욕증권거래소에 등장했다.(그림 2-1) 제품이라고는 '로블록스'라는 사명을 그대로 쓴 게임 하나뿐인 그저 그런 미니게임 플랫폼으로 보였다. 그러나 상장 첫날, 믿을 수 없는 일이 벌어졌다. 단 하루 만에 시가총액 400억 달러를 돌파한 것이다. 시가총액이 400억(한화 49조 원) 달러라면 어느 정도 규모인 걸까? 이는 〈어쌔신 크리드Assassin's Creed〉로 유명한 거대 게임 개발업체 유비소프트UBI Soft의 6배이자 전 세계에서 두 번째로 큰 게임회사 닌텐도 시가총액의 60%나 되는 엄청난 규모다.

도대체 이름조차 낯선 이 게임회사에 월가 투자기관들이 환호한 까닭은 무엇일까? 시가총액 400억 달러의 근거가 궁금할 수밖에 없다.

사실 로블록스는 평범한 미니게임 회사가 아니라 자신만의 방식으로 메타버스를 구축하고 있는 새 시대의 선구자다. 로블록스 창업자

그림 2-1 로블록스는 메타버스의 선구자다. (출처: 로블록스)

데이비드 바스주키가 생각하는 메타버스란 이런 곳이다. "메타버스는 모든 사람이 서로 이어지는 3D 가상 세계다. 메타버스에서는 누구나 저마다의 디지털 아이덴티티로 다른 사람과 마음껏 어울리고 원하는 것은 무엇이든 창조할 수 있다."

로블록스가 생각하는 메타버스의 8대 특징

로블록스에서 플레이어는 게임에 참여만 하는 게 아니라 게임 세계를 창조한다. 플레이어는 게임 애플리케이션(로블록스 내에서는 게임 '플레이'라는 말 대신 '경험'이란 말을 쓴다)을 만들어 수익을 거둘 수도 있다. 이러한 수익은 로블록스 플랫폼에 있는 다른 게임 애플리케이션에서 사용할 수도 있고 현금으로 바꿀 수도 있다. 플레이어는 자신이 직접 만든 디지털 아바타로 로블록스에 있는 모든 게임을 즐길 수 있다. 로블록스는 자신들이 생각하는 메타버스의 8대 특징을 증권신고서에 적었는데, 바로 정체성identity, 친구friends, 몰입감immersive, 어디서나anywhere, 저마찰low friction, 다양성variety of content, 경제economy, 안전safety으로 정리했다.(표 2-1)

1989년, 바스주키는 2D 및 3D 모션 개발사인 '날리지 레볼루션Knowledge Revolution'을 설립한 후 교육용 물리학 시뮬레이션 소프트웨어인

표 2-1 로블록스 증권신고서에 쓰인 메타버스의 8대 특징

특징	설명
정체성	이용자는 디지털 아바타를 통해 고유한 정체성을 가지며 이를 통해 자신을 표현하고 자신이 바라던 존재가 될 수 있다.
친구	이용자는 현실 세계의 친구는 물론, 로블록스에서 알게 된 친구와도 함께 즐길 수 있다.
몰입감	로블록스는 3D와 몰입식 시나리오 경험을 제공한다. 이러한 경험은 더 많은 이용자를 불러 모으고 현실 세계와 융합될 것이다.
어디서나	로블록스 이용자, 개발자, 창작자의 국적은 글로벌하다. 또 iOS, Android, PC, Mac, Xbox는 물론이고 다양한 VR 헤드셋으로도 이용 가능하다.
저마찰	이용자는 플랫폼 내 개발 시뮬레이터를 무료로 즐기고 다양한 경험 사이를 빠르게 오갈 수 있다. 개발자는 손쉽게 새 시뮬레이터를 만들고 발표할 수 있으며 모든 이용자는 이를 자유롭게 방문할 수 있다. 로블록스는 개발자와 창작자에게 매우 중요하고 기본적인 서비스를 제공한다.
다양성	로블록스는 개발자와 창작자가 지속적으로 창조해나가는 거대하고도 끊임없이 확장되는 '우주'다. 로블록스 플랫폼 내에는 테마파크 타이쿤 시뮬레이터, 펫 시뮬레이터, 스쿠버 다이빙 시뮬레이터, 슈퍼히어로 시뮬레이터 등 다양한 시뮬레이터가 존재한다. 또한 수백만 명에 이르는 창작자들이 디지털 물품, 즉 사용자 창작 콘텐츠(UCC)를 만들어낸다.
경제	플랫폼에는 '로벅스Robux'라는 게임 자산과 이를 바탕으로 한 역동적인 경제 시스템이 존재한다. 이용자는 이를 통해 자신의 캐릭터가 쓸 아이템을 구매하고 디지털 아바타를 꾸밀 수 있다. 개발자와 창작자는 이용자의 시선을 끌 경험과 아이템을 만들어 로벅스를 벌 수 있다.
안전	여러 시스템을 통합해 질서 있는 게임 환경과 이용자 안전을 확보한다. 현실 세계의 법률과 규제 사항을 따른다.

(출처: 로블록스 증권신고서)

'인터랙티브 피직스Interactive Physics'를 개발했다. 인터랙티브 피직스는 학생들이 모의 물리 실험을 2D로 진행하고 가상의 지렛대, 빗면, 도르래, 총알 발사체로 물리 문제를 시뮬레이션할 수 있도록 만들어졌다. 그러나 뜻밖에도 학생들은 이 소프트웨어에서 '게임'의 묘미를 찾아냈다. 1998년, 날리지 레볼루션은 2천만 달러에 시뮬레이터 개발 전문업체인 MSC소프트웨어에 인수됐다. 이후 바스주키는 소셜 네트워크 회사인 프렌드스터Friendster에 투자했다. 그리하여 강력한 크리에이티브 툴인 물리 샌드박스와 소셜 네트워크 개념이 로블록스의 2가지 핵심 요소가 되었다.

2004년에 설립된 로블록스의 원래 사명은 다이나블록스Dynablox였다. 로블록스 베타버전이 공개됐을 때는 최대 동시 접속자 수가 약 50명밖에 안 될 정도로 이용자가 적었다. 그러다가 로블록스 스튜디오Roblox Studio가 출시되면서 플레이어 스스로 게임 애플리케이션을 만들 수 있게 되었다. 2018년, 로블록스는 크리에이터 400만 명, 게임 4천만 개, 하루 활성 이용자(DAU) 1,200만 명 이상을 보유한 거대 게임 플랫폼으로 성장했다. 상위에 랭크된 크리에이터의 연소득이 300만 달러에 이르고, 모바일 기기 수입이 4.86억 달러에 달해, 그해 로블록스는 가장 수익성 좋은 샌드박스 게임이 되었다. 2019년과 2020년, 로블록스 DAU는 각각 1,800만 명, 3,300만 명으로 꾸준히 늘어났다.

그런데 여기에서 가장 중요한 부분은 로블록스 이용자의 특징이다. 로블록스는 북미 지역 Z세대(1995~2009년 출생자) 사이에 엄청난 인기를 끌고 있다. 하루 평균 이용자 수가 3,620만 명에 달할 정도다.

현재 로블록스는 거대한 다중 이용자 온라인 크리에이티브 플랫폼이 되었다. 로블록스 생태계는 굉장히 다채롭다. 게임 경험, 개발, 코딩 교육 등 다양한 애플리케이션이 존재할 뿐만 아니라 완벽한 경제 생태계를 구축했다. 로블록스는 자체 게임 자산인 '로벅스'를 통해 이용자와 크리에이터를 연결해 완전한 생태계를 형성했다. 이런 로블록스는 메타버스의 초기 버전으로 볼 수 있다. 로블록스 이용자는 모의 경영, 서바이벌, 오픈월드, 파쿠르parkour(도시와 자연환경 속에 존재하는 다양한 장애물을 활용하여 효율적으로 이동하는 개인 훈련—옮긴이), 롤플레잉 등 다양한 디지털 시뮬레이터를 통해 특별한 경험을 얻는 한편, 플랫폼 내에서 사회적 관계를 맺기도 한다.

로블록스의 메타버스 세계는 각 분야의 브랜드와 활발하게 크로스오버해 가상 세계와 물리적 세계를 촘촘하게 연결하고 있다. 2021년 12월, 의류 제조업체 랄프로렌은 로블록스 안에 랄프로렌 윈터 이스케이프The Ralph Lauren Winter Escape 컬렉션을 내놓았다. 플레이어는 크리스마스 홀리데이 테마의 랄프로렌 월드에서 겨울철 활동을 즐기다가 한정판 디지털 아이템을 구경했다. 친구들과 디지털 옷가게를 구경하고 가상 크리스마스트리도 장식했다. 또 한정판 랄프로렌 디지털 의상으로 자신의 아바타를 꾸미기도 했다.

탈중앙화 메타버스 공간: 디센트럴랜드

블록체인 메타버스인 디센트럴랜드를 살펴보자.(그림 2-2) 디센트럴랜드는 이더리움 블록체인 기반 3D 가상 세계로, 2015년에 창업자 겸 개발자인 아리 메이리치Ari Meilich와 에스테반 오르다노Esteban Ordano가 공동 개발했다. 메이리치도《스노 크래시》에서 얻은 영감을 이더리움 블록체인을 통해 현실화했다.

블록체인 기반 메타버스 프로젝트인 디센트럴랜드는 일반적인 게임과는 아예 결이 다르다. 2017년 12월, 디센트럴랜드는 처음으로 '땅land'을 경매했다. 이때 낙찰된 가상의 땅은 총 34,356개였고, 거래에 쓰인 디센트럴랜드 토큰 '마나MANA'의 가치는 3천만 달러에 달했다.[4] 그러나 이 토큰은 다시 분배되지 않고 전부 소각돼 토큰 유통량이 줄어들었다. 이는 줄어든 만큼의 가치가 모든 토큰 보유자에게 공평하게 분배된 것으로 이해할 수 있다. 2018년 12월, 디센트럴랜드는 두 번째

그림 2-2 블록체인 기반 탈중앙화된 메타버스 디지털 공간인 디센트럴랜드　　(출처: 디센트럴랜드)

경매를 진행했다. 참가자들은 660만 달러어치 토큰으로 남은 땅을 모두 구입했다. 현실 세계의 토지와 마찬가지로 낙찰자는 자신의 땅을 2차 시장에서 자유롭게 매도할 수 있다. 2020년 2월, 디센트럴랜드는 정식 서비스를 시작했다. 이후 한 주 동안 1만 2천 명 이상이 디센트럴랜드를 찾았다.

　디센트럴랜드는 교육, 회의, 경매, 전시 등 다양한 분야로 시나리오를 넓혀 더 진실한 세계를 구축했다. 디센트럴랜드의 광장 역할을 하는 제네시스 시티Genesis City에는 총 90,601개의 땅이 있는데 각 토지의 면적은 16×16미터이고 x, y의 직교 좌표 형태로 구획된다. 땅 소유자는 자신의 땅에 건물을 지어 엔터테인먼트, 창작, 전시, 교육 등 다양한 활동을 할 수 있다.

그림 2-3 디센트럴랜드에서 개최한 회의 　　　　　　　　　　　　　　(출처: 디센트럴랜드)

2020년 4월, 코로나19 팬데믹 때문에 오프라인에서 진행될 예정이던 코인페스트 콘퍼런스Coinfest Conference가 디센트럴랜드의 가상공간에서 개최됐다.(그림 2-3) 참가자들은 콘퍼런스에 참가하면서 틈틈이 다른 것도 즐겼다. 디지털 놀이동산에서 신나게 놀고 게임을 해서 디센트럴랜드 토큰인 마나도 얻었다. 갤러리를 구경하고 나서는 클릭 한 번으로 회의장으로 돌아갔다. 물론 디센트럴랜드 속 풍경은 현실 세계에 비해 너무 단순해 완전한 몰입감을 느끼기에는 한참 부족하다. 앞으로 개선해야 할 점이 무척 많다는 뜻이다.

메타버스로 이전하는 기업들

많은 기업이 물리 세계에서 메타버스로의 이전을 서두르고 있다. 귀성 증권國盛證券 블록체인연구원은 디센트럴랜드에 본사를 세웠다. 본사 건물은 2층으로 나눠진다. 1층에는 귀셩증권 블록체인연구원의 연구 보고서가 전시돼 있다. 각 연구 보고서를 클릭하면 곧바로 내용을 확인할 수 있다. 2층에는 스트리밍 TV, 로드쇼 홀이 마련돼 있어 라이브 스트리밍 서비스를 이용하거나 로드쇼 활동을 확인할 수 있다.

2021년 6월, 전 세계 최대 경매회사인 소더비는 런던 뉴본드 스트리트 갤러리를 디센트럴랜드에 재현했다. 이 디지털 아트 갤러리는 5개의 공간으로 나뉘는데, 소더비 런던 커미셔네어commissionaire인 한스 로물더의 디지털 아바타가 입구에서 관람객을 맞이한다. 소더비 디지털 아트 갤러리에는 수많은 NFT 작품이 전시되어 있다. 작품을 클릭하면 경매 정보를 확인할 수도 있고 곧바로 소더비 경매 화면으로 넘어갈

그림 2-4 필자가 소더비 디지털 아트 갤러리에서 NFT 작품을 감상 중이다.　　　　(출처: 디센트럴랜드)

수도 있다.(그림 2-4)

　2021년 6월 10일, 소더비는 '네이티블리 디지털Natively Digital'을 주제로 NFT 아트 작품을 전시하고 온라인 경매 이벤트를 진행했다. 주로 초기 이더리움 블록체인에서 발행된 NFT 작품이 경매에 나왔는데 경매 과정은 소더비 디지털 갤러리에서 스트리밍으로 볼 수 있었다. 이때 경매에 나온 7523번 NFT '크립토펑크'는 무려 1,175만 달러에 낙찰돼 단일 NFT 작품 최고가를 경신했다.

　Z세대가 메타버스의 '네이티브'가 될 것은 자명하다. Z세대가 메타버스로 가는 길에 들르는 첫 번째 정거장이 로블록스라면, 디센트럴랜드는 메타버스 모델하우스 정도로 볼 수 있다. 다만 몰입식 경험이든 경제 시스템이든, 이제 막 움튼 수준이기에 아직 가야 할 길이 멀다.

일, 공부, 오락, 소셜 활동 모두 메타버스에서

미래에는 메타버스에서 일하고 공부하고 놀고 사회생활도 할 것이다. 그 안에서 원하는 것을 마음껏 만들고 즐겁게 살아가며 창의력의 가치를 극대화하고, 그 가치를 다시 현실에 반영할 것이다. 메타버스는 물리 세계와 디지털 세계를 동시에 초월하는 경험을 선사한다.

메타버스에서 일하고 공부하기

팬데믹 기간에 대다수 사람들의 근무 형태가 재택근무로 전환됐다. 거의 모든 활동과 회의가 온라인상에서 음성 또는 화상 형식으로 진행됐지만 효과는 기대 이하였다. 저커버그는 불편한 심정을 감추지 않았다. "지난 1년 동안 가진 수많은 미팅에서, 참석자들의 발언이 도통 머리에 남지 않았다. 발언자가 다 비슷하게 보여 늘 헷갈렸기 때문이다.

(화상회의에서는) 공간감을 느낄 수 없었던 탓도 있는 것 같다. VR과 AR 기술을 활용하면 (디지털 공간에서) '현존감'을 느낄 수 있다. 이런 현존감은 훨씬 더 자연스러운 상호작용을 가능하게 한다."

바로 이 때문에 많은 기업이 메타버스에서 업무를 진행하고 있다. 2020년 7월, 앨런 노박Allan Novak이라는 캐나다 이용자가 메타버스를 통해 디지털 공간에서 회의에 참여했다. 이런 형식의 온라인 회의는 기존의 화상·음성 회의에 비해 몰입감이 훨씬 더 강하다. 참석자는 원하는 곳에 마음대로 앉아 회의장 안 다른 참석자를 볼 수도 있고 손을 들어 발언하고 토론에 참가할 수도 있다.

많은 학교가 교실을 온라인으로 옮겼다. 아예 졸업식까지 메타버스 가상공간에서 진행하기도 했다. 2020년, 미국 캘리포니아대학 버클리 캠퍼스의 학생과 동문 100여 명은 캠퍼스 안에 있는 건물 대부분을

그림 2-5 컬럼비아대학은 〈마인크래프트〉에서 졸업식을 개최했다.　　　　(출처: 컬럼비아대학 공식 트위터)

〈마인크래프트〉 안에 재현하고 온라인 졸업식을 개최했다. 컬럼비아 대학 공과대학 교수와 학생들도 〈마인크래프트〉 안에 가상캠퍼스를 세우고 졸업식을 개최했다. 그 덕분에 졸업생들은 캠퍼스에 오지 않고도 마치 현장에 있는 것처럼 졸업식 분위기를 만끽할 수 있었다.(그림 2-5)

메타버스에서 소셜 활동하기

수많은 응용 시나리오 중 메타버스가 가장 주목하는 것은 소셜 활동이다. 친구와 수다 떨기, 함께 쇼핑하기, 모임에 참가하기, 영화 보기, 여행 가기 등 물리 세계에서 이루어지는 소셜 활동 중 대부분이 메타버스에서 가능해지고 있다. 디센트럴랜드에서는 다양한 전시회와 이벤트가 열린다. 이용자가 지인에게 좌표만 찍어주면 누구라도 참가할 수 있다. 현재 디센트럴랜드에서는 콘퍼런스, 뮤직, 게임, 아트 등 다양한 분야의 이벤트가 매달 수십여 개씩 열리고 있다.

한때 스팀 VR_Steam VR과 오큘러스 스토어에서 당당히 1위를 했던 무료 VR 애플리케이션 VR챗_Chat은 대형 온라인 소셜 플랫폼이다. 이용자는 커스터마이징한 아바타로 VR챗 내의 모든 월드, 게임, 이벤트를 자유롭게 오가며 전 세계 이용자와 국경 없는 커뮤니케이션을 할 수 있다. VR 장비나 컴퓨터를 이용해, 이용자는 음성, 손짓으로 진실한 감정까지 주고받을 수 있다. 만약 현실에서 오감을 표현할 수 있는 디스플레이 모듈까지 더한다면 가상 세계에서 만지고 안는 것까지 가능하다.

2020년 11월, 2만 4천 명이 VR챗에 동시 접속했는데 이때 VR 장비를 사용해 접속한 이용자 수가 무려 43%나 되었다. VR챗에서는 대부분의 가상 장면을 이용자 스스로 만들어내고 소셜 활동과 크리에이티브 자유도가 매우 높아 온갖 팝컬처와 서브컬처가 넘쳐난다. 그래서 Z세대의 특성이 다분히 느껴지는 문화가 만들어졌다. VR챗 웹사이트에 게시된 달력에는 각 가상 월드에서 진행되는 이벤트가 표시돼 있는데 오픈 마이크Open Mic의 밤, 일본어 커리큘럼, 명상, 즉흥 공연 등 그 종류도 가지각색이다.

메타버스에서 오락하기

현재 오락은 메타버스와 가장 밀접하게 연관된 분야다. 몇몇 메타버스 게임 외에도 쇼핑센터마다 VR 게임센터를 쉽게 찾아볼 수 있다. VR 헤드셋을 끼고 시뮬레이터 안에 앉아 있기만 하면 롤러코스터, 바이킹, 우주탐험 등을 실감 나게 즐길 수 있다. 그러나 이런 것은 가상현실 게임일 뿐, 진정한 의미의 메타버스 오락이라고는 볼 수 없다. 메타버스에서 이용자는 게임 플레이어가 되어 즐길 수도 있지만 크리에이터가 되어 자신이 원하는 게임 세상을 창조할 수도 있다. 로블록스에 있는 워터파크 미니게임을 클릭하면 이용자가 직접 만드는 게임임을 알 수 있다. 게임에 접속한 뒤, 먼저 이용자가 원하는 옷, 모자, 선글라스를 골라 가상 아바타를 꾸며준다. 그런 다음, 마치 프로 선수처럼 각종 수상 게임 시뮬레이터를 경험할 수 있다.

메타버스 기반 오락 시나리오는 사회 발전에도 큰 의의를 지닌다. 매슬로Abraham Maslow의 욕구 단계설에 따르면, 인간의 욕구는 아래에서부터 순차적으로 생리적 욕구, 안전의 욕구, 애정과 소속의 욕구, 존중의 욕구, 자아실현의 욕구 등 5단계로 나뉜다. 이 중에서 자아실현의 욕구는 가장 높은 단계다. 그러나 물리 세계에서는 자아실현의 욕구 충족을 방해하는 장애물이 너무 많아 소수의 몇몇만 그 문턱을 넘을 수 있다. 이와 달리 메타버스에서는 누구나 자아실현을 이룰 수 있다. 나이, 직업, 신체 조건에 상관없이, 메타버스에서는 누구에게나 공평하게 드넓은 가상 세계가 펼쳐진다. 나이가 많아도 온 세상을 누빌 수 있고, 몸이 불편해도 어디든 갈 수 있고 무엇이든 할 수 있다.

게임 개발 스튜디오 '레디앳돈Ready At Dawn'은 VR 플랫폼 기반 〈에코Echo〉 시리즈 게임을 개발했다. 이용자는 VR 장비를 사용해 자유롭게 날 수 있는 세상에 접속해 무중력 환경에서 어드벤처와 스포츠를 즐길 수 있다. 영국에 사는 로저 와일드는 파킨슨병을 앓는 51세 남성이다. 병세가 심해져 기억에 공백이 생긴 와일드는 일상적인 업무와 생활에서도 어려움을 겪게 되었다. 그러다가 VR 장비로 〈에코 아레나Echo Arena〉 게임을 즐기면서 증세가 눈에 띄게 좋아졌다. 로저 와일드가 생각하는 이유는 이러하다. "〈에코 아레나〉에 머무는 시간이 늘어날수록 더 많은 사람을 사귀게 되었다. 만약 현실에서 파킨슨병과 같은 문제로 만

나는 사람이 점점 줄어 외롭다면, 가상현실이 세계 각지의 친구를 사귈 수 있게 도와줄 것이다." 행동에 제약이 많은 장애인도 메타버스에서는 다른 모습을 보여줄 수 있다. 강직성 척추염을 앓는 리안 그린은 휠체어 생활을 해야 했지만, VR 게임 〈스페이스 정키스Space Junkies〉에서는 VR 리그 세 번째 시즌 결승전까지 올라갔다.

메타버스로 가는 길에
마주칠 시련

2020년, 아마존 프라임 비디오는 SF 코미디 드라마 〈업로드Upload〉를 제작했다. 〈업로드〉의 내용은 이러하다. 때는 2033년, 전 세계가 이미 디지털화, 스마트화된 세상에서, 사람들은 죽기 전에 자신의 의식을 호라이즌사가 만든 레이크뷰Lakeview라는 가상 세계에 '업로드'해 영원히 살 수 있다. 드라마 도입부에서 남자 주인공 네이선은 심각한 교통사고로 치명상을 입는다. 네이선의 여자친구는 그에게 더 이상 애쓰지 말고 '레이크뷰'로 의식을 '업로드'하라고 설득한다. 결국 네이선은 죽기 전에 자신의 의식을 업로드해 레이크뷰 '고객'이 된다.

레이크뷰에서의 생활은 현실 세계와 똑같다. 네이선은 현실 세계에서의 모습 그대로 가상 세계를 살아간다. 배고픔과 추위를 느끼고 이런저런 활동에 참여한다. 물론 현실에서는 불가능한 경험도 한다. 예를 들어 돈을 내면 클릭 한 번에 창밖의 풍경과 계절을 바꿀 수 있

그림 2-6 레이크뷰에서 네이선은 클릭 한 번으로 창밖 풍경을 바꿀 수 있다.

(출처: 아마존 프라임 비디오 제작 드라마 〈업로드〉)

다.(그림 2-6) 그뿐만 아니라 현실 세계와 상호작용할 수도 있다.

네이선은 그날이 그날 같은 평범한 일상을 보낸다. 얼핏 보면 근사해 보이는 레이크뷰에서의 삶은 사실 갖가지 문제를 품고 있다. 예를 들어 고객이 레이크뷰에서 돈을 쓰면 현실 세계의 사람이 그 돈을 내줘야 한다. 또 고객은 레이크뷰에 대한 발언권이 없으며 레이크뷰 프로젝트 개발사인 호라이즌과 고객 담당 직원이 모든 것을 통제한다. 고객의 개인정보 데이터는 흥미진진한 영상쯤으로 취급되며 동의 없이 함부로 거래된다. 서버에 문제가 생겨 고객 데이터가 대량으로 유실되자 데이터가 사라진 고객들은 해상도가 극히 낮은 '모자이크 인간'으로 변해버렸다. 레이크뷰의 경제 생태계와 고객 권리 문제는 모두 상상의 산물이지만 우리가 메타버스로 가는 길에 마주할 시련이기도 하다. 메타버스로 들어가기에 앞서, 기술 발전을 통해 이런 문제에 대한 대책을 마련해야 한다.

경제 생태계 구축 문제

레이크뷰에서 고객이 구매하는 서비스는 모두 달러로 계산된다. 예를 들어 재채기 경험을 원하면 1.99달러를 내야 한다. 그래서 레이크뷰에서 생활하는 고객은 그 많은 비용을 대신 내줄 현실 세계 지인들의 도움이 필요하다. 남자 주인공 네이선의 경우, 현실 세계 여자친구가 내준 돈으로 '연명'한다.

다시 말해 레이크뷰에는 독자적인 경제가 없기 때문에 많은 문제가 발생한다. 하나, 디지털 세계인 레이크뷰는 모든 것이 데이터로 이루어져 있다. 그래서 외부의 독립적인 결제 시스템(예를 들어 현실 세계는 달러 결제 시스템임)을 도입하는 것은 그다지 바람직한 선택이 아니다. 효율도 낮을뿐더러 에러가 발생할 확률이 높기 때문이다. 둘, 레이크뷰에는 내부 경제 생태계가 없으며 외부에서 입력되는 가치에 의해 시스템이 돌아간다. 생산 시스템이 없어서 부의 '창조-소비'의 순환 구조가 형성될 수 없다. 디지털화된 소비 시나리오만으로 유지되는 세계는 없다. 그래서 레이크뷰는 진정한 메타버스가 아니다. 메타버스는 그 안에서 모든 것이 이루어지는 경제 시스템을 갖추고 자산 가치를 현실 세계로도 전할 수 있어야 한다.

메타버스는 디지털 세계다. 이는 경제 시스템의 기반도 디지털화되어야 함을 의미한다. 블록체인 기반 토큰 경제는 메타버스 경제 생태계의 수요를 만족시킬 수 있다. 예를 들어 디파이는 스마트 계약을 통해 모든 금융 활동의 지급결제를 자동으로 이행시키고 NFT는 디지털 콘텐츠를 '자산화'해 물리 세계의 자산과 디지털 세계의 자산을 연결한다. 블록체인 기술을 기반으로 한 메타버스는 그 안에서 생산과 소비가 순환하는 완벽한 디지털 경제 생태계를 이룰 수 있다.

데이터 보안 문제

레이크뷰는 한 기업이 개발하고 관리하기 때문에 고객은 자기 데이터에 대해 소유권을 주장할 수 없다. 물리 세계의 고객 담당 직원은 레이크뷰 고객을 관리하는 한편, 웨어러블 장비를 착용하고 레이크뷰에 들어가 고객과 교류할 수도 있기 때문에 가히 무소불위의 힘을 가진 절대 권력자나 다름없다. 예를 들어 회사가 고객의 외모 데이터 수정을 금지한 것과는 별개로, 직원은 고객의 외모를 마음대로 바꿀 수 있다. 네이선은 레이크뷰에 막 들어왔을 때, 프로그램 버그를 이용해 담당 직원을 꽤 귀찮게 했다. 한번은 몰래 직원의 등에 올라타 수영장에서 공짜 수영을 즐기기도 했다. 네이선의 행동에 화가 난 담당 직원은 데이터를 수정해 네이선의 손가락을 7개로 만들어버렸다.(그림 2-7) 메타버스 이용자는 자신의 아바타를 비롯해서 모든 개인 데이터에 대해 절대적인 지배권과 관리권을 가져야 한다. 레이크뷰에서처럼 마음대로 데이터를 수정할 수 있는 절대 권력자가 존재해서는 안 된다.

어느 날, 레이크뷰 서버에 문제가 생겨 많은 고객 데이터가 유실된다. 그 결과, 데이터가 사라진 고객은 해상도가 극히 낮은 '모자이크 인간'이 되어버렸다. 디지털 세계에서 데이터 보안은 매우 중요하다. 자신이 메타버스에 구축한 시나리오나 디자인한 외형, 소유한 아이템 등 데이터가 서버 에러 등의 문제로 한순간에 사라진다면 기분이 어떨까? 누구도 이런 상황을 받아들일 수 없을 것이다. 따라서 데이터를 안전하게 저장하는 방법도 마련해야 한다.

데이터 보안 문제와 관련해서는, 탈중앙화자율조직(DAO)을 구성해 블록체인 기반 스마트 계약, 분산 저장 등 기술을 잘 활용하는 것이 가장 중요하다. 블록체인에서는 세계 각지에 분산된 노드(개개인의 서버,

그림 2-7 고객 담당 직원이 제멋대로 네이선의 손에 손가락 2개를 더 만들어버렸다.

(출처: 아마존 프라임 비디오 제작 드라마 〈업로드〉)

즉 참여자-옮긴이)가 데이터 정보를 공동으로 관리할 수 있다. 따라서 누군가가 임의로 데이터를 수정할 수 없고, 특정 노드의 데이터 문제가 전체 메타버스의 데이터 안전을 위협할 수도 없다.

데이터 소유권 확정 문제

레이크뷰에서 고객은 자신의 데이터를 지배할 수 없다. 고객의 사적인 기억이 담긴 데이터는 타인에 의해 멋대로 복제되거나 매매돼 우스운 이야깃거리로 전락한다. 데이터 권리 보호는 메타버스의 주요 화제 중 하나다. 한번 생각해보라. 모든 인류가 메타버스로 이주해 업무를 하는데 자신이 생산한 데이터에 대한 소유권을 갖지 못한다면, 다시 말해 이런 정보가 타인에 의해 멋대로 복제되고 매매된다면, 메타버스에서의 노동은 무가치해질 것이고 부의 창조도 헛소리가 될 것이다.

블록체인은 데이터 소유권을 본인에게 귀속시킨다. 단 필요한 경우에 한해 타인에게 자신의 데이터 정보를 읽을 수 있는 권한을 부여할 수 있다. 심지어 대가를 받고 자신의 데이터를 타인에게 팔 수도 있다. 메타버스에 디지털 아트 작품을 만들었다고 해보자. 창작자는 작품을 NFT화해 소유권을 증명할 수도 있고 갤러리에 전시 권한을 위임해 사람들이 감상하게 할 수도 있다. 모든 데이터의 유통, 권한 위임, 거래 과정은 블록체인에서 진행되며 소유권이 명확하고 위·변조가 불가능하다. 그래서 누구나 자기 데이터의 진정한 주인이 될 수 있다.

미래의 부는
메타버스에서 만들어진다

메타버스는 웹 3.0이다. 인터넷이 진화할 때마다 엄청난 혁신과 부의 기회가 찾아왔으며, 산업

이 업그레이드되기 직전 태동기에 새로운 거물들이 탄생했다. 메타버스가 만들어지고 널리 퍼

지면, 디지털 경제와 실물 경제는 더욱 끈끈하게 융합될 테고 디지털 세계에서 새로운 부가 창

조될 것이다. 디지털 자산은 유동성, 독립성, 안전성, 프로그래밍 가능성programmability, 광범

위한 응용 잠재력이 있다. 그래서 디지털 부의 핵심 저장소이자 물리 세계 자산과 디지털 세계

자산을 잇는 다리 역할을 해, 모든 것에 가치를 부여할 것이다. 현재 인터넷은 새로운 전환점에

이르렀고 중대한 변혁의 시기는 이미 도래했다.

향후 10년은 메타버스 발전의 황금기이자 디지털 부가 성장하는 전성기가 될 것이다.

새로운
부의 탄생

투발루Tuvalu는 남태평양 중앙에 위치한 작은 섬나라로 세계에서 면적이 가장 작은 나라다. 자원이 부족하고 이렇다 할 산업이 없는 탓에 UN이 지정한 최빈국에 이름을 올리기도 했다. 그런데 1990년대, 투발루는 뜻하지 않은 부를 얻게 된다. 국가 코드 ISO 3166 표준에서 정한 투발루의 두 자릿수 알파벳 코드는 TV이다. 그래서 1995년, 인터넷 할당 번호 관리기관Internet Assigned Numbers Authority, IANA은 이 코드에 따라 투발루에 '.tv'라는 도메인을 부여했다. 당시 투발루 국민은 이것이 어떤 행운을 불러올지 미처 알지 못했다.

'TV'라는 단어는 자연스럽게 TV 프로그램, 비디오 동영상, 라이브 스트리밍 등을 연상시키고 기억하기도 쉽다. 그래서 투발루의 도메인 '.tv'는 눈에 쏙쏙 들어온다. 1990년대, '.tv' 도메인의 특별함을 깨달은 여러 인터넷 운영업체는 앞다퉈 투발루의 수도 푸나푸티로 향했다. 투발루의 국가 도메인을 방송국이나 동영상 사이트의 확장자로 쓰기 위한 협상을 하기 위해서였다. 결국 1999년, 캐나다 사업가인 제이슨 챕닉Jason Chapnik이 '.tv' 도메인 운영권과 사용권을 따냈다.

투발루와 제이슨 챕닉은 미국 캘리포니아에 닷TVDotTV를 설립했다. 투발루 국민은 이 회사의 지분 20%를 소유하고 국가 도메인을 12년간 임대해주는 대가로 5천만 달러를 받았다. 뜻하지 않게 들어온 이 돈은 도약의 발판이 되었다. 투발루는 이 돈으로 UN 회비를 내고 2000년에 189번째 UN 회원국이 되었다. 그리고 나머지 돈으로 학교를 세우고 도로와 비행기 활주로를 건설했다.

2001년, 미국의 인터넷 도메인 등록 관리회사인 베리사인Verisign이 닷TV를 인수하고 '.tv' 도메인의 운영권을 확보한다. 2011~2021년, 베리사인은 계속 이 도메인의 운영권을 소유하면서 매년 투발루에 500만 달러를 지급하겠다고 약속한다. 베리사인이 '.tv' 도메인의 구체적인 이익률을 밝히지는 않았지만 '.com', '.net' 등 최상위 도메인 운영을 통해 베리사인은 매년 수억 달러에 달하는 이익을 얻고 있다. 최근 라이브 스트리밍과 동영상 붐이 일면서 '.tv' 도메인도 각광받고 있다. 중국에서 인기 있는 후야 라이브Huya Live 판다TVPanda TV, 도유TVDouyu TV, 췐민 라이브Quanmin live 등도 '.tv'를 확장명으로 한 도메인을 쓴 적이 있다.

어떻게 도메인이 한 나라의 주요 수입원이 될 수 있을까

사실 좋은 도메인은 단순한 웹사이트 주소에 그치지 않고 인터넷 트래픽의 증가를 부른다. 인터넷이 막 성장하던 시기에는 포털사이트와 검색엔진이 미비했다. 그래서 어떤 기업의 공식 사이트를 방문하려면 그 기업의 이름에 맞는 도메인부터 찾아야 했다. 도메인은 온라인상의 상표명으로서, 기업 브랜드를 홍보하는 데 중요한 역할을 했다. 검색엔진에서 검색을 하든, 기업 공식 사이트를 더 쉽게 방문하기 위해서든, 도메인은 굉장히 중요했다. 좋은 도메인은 트래픽을 모으는데, 네트워크에서 가장 중요한 요소가 바로 이 '트래픽'이다.

목이 좋은 곳에 자리한 가게에 더 많은 손님이 몰려들듯, 간결하고 듣기 좋고 기억하기 쉬운 도메인은 트래픽을 끌어들이고, 현금흐름을 키운다. 그래서 도메인은 자산 분류 중 자본 자산capital assets의 속성을 띤다. 모든 도메인은 유일성과 배타성이 있고, 좋은 도메인은 희소성이 뚜렷하므로 특수한 도메인은 가치 저장 자산store of value assets의 속성도 보인다. 일부 국가에서는 도메인을 담보로 대출 서비스가 출시된 적도 있다. 예를 들어 2000년, 한국 기업은행은 도메인 담보 대출 서비스를 실시했다. 대출인은 자신이 가진 도메인을 담보로 최대 3천만 원까지 대출을 받을 수 있었다. 지금까지 살펴본 바에 따르면, 도메인은 개인과 기업, 더 나아가 투발루와 같은 국가의 중요한 무형 자산이자 독특한 디지털 부가 될 수 있다.

2000년 이후, 수많은 인터넷 기업이 잇달아 등장하며 닷컴 열풍이 불었고 이 기업들의 창업 멤버들도 일명 '닷컴 벼락부자'가 되었다. 그러면서 새로운 디지털 자산인 '스톡옵션stock option'(기업이 임직원에게 일정 수량의 자사 주식을 일정한 가격으로 매수할 수 있는 권리를 부여하는 제도-옮긴이)이 대중 앞에 등장한다.

2000년, 후난대학 정보통신기술학과를 졸업한 리화李華는 선전발전은행이나 화웨이Huawei를 택하지 않고 당시 설립된 지 2년도 안 된 텐센트에 18번째 사원으로 입사한다. 리화는 텐센트가 대외적으로 채용한 첫 대졸자이기도 했다. 2001년, 텐센트는 1번부터 65번 사원에게 인센티브 차원의 스톡옵션을 지급했다. 처음으로 '스톡옵션'을 접한 리화의 반응은 '이게 뭐에 쓰는 물건인고?'였다. 서명을 망설이는 리화에게 그의 상사는 "백익무해한 아주 좋은 것"이라며 서명을 재촉했다. 비록 당시 스톡옵션의 액면가는 그의 몇 달 치 월급 수준에 불과했지만 스톡옵션을 받고 나니 회사의 발전이 곧 자신의 발전이라는 생각이 들었다.

2004년 6월, 텐센트는 홍콩 증시에 상장된 첫 번째 내륙 인터넷 기업이 되었다. 상장 당시 발행가는 주당 3.7홍콩달러였다. 그 후 단 4년 만에 텐센트 주가는 거의 19배나 올랐다. 당시 서른도 안 된 나이였던 리화는 스톡옵션 덕분에 경제적 자유를 얻었다. 2008년, 리화는 텐센트를 떠나 자신의 회사를 창업한다.

푸투홀딩스富途控股 창업자인 리화의 이야기다. 사실 인터넷 열풍을 타고 벼락부자가 된 사례는 많은 기업에서 쉽게 찾아볼 수 있다. 2005년 상장 전날, 바이두는 그해 1월 이전에 입사한 직원이라면 누구나 일정 수량의 비상장 주식을 주당 10센트에 구매할 수 있다고 밝혔다. 2005년 6월, 바이두는 주당 27달러에 나스닥에 상장했는데 상장 첫날 주가가 354%나 뛰었다. 이때의 기업공개(IPO)로 억만장자 8명, 천만장자 50명, 백만장자 약 250명이 탄생했다.

인터넷 기업의 스톡옵션 부자들

어째서 거대 인터넷 기업의 스톡옵션이 부자가 되는 지름길이 된 걸까? 이는 인터넷 기업이 쉼 없이 진화했기 때문이다. 인터넷 발전 초기에는 각 사이트가 막 걸음마를 뗀 상태라 트래픽 수준에 큰 차이가 없었다. 그러나 인터넷 업계가 발전하면서 웹 1.0 시대 후기에 이르러서는 소형 플랫폼 대신 종합 플랫폼이 주류 인터넷으로 떠올랐다. 또 인터넷 업계의 마태 효과Matthew effect(부자는 더욱 부자가 되고, 가난한 자는 더욱 가난해지는 현상-옮긴이), 자연독점natural monopoly 등의 특성이 드러나기 시작했다. 트래픽이 집중되고 거대 인터넷 기업이 부상했다. 이때부터 거대 기업의 독주가 시작되었고, 그들의 경쟁 우위와 상업적 가치도 기업 주가에 반영되기 시작했다.

1997~2021년, 주당 발행가액이 18달러였던 아마존의 주가는 최고 3,719달러까지 뛰어 200배 이상 올랐다. 2012~2021년, 주당 발

그림 3-1 거대 인터넷 기업의 시가총액 증가

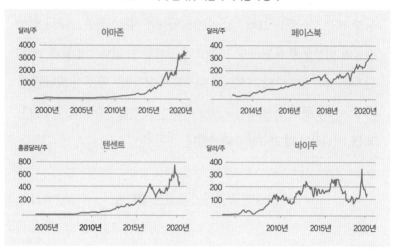

(출처: 구글 파이낸스)

행가액이 38달러였던 페이스북의 주가는 최고 375달러까지 뛰어 10배 가까이 올랐다. 2004~2021년, 주당 발행가액이 3.7달러였던 텐센트의 주가는 최고 766.5홍콩달러까지 뛰어 207배 넘게 올랐다. 2005~2021년, 주당 발행가액이 27달러였던 바이두의 주가는 최고 340달러까지 뛰어 12배 정도 올랐다.(그림 3-1)

이들 기업의 시가총액이 놀라운 증가세를 보인 까닭은 무엇일까? 아주 중요한 요인 중 하나가 '사람'이다. 사회와 기술이 발전하면서 부의 형성 과정에서 사람의 역할이 갈수록 중요해지고 있다. 산업경제 시대에는 주로 기계가 가치를 창조했고, 기계를 대는 것은 자본이었다. 그래서 기업가치의 성장은 거의 주주 덕분이었다.

그러나 정보경제 시대에 들어서면서 상황이 달라졌다. 뛰어난 소프트웨어와 웹사이트의 성공은 탁월한 창의력과 기술력 덕분이었다. 기계가 창의력을 발휘할 리 없다. 창의력은 핵심 인력에게서 나왔다. 핵심 생산요소의 변화는 가치 분배 방식의 변화와 맞물려야 한다. 이들 핵심 인력에게 회사의 가치를 분배해주려면 어떻게 해야 할까? 그 방법 중 하나가 스톡옵션이다. 대형 인터넷 기업은 '주주지상주의'를 신봉하는 대신, 스톡옵션을 통해 회사의 이윤과 장기적 가치를 핵심 인력에게 나눠줌으로써 그들의 창의력을 최대한 끌어내고자 했다.

본질적으로 스톡옵션이란, 주주에게 귀속되어 있던 플랫폼의 가치 중 일부를 회사에 지대한 공헌을 한 임직원에게 나눠주는 것이다. 이들이 나누는 것은 현재의 이윤이 아니라 장기적인 가치다. 그래서 인터넷 업계 종사자들의 부에 대한 관념의 중심에는 '자산'이 있다. 이들이 생각하는 주요 수입원은 월급이나 인센티브가 아니다. 이들은 자신이 회사에 기여한 만큼 회사의 장기적 가치가 달라진다고 믿는다. 회사의 장기적 가치가 담긴 것이 바로 스톡옵션이기 때문에 스톡옵션이 인터넷 시대의 새로운 디지털 자산이 된 것이다.

정리하자면, 인터넷 업계의 발전으로 디지털 부의 형태가 달라졌다. 웹 1.0~2.0 시대에 이미 부의 형태가 달라지기 시작했다. 처음에 사람들은 도메인이나 스톡옵션 같은 자산이 있는지도 몰랐고, 별 관심도 없었으며, 무엇인지 알지도 못했다. 그러던 것이 점차 각광받는 디지털 부가 되어 수많은 사람에게 엄청난 부를 안겨주었다. 물론 부는 본인이 기여한 만큼 얻을 수 있음을 명심해야 한다. 도메인을 소유한 사람이든, 스톡옵션을 지급받은 임직원이든, 대부분 초창기부터 인터넷 발전을 위해 힘써온 사람들이다. 이들은 새로운 기술과 창의력으로 인터넷 발전에 기여해 그에 상응하는 디지털 부를 얻었다.

블록체인이
부의 형태를 바꾼다

1994년에 태어난 비탈릭 부테린Vitalik Buterin은 아버지의 영향으로 2011
년부터 비트코인을 연구하기 시작했다. 부테린은 친구와 함께 세계 최
초의 잡지인 《비트코인 매거진Bitcoin Magazine》을 창간해 수석 에디터로
활동했다. 2013년, 부테린은 캐나다 워털루대학에 진학했으나 입학한
지 8개월 만에 휴학을 하고 세계 곳곳을 여행하며 잡지에 원고를 기고
해 돈을 벌었다. 그러면서 부테린은 비트코인의 기반 기술인 블록체인
이 광범위하게 응용되고 다양하게 발전할 것이며 중차대한 가치를 지
니게 되리란 것을 깨달았다. 만약 튜링 완전성turing completeness에 기반한
프로그래밍 언어를 도입할 수 있다면 블록체인 시스템은 '세계의 원
장'에서 '세계의 컴퓨터'로 거듭날 터였다.

부테린은 블록체인으로 완전히 새로운 플랫폼을 구축하리라 결심
하고 이 플랫폼에 '이더리움ethereum'이라는 이름을 붙였다. 2013년 12

월 9일, 부테린은 이더리움 백서 《차세대 스마트 계약과 탈중앙화 애플리케이션 플랫폼A Next Generation Smart Contract and Decentralized Application Platform》을 발표했다. 그리고 이 플랫폼을 공동 개발할 엔지니어를 모집한다. 2014년 1월, 부테린은 이더리움을 세상에 내놓는다. 그리고 페이스북 창업자인 저커버그를 제치고 2014년 세계 기술 대상 IT 소프트웨어 부문 대상을 받는다. 2015년, 이더리움 블록체인 시스템이 공식적으로 탄생한 것이다.

지난 수십 년간, 인터넷은 경이로운 성공을 거뒀다. 그러나 인터넷 플랫폼이 진화하고 완성됨에 따라 개방적이던 인터넷이 폐쇄적으로 변해갔다. 기존의 개방성과 창조성은 흐릿해지고 플랫폼 독점이 뚜렷해졌다. 독점이 불러온 폐단은 인터넷을 잠재적 위기에 빠뜨렸다. 그래서 인터넷에 새로운 활기를 불어넣을 방법에 대한 논의가 이어졌다.

이더리움은 이런 우려와 고민을 한 방에 날려버렸다. 이더리움이 그리는 '가치 인터넷' 청사진과 탈중앙화된 '세계 컴퓨터' 비전은 사람들을 단숨에 사로잡았다.

인터넷이 발전하면서 거대 플랫폼의 지나친 집중화에 심각한 폐단이 존재한다는 것이 분명해졌다. 사용자가 이들 플랫폼의 서비스를 이용하려면 일단 자신의 데이터와 자산을 이들 플랫폼에 맡겨야 한다. 이는 객관적으로 판단했을 때 큰 위험을 불러올 수 있다. 2018년, 결국 페이스북 스캔들이 터졌다. 영국 컨설팅기업 케임브리지 애널리티카Cambridge Analytica는 사용자의 동의 없이 페이스북을 통해 수백만 명의 개인정보를 얻어 정치 광고에 사용하였는데, 이는 2016년 미국 대선 결과에 영향을 미쳤다. '페이스북-케임브리지 애널리티카 사건'을 통해, 사람들은 개인정보가 중앙화된 기관에 의해 남용되면 어떤 일이 벌어지는지 똑똑히 알게 되었다.

블록체인의 특징은 '탈중앙화'

블록체인 기반 시스템의 특징 중에 '탈중앙화'가 있다. 데이터를 특정 기관이 통제하는 서버에 맡기지 않고 사용자 자신이 지배하는 것을 의미한다. 시스템에는 '고객 담당 직원'과 비슷한 역할을 하는 것도 없다. 시스템이 통째로 분산 체계상에 구축돼, 세계 곳곳의 수많은 노드 서버가 공동으로 서비스를 제공하며 참여자 중 누구도 전체 시스템을 통제할 수 없다. 이는 데이터의 위·변조를 방지해 사용자의 데이터를 안전하게 지켜준다.

이더리움은 오픈소스open source의, 스마트 계약 기능이 있는 공공 블록체인 플랫폼으로, 이더리움 가상머신에서 각종 탈중앙화 앱Decentralized Application, Dapp을 실행할 수 있다. 2015년부터 지금까지, 이더리움에서 스마트 계약 프로그램을 개발하고 디지털 자산을 창조하는 개발자들이 점점 늘어났다. 그 결과, 이더리움은 블록체인 분야에서 가장 방대하고 주요한 플랫폼이 되었다.

탈중앙화 세계 컴퓨터 '이더리움'의 성공에는 정교하게 설계된 경제 모델의 뒷받침이 있었다. 이더리움은 자체 토큰, 즉 이더(ETH)를 포함하고 있다. 여기에서 말하는 토큰은 블록체인 기반 가치 저장 수단을 가리키며 일반적으로는 블록체인 기반으로 이해된다. 이더리움상에서 스마트 계약을 원할 경우, 노드 운영자에게 수수료, 이른바 가스비gas 명목으로 일정량의 ETH를 지불해야 한다. 그러면 세계 각지에 분포된 노드가 컴퓨팅 파워를 제공해 공동으로 이더리움의 실행을 지원한다. 또한 이더리움 블록체인 시스템도 컴퓨팅 파워 제공에 대한 보상으로 각 노드 운영자에게 ETH를 지급한다.[5] ETH는 이더리움 블록체인 시스템 내에서 생성되는 요소로, 다자가 공동으로 운영하는 분산 시스템을 순조롭게 운행시킨다.

현재까지 이더리움은 자체 토큰인 ETH, ERC-20 토큰 표준 기반 '대체 가능한 토큰Fungible Token'과 ERC721, ERC1155 등 토큰 표준 기반 '대체 불가능한 토큰' 등 다양한 디지털 자산으로 이루어진 경제 생태계를 형성했다. 끊임없이 생겨나는 새로운 응용 시나리오는 이더리움 생태계를 발전시키고 상호 윈윈의 결과를 가져왔다. 이더리움 블록체인은 그 자체가 새로운 종種이면서 또 다른 새로운 종을 길러내는 모체이기도 하다. 이를 바탕으로 새로운 디지털 부가 자라고 있다.

블록체인에 기반한 디지털 부의 탄생

그렇다면 블록체인 기반 디지털 부를 어떻게 이해해야 할까? 먼저 자산의 속성이 어떻게 분류되는지 살펴보자. 1997년, 다이와증권그룹 부회장 로버트 그리어Robert J. Greer의 논문 〈도대체 자산군이란 무엇인가?What is an Asset Class, Anyway?〉에서는 모든 자산을 자본 자산, 소비 가능한/전환 가능한 자산, 가치 저장 자산, 이 3가지 슈퍼클래스 자산으로 나눈다.

자본 자산은 미래에 현금흐름을 발생시킬 수 있는 자산을 말한다. 자본 자산은 미래 현금흐름을 예상해 현재의 가치로 할인하여 얻은 '순현재가치'를 합리적인 가치로 본다. 주식, 채권, 부동산 등이 자본 자산에 속한다.

소비 가능한/전환 가능한 자산은 다른 형태로 소비 또는 전환 가능한 자산을 말한다. 원유, 밀, 광물 등의 원자재가 이런 자산에 속한다. 소비 가능한/전환 가능한 자산은 실제 사용 가치를 지녔지만 지속적인 현금흐름이 발생하지는 않는다. 그래서 순현재가치를 산정하는 방식으로는 가치를 평가할 수 없으며, 특정 시장의 수급 관계를 분석해 가치를 판단해야 한다. 예를 들어 원유의 수급 변화 예측은 유가 흐름을 좌우한다.

가치 저장 자산은 소비될 수 없고 수입을 발생시킬 수도 없지만, 가치를 저장할 수 있고 그 가치가 시공간을 뛰어넘어 지속해서 존재하므로 영구히 가치를 지니는 자산이다. 이런 자산은 희소성이 강해 생산과 복제가 어렵기 때문에 사람들은 이런 종류의 자산에 대해 일종의 '관념상의 수요', 즉 '컨센서스'를 형성한다. 이런 주관적인 수요는 오랜 시간 문화적으로 누적되면서 대개 더 지속적이고 공고해진다. 그래서 이런 자산은 '위험 회피 자산'으로서, 불확정성이 큰 사건을 피하거나 자산 포트폴리오를 다각화하기 위한 수단이 된다. 귀금속(금, 백금 등), 예술품 등은 모두 이런 종류의 자산에 속한다.

가치 저장 자산에 대해, 스톡 투 플로Stock to Flow, S2F 지표를 통해 가치를 평가할 수 있다.[6] 어떤 애널리스트는 스톡 투 플로 모델로 귀금속의 희소성과 가치의 상관관계를 분석했다.(표 3-1) 금, 은, 팔라듐, 플래티넘, 이 4가지 광물의 데이터를 보면, 금의 S2F가 가장 높고(62.0으로 현재 시장 재고량 정도의 금을 얻으려면 62년 동안 생산해야 한다는 뜻), 공급량 증가율(1.6%)이 가장 낮다. 그래서 금의 시가가 넷 중에서 가장 높다. 이는 가치 저장 자산의 경우, 희소성과 가치의 상관성이 매우 크다는 것을 의미한다.

단, 하나의 자산이 여러 속성을 지닐 수 있다는 사실에 유의해야 한다. 예를 들어 금은 주로 가치 저장 자산으로 분류되지만 산업 분야에서도 널리 쓰인다. 일례로 반도체 소자를 만드는 데도 금이 원자재로

표 3-1 금, 은, 팔라듐, 플래티넘의 공급량과 연간 신규 생산량의 비

	시장 공급량(톤)	신규 생산량(톤)	SF	공급량 증가율(%)	가격 (달러/온스)	시가(만 달러)
금	185000.0	3000.0	62.0	1.6	1300.0	841750000.0
은	550000.0	25000.0	22.0	4.5	16.0	30800000.0
팔라듐	244.0	215.0	1.1	88.1	1400.0	1195600.0
플래티넘	86.0	229.0	0.4	266.7	800.0	240000.0

(출처: PlanB. Modeling Bitcoin Value with Scarcity)

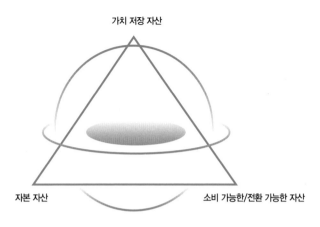

그림 3-2 슈퍼 자산의 '삼위일체'

쓰인다. 따라서 금은 소비 가능한/전환 가능한 자산의 속성도 지닌다. 부동산은 타인에게 임대할 경우에는 현금흐름 수입을 얻을 수 있으므로 자본 자산의 특성을 지니지만 부동산 신규 공급량은 토지 공급의 제한으로 희소성을 띠므로 가치 저장 자산으로서의 속성도 지닌다. 그러나 일반적으로 대다수 자산은 한두 가지 속성만 지닌다.

그런데 블록체인 기반은 위에서 말한 3가지 자산 속성을 동시에 지닐 수 있어, 3가지 자산 분류를 넘나드는 '슈퍼 자산'이 될 수 있다. 대표적인 예가 이더리움 토큰 'ETH'다.(그림 3-2)

단, 이런 자산은 통화 당국이 발행한 것이 아니기에 법정통화로서의 기능이 없다.

3가지 자산 속성을 가진 이더리움

앞서 이야기한 바 있지만, ETH의 중요한 기능 중 하나는 이더리움 블록체인 시스템 사용 수수료 지급 매개로 쓰이는 것이다. 즉 화폐의 거래 매개와 비슷한 기능을 한다. 2021년 8월 5일, 이더리움은 EIP-1559 업데이트를 완성해 수수료 징수 방식을 개선했다. 그 결과, 수수료를 기본 수수료와 우선 수수료로 나눴다. 이 중 기본 수수료는 블록체인 네트워크의 사용률에 따라 시시각각 조정되며 시스템에 의해 직접 소각된다. 우선 수수료는 이용자가 선택적으로 지불하는 것으로, 우선 수수료를 내면 더 빨리 거래할 수 있다. 간단히 말에 노드 채굴자에게 주는 팁이라고 생각하면 된다. 업데이트 이후 반년 동안, 이더리움 블록체인은 이미 ETH 95.9만 개를 소각했다.[7]

이더리움은 이더리움 2.0으로의 대규모 업데이트를 앞두고 있다. 이더리움 2.0으로 업데이트되면 컨센서스가 기존 작업 증명(PoW)에서 지분 증명(PoS)으로 전환된다. 그러면 ETH 소유자는 일정 수량의 ETH를 스테이킹해서staking(자신이 보유한 암호화폐의 일정한 양을 지분으로 고정시켜 높은 이자 수익을 받는 것-옮긴이) 시스템으로부터 보상을 받을 수 있다. 구체적인 보상률은 전체 시스템 스테이킹 양에 따라 변하며 연간 수익률은 2~20% 정도일 것으로 예상된다.

그래서 ETH는 3가지 자산 속성을 동시에 지녔다고 생각한다. 먼저 ETH는 소비 가능한/전환 가능한 자산의 특성을 지녔다. 2021년 8월 업데이트 이후, 대량의 ETH가 기본 수수료로 지급돼 '소각'됐다. 이는 ETH에 원유와 천연가스처럼 소비 가능한/전환 가능한 자산의 특성을 부여했다. 사용 수요가 중요한 요소가 되었다. 사용 수요가 클수록 유통량이 줄어들어 시스템 전체의 가치에 영향을 준다.

다음으로 ETH는 자본 자산의 속성을 지녔다. 이더리움이 2.0단계로 업데이트되면 ETH 소유자는 ETH를 스테이킹해 꾸준히 디지털 자산을 보상으로 얻을 수 있다. 이는 ETH를 소유하면 어떤 형식의 '현금흐름'을 가져올 수 있다는 뜻이 된다.

마지막으로 ETH는 가치 저장 자산의 속성을 지녔다. 2021년 10월 말 기준, 현재 이더리움 공급량의 6.83%에 해당하는 800만 개 이상의 ETH가 이더리움 2.0 예금 컨트랙트 주소에 스테이킹했다. 이더리움 2.0으로 업데이트해 지분 증명 컨센서스 도입을 완료하면 ETH 연간 공급량 성장률(인플레이션율과 비슷함)은 4%에서 점점 떨어질 것이다. 심지어 마이너스, 즉 디플레이션이 나타날 수도 있다.

이밖에 많은 디파이 플랫폼이 ETH를 담보물로 스마트 계약에 예치해 다른 디지털 자산을 대출해주거나 '준비금'으로 삼아 새로운 디지털 자산을 발행하고 있다. 이는 ETH가 자산 파생 기능을 가졌음을 의미한다. NFT 거래 등 다양한 시나리오에서, ETH는 주요 거래 매개인 한편 크로스체인브리지crosschain bridge를 통해 여러 블록체인 사이에서 유통될 수 있다. 그래서 ETH는 가치 척도인 '일반 등가물' 속성을 지닌다. 이는 세계 경제에서 금이 갖는 위치와 비슷하다. 따라서 ETH는 가치 저장 자산으로서의 속성을 가진다.

정리하자면 ETH는 소비 가능한/전환 가능한 자산, 자본 자산, 가치 저장 자산으로서의 속성을 모두 지닌, 삼위일체의 '슈퍼 자산'이라고 볼 수 있다.

빅테크와 월가,
디지털 자산을 품다

2020년 이전에는 일론 머스크Elon Musk 하면 자연스럽게 테슬라와 스페이스 X가 떠올랐다. 자율주행차, 민간 로켓 발사, 위성 인터넷, 화성 이민까지 일론 머스크는 사람들이 꿈꾸던 과학기술을 현실로 만들어갔다. 그러나 2020년 말부터 일론 머스크와 관련된 핫이슈는 대개 디지털 자산(암호화폐)에 관한 것이었다. 월가의 금융 엘리트들의 생각도 빠르게 변하기 시작했다. 《원칙 PRINCIPLES》의 저자이자 브리지워터 어소시에이츠의 창립자인 레이 달리오Ray Dalio 는 디지털 자산에 대한 생각을 바꿔, 과거 10년 동안 디지털 자산은 금과 같은 대체 자산으로 자리매김했으며 분산 저장 수단이 될 수 있다고 밝혔다. 전설적인 자산관리 전문가인 빌 밀러Bill Miller도 인플레이션 헤지 수단으로 디지털 자산이 금보다 매력적이라고 생각했다.

새로운 주류 자산이 될 디지털 자산

이러한 변화는 디지털 자산의 가치를 인정하는 사람이 많아지면서 디지털 자산이 빠르게 주류로 편입돼 결국 새로운 '주류 자산'이 되리라 예고한다. 디지털 자산으로 대변되는 차세대 디지털 부가 전 세계적으로 빠르게 발전하고 있다. 미국 시카고옵션거래소, 시카고 상품거래소, 싱가포르 DBS은행 등 제도권 금융기관들이 디지털 자산 거래를 시작했다. 2021년 암호화폐 거래소 코인베이스Coinbase가 나스닥에 상장해 전 세계적으로 '디지털 자산 투자 열풍'을 일으켰다.

2012년 에어비엔비 소프트웨어 엔지니어 출신 브라이언 암스트롱 Brian Armstrong은 코인베이스를 설립한다. 그로부터 단 9년 만에 미국에서 가장 크고 영향력 있는 암호화폐 거래소로 성장한 코인베이스는 2021년에 나스닥 상장에 성공한다. 상장 당일 종가는 328달러였고, 시가총액은 종가 기준 653억 달러에 달했다. 코인베이스 재무제표를 보면, 2018년 1분기 말까지 신원 인증을 거친 이용자는 단 2,300만 명이었지만 2021년 3분기에는 7,300만 명으로 폭증했다. 또 2019년 이후, 코인베이스를 통해 디지털 자산을 거래하는 기관 투자자가 갈수록 늘어 코인베이스의 성장을 견인하고 있다. 2020년에만 4,200개에서 7천 개로 늘어 전년 동기 대비 67%나 증가했다. 2021년 2분기 기준, 코인베이스를 이용하는 기관 투자자는 이미 9천 곳이 넘는다. 기관 투자자는 코인베이스 거래량에 절대적인 기여를 하는데 무려 71.5%가 기관 투자자 거래다.

코인베이스가 처음부터 이렇게 성공한 것은 아니다. 오히려 초기에는 시장의 냉대를 받았다. 2017년 처음으로 흑자 전환을 이뤘으나 2019년에는 또다시 3천만 달러의 순손실을 기록했다. 브라이언 암스트롱은 이렇게 말했다. "위대한 것의 시작은 다 볼품없었다. 우리 주변에 있는 대부분의 것은 원래 단순한 아이디어, 조잡한 모양에 불과했다. 이런 것을 '하루아침에 성공시키려면' 5년에서 10년 동안 수십 번 좌절하고 로드맵을 수정해야 한다." 코인베이스는 묵묵히 제 갈 길을 걸었다. 그러다가 제도권 금융기관이 대거 진입하면서 마침내 시장의 인정을 받게 된다. 폭발적으로 성장하기 시작한 코인베이스는 2020년에 3.22억 달러의 순이익을 실현했으며 2021년 2분기에는 약 16.1억 달러, 3분기에는 12.3억 달러 순이익을 실현했다.

안전하고 합법적인 운영에 있어, 코인베이스는 가히 업계의 모범이라고 할 수 있다. 코인베이스는 수많은 디지털 자산 운영 허가증을 취득했다. 또한 플랫폼에 상장될 디지털 자산을 고를 때도 해당 디지털 자산과 코인베이스 정책의 일치성 여부, 네트워크 기술 평가, 각종 법률 규제 준수 여부, 시장 수요 및 크립토이코노믹스 등 다양하면서도 엄격한 기준에 따른다. 코인베이스의 성공적인 상장은 코인베이스의 규제 준수, 리스크 제어 등이 이미 주류 기관의 인정을 받았으며 코인베이스가 진정으로 주류 시장에 편입되었음을 의미했다. 이는 디지털 자산 업계의 '이정표'라 부를 만한 사건이었다.

디지털 자산의 미래

그렇다면 디지털 자산의 미래는 어떠할까? 캐즘 마케팅chasm marketing이 답을 알려줄 수 있다. 1990년 제프리 무어Geoffrey A. Moore는 《캐즘 마케팅》이라는 획기적인 저서를 내놓았다. 이 책에서 무어는 하이테크 제품의 초기 시장에서 주류 시장으로의 확산 과정에서 나타나는 수요 단절 현상을 극복하는 전략에 대해 논한다. 제프리 무어는 캐즘 마케팅 이론에서 첨단 기술 제품이 출시되었을 때 소비자들의 수용 단계를, 가장 먼저 새로운 제품을 받아들이는 혁신 수용자와 그 뒤를 잇는 조기 수용자, 그리고 차례대로 전기 다수 수용자, 후기 다수 수용자, 지각 수용자로 나눴다. 어떤 첨단 기술 제품의 조기 수용자와 전기 다수 수용자 사이에는 엄청난 '캐즘(틈)'이 존재했다. 이 캐즘을 순조롭게 극복하고 주류 시장에 진입하는지 여부가 그 제품의 성패를 가른다.

현재 디지털 자산은 이 캐즘을 뛰어넘을 중요한 단계에 이르렀다. 2008~2015년에는 신기술에 열광하는 사람들(다시 말해 캐즘 마케팅에서 말하는 혁신 수용자)만이 디지털 자산에 관심을 보였다. 그러다가 2016년에 혁신 수용자 단계에서 조기 수용자 단계로 진입하면서 갈수록 많은 사람들이 디지털 자산의 잠재력을 알아보기 시작했다. 첨단 기술의 확장 과정에서 조기 수용자의 역할은 매우 중요하다. 생각이 개방적인 이들은 새로운 기술을 쉽게 받아들이고 전기 다수 수용자 단계로 기술을 확산시킨다.

디지털 자산 생태계가 번영하면서 2020년부터 이용자가 기하급수적으로 증가했다. 2021년에 대표적인 디지털 자산의 경우, 약 1.35억 명의 이용자를 확보했다(이는 1997년 인터넷 이용자 수와 비슷하지만 증가 속도는 훨씬 빠르다). 이는 전 세계적으로 디지털 자산이 이미 혁신 수용자 단계를 넘어 조기 수용자 단계로 진입했으며 그 발전 속도가 기존 인터넷 애플리케이션 발전 속도보다 훨씬 빠름을 의미한다. 예를 들어 이메일은 1972년에 발명되었지만 1997년에 이르러서야 1천만 명 이상이 사용하게 되었다. 2008년에 디지털 자산은 그저 개념에 불과했지만 단 10여년 만에 1억 명이 넘는 이용자를 확보했다.

그림 3-3 **디지털 자산의 발전 곡선**

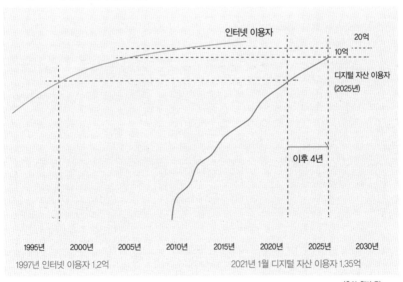

(출처: 윌리 우)

유명 암호화폐 애널리스트 윌리 우Willy Woo가 만든 예측 모델에 따르면, 2025년에 디지털 자산 이용자 수는 10억 명에 이르고(2005년 인터넷 이용자 수와 비슷함), 인터넷 보급률은 20%를 넘길 것이다. 정말로 그렇게 된다면 디지털 자산은 캐즘을 극복하고 전기 다수 수용자 단계로 진입하게 된다.(그림 3-3) 주류 시장의 인정과 완전한 생태계 구축에 힘입어 디지털 자산은 점차 규모를 키울 것으로 보인다.

메타버스 시대에는 경제 규칙과 비즈니스 논리에 근본적인 변화가 생겨나고 부의 형태도 바뀔 것이다.

앞으로 10년은
디지털 부의 황금기

하버드대학 경영대학원의 클레이튼 크리스텐슨Clayton M. Christensen 교수는 《혁신기업의 딜레마》에서 최종 이용자가 행위를 바꿔야 하는 혁신이야말로 시장을 뒤엎는 혁신이며, 이러한 혁신이 엄청난 비즈니스 가치를 가져온다고 했다. 이를 '불연속적 혁신' 또는 '파괴적 혁신'이라고 부른다. 경영 사상가 찰스 핸디Charles Handy는 이보다 더 직관적이면서 이해하기 쉬운 '시그모이드 곡선Sigmoid Curve' 이론을 제기했다. 찰스 핸디에 따르면, 어떠한 추세, 기술, 기업, 제품도 S자 곡선의 발전 규칙을 따른다. 어떤 추세가 막 나타났을 때는 대개 별다른 주목을 받지 못하고 발전 속도도 느려 보이지만 사실 이 시기야말로 위대한 잠재력이 내재된 '탐색기'다. 기술이 진화하고 이용자가 늘면서, 이 추세는 포물선 형태의 폭발적인 성장을 보이며 '성장기'에 들어선다. 그러다가 정점에 이르면 성장 속도가 급격히 느려지며 '성숙기'에 접어든다. 그리고 뒤이어 '쇠퇴기'에 빠진다.

찰스 핸디에 따르면, 이 S자 곡선을 따라가는 혁신은 '연속적 혁신'으로 한 곡선 안에서 점진적으로 개선되고 발전한다. 이 발전 곡선을 '첫 번째 곡선'이라고도 부른다. 첫 번째 곡선이 정점에 도달하면, 두 번째 성장 곡선이 움직이기 시작한다. 혁신 기술이 잉태되는 단계는 극히 짧은 대신 기회가 무궁무진하다. 시장은 첫 번째 곡선에서 두 번째 곡선으로 전환되는 시기에 숱한 시련을 겪는다. 그러나 이 시련을 이겨내야만 위대한 발전을 이룰 수 있다. 이러한 혁신 과정을 '불연속적 혁신'이라고 한다.

S자 곡선을 따른 인터넷 발전 과정

인터넷의 발전 과정도 S자 곡선 법칙을 따랐다.(그림 3-4) 1991년 팀 버너스 리가 월드와이드웹에 대한 아이디어를 발표하고 2000년 전후, 인터넷이 폭발적으로 성장하기 시작했다. 그 후 PC 인터넷인 웹 1.0에서 모바일 인터넷인 웹 2.0까지, 시대의 물결이 두 번이나 바뀌었다. 즉 현재까지 2개의 S자 곡선이 나타났다. 2000~2010년, 네티즌은 PC로 인터넷에 접속했고, 초고속 정보 통신망이 빠르게 구축되면서 인터넷 속도가 빨라졌다. 이것이 첫 번째 곡선이다. 이후 스마트폰의 보급은 모바일 인터넷 시대를 불러왔다. 2012년, 스마트폰을 통한 인터넷 접속률은 74.5%로, PC를 통한 인터넷 접속률인 70.6%를 넘어서면서 모

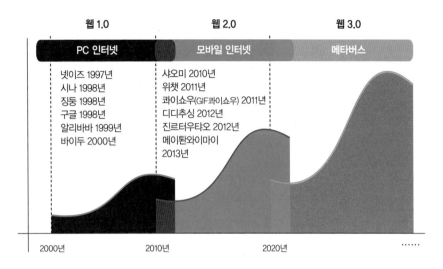

그림 3-4 인터넷 발전의 S자 곡선

바일 인터넷 시대의 도래를 알렸다. 그 후 10년 동안, 인터넷은 모바일 단말기를 통해 생활 곳곳에 파고들었다. 모바일 인터넷의 발전도 S자 곡선 법칙을 따르는데, 이것을 두 번째 곡선으로 볼 수 있다.

2007년 1월 9일 오전, 미국 샌프란시스코에서 열린 맥월드Macworld 행사에서 스티브 잡스는 일명 '잡스 룩'이라 불린 검은색 폴라티를 입고서 선언했다. "오늘, 애플은 휴대폰을 다시 발명합니다." 당시 상당수 사람들은 애플이 공개한 아이폰 1세대를 그저 전화 기능이 있는 아이팟(iPod)쯤으로 생각했다. 그러나 아이폰이 단순히 인터넷을 사용하고 전화를 걸고 음악을 듣는 기기가 아니라 모바일 인터넷 혁명의 출발점이었음을 이제는 모두가 안다. 사실상 2010년에 이미 전 세계 평균 인터넷 이용률은 34.8%에 달했다. 미국의 인터넷 보급률은 79%, 중국은 34%, 한국은 95%에 달했다. PC를 통한 인터넷 이용자 증가세가 느려지기 시작해 '성숙기'에 들어섰기 때문에 다음 단계로의 전환은 거스를 수 없는 흐름이었다.

시대의 흐름을 날카롭게 읽은 극소수의 기업은 인터넷이 곧 두 번째 곡선에 진입할 것임을 예측했다. 유명 벤처캐피털인 세쿼이어 차이나 Sequoia China도 그중 하나였다. 2005년, 세쿼이어캐피털은 중국에 진출해 세쿼이어 차이나를 설립했다. 2009년 봄, 베이징 교외에 있는 한 호텔에서 세쿼이어 차이나는 투자를 받은 인터넷 기업들과 '오직 모바일 Mobile Only'이라는 주제로 연례회의를 가졌다. 세쿼이어 차이나의 창업자 션난펑沈南鵬은 회의가 끝난 뒤 가진 인터뷰에서 이렇게 말했다. "만약 CEO가 제품을 완전히 새로운 측면에서 볼 줄 모른다면 위험하다. 'Mobile Only'를 어떻게 번역해야 제대로 전달할 수 있을지는 모르겠으나, 사람들에게 새로운 모바일 인터넷 시대가 닥쳤음을 일깨워주고 싶었다." 2009년 이후, 세쿼이어 차이나는 모바일 인터넷 분야로 투자 방향을 완전히 틀어 모바일 인터넷과 관련된 전 분야에 투자를 집중했다.

중국의 '배달의민족' 메이퇀(2010년에 세쿼이어 차이나의 1천만 달러 시리즈 A 투자 유치)도 마찬가지다. 2008년, 소셜커머스(전자상거래)의 원조인 그루폰Groupon이 설립되자 2010년 중국에서도 그루폰을 모방한 창업이 잇따랐다. 2011년, 거의 모든 웹사이트가 소셜커머스 관련 프로젝트를 출시해 5천 개 이상의 공동 구매 사이트가 생겨났다. 같은 해, 그루폰의 상장 전 누적 투자 유치액은 11.6억 달러에 달했고, IPO 규모는 100억 달러에 달했다. 그러나 1년 뒤, 소셜커머스 열풍이 꺼지면서 수많은 공동 구매 사이트가 문을 닫았고 그루폰의 주가도 폭락했다. 2012년, 메이퇀 창업자 왕싱王興은 중대한 결정을 내린다. 바로 PC에서 모바일로 자원을 옮겨 모바일에 '올인'하기로 한 것이다. 왕싱은 2013년 제12회 중국 기업 지도자 연례회의에서 이렇게 말했다.

"우리는 고객이 있는 곳으로 간다. 고객이 휴대폰으로 옮겨가면 우리도 휴대폰으로 옮겨간다. (……) 인터넷의 충격이 매우 맹렬할 것이라고 예상하기는 했지만, 정말로 충격이 닥쳤을 때, 그것은 우리가 상상했던 것보다 훨씬 더 맹렬했다. (……) 개혁 과정에서는 좀 돌아간다고 할 것까지도 없다. 큰 방향은 명백하다. 중요한 것은 충분히 빨리 움직일 수 있느냐다."

결과만 놓고 보자면, 왕싱의 결정은 옳았고 시기적절했다. 2년 뒤, 메이퇀의 공동 구매 주문 90%가 휴대폰으로 옮겨갔다. 수천 개의 소셜커머스 업체들과 치열하게 경쟁한 끝에 어렵사리 살아남았던 공동 구매 프로젝트 중 대부분이 모바일 인터넷의 진입장벽에 막혀 사라졌다. 시대의 흐름을 읽고 전환에 성공한 메이퇀만이 모바일 인터넷 시대의 진정한 강자로 우뚝 섰다. 2014년 5월, 메이퇀은 3억 달러 미만의 시리즈 C 투자 유치를 완료해 20~30억 달러로 몸값을 키웠다. 2021년 8월 기준 메이퇀 주가는 최고 460홍콩달러까지 치솟아 시가총액이

2.7조 홍콩달러에 달했다. 달러로 환산하면 약 3,400억 달러 규모다.

각국 디지털 경제의 눈부신 성장

2009~2019년 사이, 미국 주식 시장에서 인터넷 관련주가 테크주에서 차지하는 시가총액 비율이 25%에서 36%로 증가했다. 애플의 시가총액은 2009년 1,990억 달러에서 2019년 1.29조 달러로 늘었다. 마이크로소프트의 시가총액은 2,686억 달러에서 1.2조 달러로 늘었다. 2021년 7월, 미국 인터넷 시장의 5대 기업인 페이스북, 구글, 마이크로소프트, 아마존, 애플이 나스닥 기업 시가총액에서 차지하는 비중은 22%에 달했다.[8] 이들은 모두 모바일 인터넷 시대를 맞아 전환에 성공한 빅테크 기업으로 10년에 걸친 웹 2.0 황금기 동안 전설을 써 내려가며 엄청난 부를 쌓았다.

그러나 성공적으로 전환하지 못한 기업은, 예를 들어 웹 1.0 시대의 거물이었던 인텔은 모바일 인터넷 장비 칩 분야에서 우위를 점하지 못했다. 그 결과, 2009년에 1,127억 달러였던 시가총액은 10년이 지난 뒤에 겨우 2,567억 달러로 성장하는 데 그쳤다.

2022년 1월, 전 미국통화감독청(OCC) 청장대리이자 비트퓨리 그룹 Bitfury Group CEO 브라이언 브룩스Brian P. Brooks는 미 의회 청문회에서 웹 3.0을 '읽을 수 있고', '쓸 수 있으며', 동시에 '소유할 수 있는' 인터넷이라고 설명했다. 웹 1.0 시대의 콘텐츠는 '읽기 전용'이라서 이용자는 주로 정보를 얻는 활동만 했다. 그래서 이용자가 창조한 대다수 콘텐츠는 널리 퍼지지 못했다. 웹 2.0 시대에는 '읽기＋쓰기'가 가능해졌다. 이용자는 단순히 콘텐츠를 받아들이는 데 그치지 않고 직접 콘텐츠를 만들고 퍼뜨렸다. 그 결과, 소셜 네트워크, 인터넷 스트리밍, 숏폼 동영상, 미니블로그 등 새로운 산업이 출현했다. 그러나 이용자가 창조한 콘텐츠의 가치는 페이스북, 구글 등 소수의 거대 인터넷 기업이 상업화해 '꿀꺽'해버렸다.

웹 3.0의 특징은 이용자가 데이터, 콘텐츠, 플랫폼, 더 나아가 네트워크를 진정으로 소유해 인터넷으로부터 '소유할 수 있는' 속성을 끌어냈다는 것이다. 웹 3.0 이용자인 우리는 콘텐츠를 받아들이고 창조하고 전파할 수 있으며 그 과정에서 생성된 데이터를 소유할 수 있다. 데이터 소유권이 확정돼 블록체인에서 디지털 자산이 된다면, 명확한 소유권, 복제 불가능, 높은 유동성을 실현할 수 있다.

또한 이용자 모두가 인터넷의 진화에 따른 장기적인 이익을 나눌 수 있다. 웹 3.0 시대에는 수많은 탈중앙화자율조직(DAO)이 출현해 누구나 자신이 기여한 만큼 플랫폼의 가치를 나눠 받을 것이다. 개인의 기여도에 따라 웹 3.0 진화에 따른 장기적인 이익과 가치를 나눠 가져 진정한 의미의 '창작자 경제'를 이룩할 수 있다.

거시적으로 보았을 때, 모바일 인터넷의 황금기 동안 각국 디지털 경제는 눈부신 발전을 거듭했고 인터넷 산업은 엄청난 부를 일궜다. 2010년, 인터넷 경제가 미국 GDP에서 차지하는 비중은 3.8%였고 중국의 경우 이 비중이 3.3%였다.[9] 2019년, 미국 디지털 경제 규모는 13.1조 달러에 달해 GDP의 61%를 차지했다. 중국은 5.2조 달러로 GDP의 36.2%를 차지했다.[10] 2020년에도 미국의 디지털 경제는 계속 세계 1위를 지키며 13.6조 달러 규모로 성장했다. 그 뒤를 이은 중국의 디지털 경제 규모는 약 5.4조 달러에 이른다. GDP에서 차지하는 비중을 보면, 독일, 영국, 미국 모두 60% 이상으로 디지털 경제가 국민 경제를 견인하고 있다.[11]

산업의 혁신과 업그레이드는 하나의 S곡선에서 또 다른 S곡선으로 넘어가는 과정이다. 모바일 인터넷의 보급은 이미 한계에 도달했다. 2021년 6월, 중국 인터넷 이용자 규모는 10.11억 명으로, 2020년 12월에 비해 2,175만 명 느는 데 그쳤다. 인터넷 보급률은 이미 71.6%에 달해 전년 말에 비해 겨우 1.2% 증가했다. 모바일 인터넷 이용자 규모는 10.07억 명으로, 전년 12월 대비 2,092만 명 증가했다. 이용자가 휴대전화로 인터넷에 접속하는 비율은 99.6%로 2020년 12월과 거의 비슷했다.[12] 이 모든 데이터는 모바일 인터넷이 이미 '성숙기'에 접어들어 머잖아 쇠퇴할 것임을 예고한다. 두 번째 곡선으로의 전환을 서둘러야 할 시점이다.

두 번째 곡선으로의 전환이 필요한 시점

5G, 인공지능, 클라우드 컴퓨팅, 빅데이터, 사물인터넷, 산업인터넷,

VR, AR, 블록체인 등 관련 기술이 갈수록 성숙하면서 웹 3.0(메타버스)이 바로 눈앞에 닥쳤다. 인터넷은 새로운 전환점에 이르렀고 중대한 변혁의 시기는 이미 도래했다. 인터넷이 진화할 때마다 엄청난 혁신과 부의 기회가 찾아왔으며, 산업이 업그레이드되기 직전의 태동기에 새로운 거물들이 탄생했다. 메타버스가 만들어지고 널리 퍼지면, 디지털 경제와 실물 경제는 더욱 끈끈하게 융합될 테고 디지털 세계에서 새로운 부가 창조될 것이다.

메타버스 시대가 열리면 전 세계 경제에서 디지털 경제가 차지하는 비중이 점점 더 늘어날 것이다. 2030년에는 전 세계 디지털 경제가 GDP에서 차지하는 비중이 80%에 달할 것으로 예상된다. 본질적으로 디지털 부는 디지털 경제가 낳은 산물이다. 감히 예측하건대, 미래 디지털 부의 80%가 메타버스에서 창조될 것이다. 향후 10년은 메타버스 발전의 황금기이자 디지털 부가 성장하는 전성기가 될 것이다. 기회는 웹 3.0에서 찾아올 것이고 새롭게 등장한 디지털 부도 향후 10년간 화려한 꽃을 피울 것이다.

트렌드 1.

디지털 경제와
실물 경제의 융합

각국 경제의 발전사를 들여다보면, 실물 경제가 강해야 나라도 부강했다. 기술 혁신은 늘 생활 방식을 바꾸고 산업을 진화시켰다. 메타버스를 구축하는 것은 '현실에서 벗어나 가상 세계로 가는 것'이 아니다. 디지털 경제와 실물 경제의 융합을 통해 실물 경제의 힘을 키워 각 업계가 '두 번째 곡선'을 찾을 수 있도록 길을 알려주는 것이다. 메타버스의 주요 응용 시나리오는 산업 현장이다. 메타버스에서는 세계 각지의 사람들과 효율적으로 소통하고 협력할 수 있다. 하나로 연결된 스마트 기기들은 효과적으로 연동될 것이며, 산업 체인 협업은 더 투명하고 능률적으로 변할 것이다.

메타버스 시대의
산업 대변혁

앞에 등장했던 A가 메타버스에서 보낼 하루가 어떨지 계속 상상해보자. A네 회사의 해외 공장에서 신제품을 보낸다. 이 제품들은 기계로 자동 분류돼 자율주행 화물차에 실린다. 2030년, 5G와 사물인터넷 기술이 고도로 발달해 도로 위를 달리는 모든 차량이 자율주행 자동차다.

이번 운송에는 자율주행 화물차 10대가 동원된다. 고속도로에 진입하면, 이 화물차들은 차량 인터넷Internet of Vehicles, IoV 기술을 기반으로 M2Mmachine to machine(기계 간의 통신)을 진행한다. 앞뒤로 바짝 붙은 채 한 줄로 길게 늘어선 화물차들은(자율주행차는 차간거리를 넓게 유지할 필요가 없다) 굉장히 긴 기차처럼 보인다. 그뿐만이 아니다. 운행 도중 다른 화물차들이 계속 군집 대열에 합류하면서 화물차 수십 대가 꼬리에 꼬리를 물고 도로를 달리는 장관을 연출한다. 이런 기술을 '군집주행platooning'이라고 한다. 간단히 말해 여러 대의 자율주행 차량이 무리를

그림 4-1 **고속도로를 달리는 화물차들이 군집주행을 하고 있다.** (출처: iStock)

지어 이동하는 기술이다.(그림 4-1) 군집주행 기술을 도입한 이유가 뭘까? 선두 차량이 앞에서 '바람을 막아줌으로써' 나머지 추종 차량들의 에너지 소모를 줄여 결과적으로 비용과 탄소 배출량을 줄일 수 있기 때문이다.

군집주행 기술을 도입한 이유

구체적으로 살펴보자. 차량들이 고속 주행하는 과정에서 선두 차량은 사실상 사이클에서 순위 경쟁을 하지 않고 팀과 팀 대표의 경기를 돕는 선수인 '도메스티크domestique' 역할을 맡는다. 선두 차량이 전방의 바람을 밀어내 차량 후미 쪽에 저압 구역(진공 구역이라고도 함)을 형성하면 뒤쪽에 있는 차량은 앞에서 끌어당기는 기류를 타고 보다 쉽게 주행할 수 있다. 이러한 효과는 그다음 차량에도 연쇄적으로 전달돼 대열을 이룬 모든 화물차가 바람의 저항을 덜 받아 전체 에너지 소모량이 감소된다.

그러나 이런 주행 방식은 기술적으로는 가능할지 몰라도 경제적 논리로 따지면 문제가 있다. 즉 선두 차량이 바람을 막아준 덕분에 추종 차량들은 이득을 보지만 선두 차량의 에너지 소모량과 비용은 줄지 않는다. 다시 말해 추종 차량들에게 '프리라이드free ride'를 제공한 선두 차량은 어떠한 이득도 보지 못한다. 이 문제가 해결되지 않는다면, 다들 뒤에서 묻어가려고 하지, 어느 차량도 앞서가려 하지 않을 것이다. 자율주행 인공지능의 목표 함수에는 당연히 수익의 최대화, 비용의 최소화가 포함되어 있다. 인공지능이 도덕적 판단을 하거나 '대국적인 관점'을 가질 리도 없다. 기계가 사람처럼 '이타적'으로 행동하길 바랄 수는 없다. '선두 차량'의 희생에 대한 적절한 보상이 이루어지지 않는다면 자율주행 화물차의 군집주행은 물론이고, 에너지 절약과 탄소 배출량 감축도 실현될 수 없다.

그렇다면 자율주행차 인공지능 목표 함수는 그대로 두고, 경제적 수단으로 이 문제를 해결할 수는 없을까? 당연히 가능하다. 인공지능 간의 거래를 통해, 대열에 속한 모든 차량이 선두 차량에게 일정 수준의 비용을 지급한다면 선두 차량도 손해 볼 일이 없다. 이는 전체적으로 절감한 비용을 공평하게 재분배함으로써 경제상의 최적 균형값을 찾은 것이라고 볼 수 있다. 이 점이 실현되면 화물차의 분업과 협업이 가능해진다. 단 이를 위해서는 화물차 간의 리얼타임 통신, 리얼타임 거래가 가능해야 한다.

그렇다면 화물차 간의 거래는 어떻게 실현할까? 화물차는 은행계좌를 개설할 수도 없고(기술적으로 가능하더라도 법률적 문제가 많을 것이다) 페이팔, 알리페이 등 제삼자 결제를 이용할 수도 없다. 완전히 디지털화된, 프로그래밍 가능한 매개체와 거래 방식이 필요하다. 여기에 딱 들어맞는 것이 바로 블록체인과 스마트 계약이다. 대열에 합류하기 전, 각 화물차가 지정된 스마트 계약에 소정의 디지털 자산을 예치한다. 그다음 대열에 합류한 뒤 발생한 실제 에너지 소모량 등의 데이터를 블록체인상에 기록한다. 그러면 스마트 계약이 자동으로 지급금액을 계산해 실시간으로 결제를 진행한다. 선두 차량에 약간의 비용만 지급하면 누구라도 선두 차량이 제공하는 '프리라이드'의 혜택을 누릴 수 있다.

만약 자율주행 화물차가 블록체인을 기반으로 M2M 거래를 실현할 수 있다면 대열에 속한 모든 차량의 비용과 탄소 배출량이 체계적으로 줄어들 것이다. 또 블록체인 스마트 계약을 기반으로 한 거래는 공정하고 공평하며 투명할 것이다. 고속도로를 달리는 군집주행 화물차는 더 많은 자율주행차를 불러 모아 지금과 전혀 다른 고속도로 풍경을 만들어낼 것이다.

메타버스 시대의 산업 변혁 방향

이상의 메커니즘을 전체적으로 정리해보자. 블록체인, 인공지능, 사물인터넷 등 디지털 기술은 M2M 협업과 거래를 실현한다. M2M 거래는 이익의 공평한 분배를 실현한다. 공평한 분배는 전반적인 효율을 높인다. 효율성 제고는 대규모 협업 시스템 구축을 촉진할 것이다. 따라서 블록체인을 비롯한 새로운 디지털 기술은 교통운송업계에 진정한 의미의 혁신 모델과 가치 증식을 가져다줄 것이다. 이는 디지털 경제와 실물 경제가 융합한 전형적인 예로, 메타버스 시대 산업 변혁의 방향을 보여준다.

상상의 결과물도 아니고 아주 먼 미래의 일도 아니다. 현실 세계에서 이미 이와 관련한 연구와 테스트가 진행되고 있다. 독일의 보쉬 BOSCH는 블록체인 프로젝트 아이오타IOTA와 파트너십을 맺고 사물인터넷과 분산원장distributed ledger을 통해 제어와 관리를 하는 자율주행 화물차 군집주행을 실현하고자 한다.

메타버스 시대에는 '만물의 상호 연결'에서 '만물의 상호 신뢰'로 나아가고, 다시 '만물의 거래'와 '만물의 협력'으로 나아간다. 거래는 사람과 사람 사이에서만 발생하는 것이 아니라 사람과 기계, 기계와 기계 사이에서도 빈번히 발생할 것이다. 그때는 전 산업 분야의 수준이 지금보다 높아야 하며 모든 단계가 완전히 디지털화되어야 한다.

예를 들어 모든 스마트 하드웨어는 각자의 디지털 정체성이 있어야 하고, 거래 메커니즘은 완전한 자동화를 실현해야 한다. 거래 매개체는 프로그래밍할 수 있어야 하고, 지급은 리얼타임 결제여야 한다. 디지털화 기술이 산업계에 불러올 변화는 단순한 기술의 업그레이드가 아니라 기본적인 비즈니스 모델과 산업 체인의 변혁이다. 메타버스 시대의 산업계와 비즈니스 형태는 지금과는 전혀 다를 것이며 디지털 경제와 실물 경제가 긴밀하게 융합될 것이다.

블록체인 기술 외에, AR도 산업의 변혁을 이끄는 핵심 기술이다. AR 기술은 디지털 정보를 물리적 대상 위에 겹쳐, 디지털 세계와 물리 세계의 융합을 실현한다. AR 기술로 다양한 산업 분야의 설계, 테스트, 제조 등 핵심 프로세스가 최적화되면서 놀라운 가치가 창출됐다.

비행기 제조를 예로 들어보자. '나셀nacelle'은 항공기의 추진 시스템을 구성하는 엔진의 핵심 요소로, 엔진과 연료 시스템을 둘러싸고 있다. 상대적으로 고온인 엔진 부품에 비하면 나셀은 '저온' 부품에 속한다. 극도로 복잡한 집적 시스템을 포함해, 나셀의 제작비는 엔진 제작비의 25%를 차지한다. 그런데 기존에는 나셀 제작 및 검사 과정에서 파괴검사를 사용했기 때문에 수많은 고가의 부품들이 검사 과정에서 폐기되었고 검사 효율도 만족스럽지 않았다. 최근 전 세계에서 두 번째로 규모가 큰 항공기 나셀 공급업체인 사프란 나셀Safran Nacelles이 A320과 A330 시리즈 여객기의 엔진 나셀을 생산하면서 IRISInfraRed Inspection System라는 로봇 시스템을 도입해 적외선 열화상 시스템으로 부품을 스캔하고 AR 기술을 활용해 스캔한 데이터를 검사 부품에 직접

'투영'했다. 이 새로운 검사 방법을 도입하면서 나셀 검사 주기가 절반으로 단축됐다.

외과 의사는 환자를 수술하기 전에 각종 검사 결과지를 분석하며 최적의 수술 방법을 찾는 데 많은 시간과 노력을 쏟는다. 그러나 2D 이미지가 주는 정보에는 한계가 있어 의사가 오진할 가능성도 있다. 이때문에 수술 도중 갑자기 수술법을 바꿔야 하는 등 수술 위험성을 높이는 문제가 발생한다.

실리콘밸리의 스타트업 에코픽셀EchoPixel은 AR 기술에 기반한 양방향 3D 수술 플랫폼과 '수술 중 소프트웨어intraoperative software'를 개발해 육안으로 식별 가능, 비접촉식, 상호작용 가능한 3D 해부학적 이미징을 제공해 각종 구조적 심장 시술을 지원한다. 에코픽셀의 True3D 소프트웨어는 심장 전문 의료진이 현실 세계에서 물리적 대상과 그러하듯이, 3D로 디지털 대상과 상호작용할 수 있게 해, 더 통합적이고 정확한 판단을 내리는 데 도움을 준다. 에코픽셀은 컴퓨터 단층촬영(CT), 자기공명(MR), 심초음파검사, 그리고 C-arm 형광투시영상을 이용해 실물 크기의 장기, 혈관 및 기타 조직의 홀로그램 버전을 만들어, 의료진이 환자의 특정 해부 구조의 디지털 트윈과 상호작용해 최적의 치료 타깃, 수술 방법, 카테터 위치를 정해서 더 적확한 측정값, 거리, 각도를 얻게 해준다. 이 기술을 활용하면 의료진의 진료 시간과 수술 준비 시간이 획기적으로 줄어든다. 병원 측 비용도 줄이고 환자의 치료 시간과 비용을 줄이는 것은 물론, 수술의 위험성까지 크게 낮춘다.

VR과 AR 기술은 제조, 의료, 미디어, 교육, 고고학, 여행, 건축 등 광범위한 분야에 응용될 수 있다. 물론 위의 사례는 메타버스에서 발생할 산업의 대변혁 중 비교적 이르게 시도되는 극히 일부의 예일 뿐이다. 앞으로 모든 공장, 병원, 심지어 도시까지도 메타버스에 디지털 트윈을 구축할 전망이다. 모든 자원을 가상 세계에 그대로 재현할 수 있어 외부의 영향을 정확하게 예측할 수 있다. 그러면 제조든 의료든, 모든 테스트를 가상 세계에서 완전하고 정확하게 실시해 최적의 방법을 찾을 수 있게 된다. 그렇게 찾은 최적의 방법을 실행에 옮길 때도 사람이 나설 일은 없다. 스마트 로봇이 디지털 세계와 물리 세계의 동기화를 실현해 제조 또는 의료 과정을 실시간으로 완료하므로 경제 효율이 향상된다.

메타버스 세계에서 산업 대변혁을 추진할 또 다른 핵심 기술은 인공지능이다. 인공지능은 대량의 데이터를 신속하고 정확하게 분석해 모든 자원이 효율적으로 배치 및 운송되게 만든다. 예를 들어 인공지능과 빅데이터 기반 '시티 브레인city brain'은 이미 많은 도시에 광범위하게 응용돼(도시 전체의 자원을 효율적으로 배치해 도시의 운행 효율과 공공 업무 거버넌스 수준을 향상시키기 위함) 메타버스 시대 공공 거버넌스 방식의 초기 버전이 되고 있다. 예를 들어 항저우 시티 브레인은 교통 상황을 실시간으로 분석해 모든 차량과 행인의 이동 방향과 속도 정보를 알아낸다. 또 도시 내 각 구역의 실시간 교통 상황을 파악해서 인공지능으로 신호를 조절해 차량 통행 속도를 최고 11%까지 높인다. 앞으로는 리얼타임 컴퓨팅, 자동 센싱, 시뮬레이션 추론, 다중 디바이스 협업이 현실화될 것이며 인공지능을 통한 도시 관리 스마트화 속도가 빨라질 것이다. 점점 더 많은 스마트 교통수단과 도로 등의 기반시설이 생산한 대량의 데이터가 서버로 전송될 것이다. 시티 브레인은 디지털 공간에서 차량 흐름, 사고, 날씨 등 데이터를 실시간으로 분석해 맞춤 제안을 내놓을 수도 있어 개별 차량의 최적 경로 선택을 돕고 도시 전체의 교통 흐름을 개선한다.

인공지능으로 기계가 자체 분석 능력을 갖추면서 인간과 기계 간 협력이 더욱 긴밀해졌다. 그 결과, 디지털 세계의 '명령'이 물리 세계에서 실현되면서 두 세계가 동기화되었다. 2020년 5월, BMW는 공장 내 물류로봇과 스마트 운송로봇(STR)에 고성능 인공지능 모듈을 장착했다. 이 모듈은 BMW와 엔비디아$_{Nvidia}$가 공동 개발했다. 인공지능 모듈 장착으로 어느 정도 '생각'할 수 있게 된 로봇은 전보다 '똑똑해져' 스스로 프로세스를 최적화할 수 있게 되었다. 예를 들어 스마트 모듈이 더해지면서 로봇의 협업 능력이 제고되었고, 사람과 사물에 대한 식별 능력도 향상되었다. 또 내비게이션 시스템의 효율이 개선되면서 지게차, 트레일러, 작업자 등을 더 빠르고 정확하게 식별하고, 밀리초 단위 안에 대체 노선을 계산해 신속하게 장애물을 피해 계속 주행할 수 있게 되었다.[13]

조직 운영 방식도 달라진다

변혁은 생산력에서만 발생하는 것이 아니다. 디지털 기술은 조직 운영 방식에 변화를 불러와 생산 관계를 개선하고 협업 수준을 높인다. 예를 들어, 축구팬들은 그라운드의 '12번째 선수'라고 불린다. 팬의 존재는 축구 클럽의 발전에 무척 중요하다. 축구팬은 자신이 좋아하는 클럽을 위해 이런저런 지원을 아끼지 않고 각 클럽도 팬들을 중시하고 있음을 강조한다. 그러나 안타깝게도 축구팬은 클럽과 축구팀에 관련된 어떠한 결정에도 영향을 줄 수 없다. 축구팀 유니폼이나 굿즈 스타일 등 대단치 않은 사안에도 팬들의 목소리는 닿지 않는다. 그러나 이러한 상황에도 변화의 바람이 불고 있다. 2020년 1월, 유벤투스는 팬들이 투표를 통해 홈경기 골 축하곡을 고르게 했다. 별것 아닌 투표로 보이지만 사실은 클럽 관련 의사결정에 팬들을 직접 참여시킨 중대한 시도였다. 이 일을 계기로 축구팬들은 진정한 '12번째 선수'가 되었으며 클럽 관련 의사결정에 참여할 권리를 갖게 되었다고 느꼈다.

이 투표는 팬 참여 플랫폼인 소시오스닷컴(Socios.com)에서 진행되었다. 소시오스닷컴은 블록체인 기반 스포츠 엔터테인먼트 기업인 칠리즈Chiliz가 운영한다. 축구팬들은 이 플랫폼에서 팬 토큰을 구매해 소시오스닷컴에서 클럽 유니폼 색상, 경기장 음악, 마크, 친선경기 스케줄 등 다양한 사안에 투표할 수 있다. 블록체인 스마트 계약 기반이기 때문에 투표는 투명하게 진행되고 투표 결과는 명확히 이행된다. 이는 클럽의 조직 및 거버넌스 방식, 굿즈 판매 방식을 바꾸었으며 스포츠 산업 전체의 비즈니스 모델과 조직 운영 방식까지 바꾸고 있다.

지금껏 클럽의 운영 시스템은 베일에 가려져 있었다. 아무리 충성도 높은 팬이라도 클럽의 의사결정이 어떻게 이루어지는지 알 수 없었고 목소리를 낼 수도 없었다. 블록체인과 스마트 계약 기술을 활용하면 의사결정 과정은 투명하게 외부에 공개되고 결과는 위·변조가 불가능해진다. 그래서 디지털 기술은 생산력만 끌어올리는 것이 아니라 생산관계까지 근본적으로 바꾸는 것으로 여겨진다.

기술은 산업 전환과 진화에 보탬이 되고 품질과 효율을 높이는 데 그 가치가 있다. 즉, 산업을 키우는 데 보탬이 되는 기술이 진정 가치 있는 기술이다. 여러 디지털 기술이 융합된 웹 3.0인 메타버스의 주된 목표도 산업의 전환을 돕는 것이다.

메타버스의 주요 응용 시나리오는 산업 현장이다. 메타버스에 실제 공장과 동일한 디지털 트윈을 만들어 물리 세계와 디지털 세계의 리얼 타임 매핑real-time mapping을 실현할 수 있다. 수많은 차량의 운행 데이터를 서버로 전송해 각 지역의 경제가 어떻게 굴러가는지 실시간으로 반영한 맵을 그릴 수 있다. 메타버스에서는 세계 각지의 사람들과 효율적으로 소통하고 협력할 수 있다. 하나로 연결된 스마트 기기들은 효과적으로 연동될 것이며, 산업 체인 협업은 더 투명하고 능률적으로 변할 것이다.

디지털 금융이
실물 경제를 강화하다

장시성江西省에서 생산되는 감주贛酒는 제5회 국제명주박람회에서 금상을 받은 바 있는, 중국을 대표하는 명주名酒 중 하나다. 그러나 2020년, 코로나19가 퍼지면서 감주를 생산하는 장시감주주업유한공사에는 재고가 쌓여 가는데 대리점이 구매대금을 제때 지불하지 못해 회사의 생산 및 판매 확대 계획에 심각한 차질이 빚어졌다. CEO 장휘쥔張輝軍은 고민에 빠졌다. 회사 총자산이 1.3억 위안, 연간 생산 능력이 1만 톤, 기주基酒(밑술)가 약 2천 톤이나 됐지만 부채 비율이 좀 높았다. 그래서 자금 조달이 시급했는데 요구 조건에 맞는 담보물이 없었다.

회사 사정을 알게 된 중국인민은행 금융연구소 전문가들은 재고와 기주를 담보로 융자를 받는 방법을 생각해내, 감주공사, 장시은행 지안지점, 후오체인테크놀로지 간의 3자 협력을 추진했다. '기주+재고+공급체인+블록체인'으로 이루어진 '유동자산 토큰화' 융자 모델을 통해 기주와 완제품(감주)의 '토큰화'를 실현했다. 그 결과, 대리점은 완제품을 담보로 대출을 신청할 수 있게 되었다.

이 혁신적인 융자 모델은 공급체인 중 핵심 기업(감주공사)의 재고(감주)가 유통이 가능하고 가치가 보존되는 제품이라는 특성을 이용해, 블록체인 기술을 기반으로 완제품의 디지털화를 실현했다. 블록체인 네트워크에서 '감주' 자산을 대표하는 증빙의 분할과 유통이 가능해진 덕분에 자산의 유동성이 커졌다. 이는 고체처럼 유동성이 낮은 자산을 기체처럼 유동성이 높은 자산으로 바꿔 자산 가치를 높인 것으로 이해할 수 있다. 그리하여 핵심 기업은 재고 자산을 처리하고 매출채권을 회수할 수 있게 되었고, 대리점의 자금 압박도 완화되어 대리점이 판매를 확대할 수 있게 되었다.[14]

이 사례는 블록체인과 금융이 만나 실물 경제를 강화한 전형적인 예이다. 이와 비슷한 모델이 이미 각 분야에서 응용되고 있다. 중국은 사회 신용 시스템 마련을 서두르고 있지만 여전히 신용 시스템의 사각지대에 놓인 사람들도 있다. 예를 들어 중소기업은 규모가 작고 고정자산이 적은 편이라서 금융기관으로부터 자금 지원을 받기가 어렵다. 특히 코로나19가 발생한 뒤로 영세업체의 처지는 더욱 힘들어졌다.

블록체인은 자산을 토큰화해 디지털 자산과 실물 자산의 융합을 촉진한다. 그 덕에 자산 발행인(감주공사), 자산 사용인(대리점), 생태계 서비스업자(장시은행 지안지점, 후오체인테크놀로지) 등 각 관계자들은 실질적인 수익을 거둬 '윈윈윈'을 달성했다. 게다가 블록체인에 기록된 '디지털 자산'은 더 쉽고 종합적으로 관리가 가능하다. 금융기관이든 투자자든 실시간으로 자산의 변화 상황을 알 수 있기 때문에 리스크와 관리 비용이 줄어든다. 그래서 대출금리도 적당히 내려간다. 이는 투자자가 소규모 기업의 융자 어려움을 완화하기 위해 대출자에게 이윤을 양도한 것이나 다름없다.

자산의 토큰화로 성장하는 실물 경제

블록체인은 '신뢰 기계the trust machine'[15]라 불릴 만하다. 블록체인에 매핑된 정보는 분산 저장되고, 다수가 증명하며, 위·변조를 할 수 없다. 다만 주의할 점이 있다. 블록체인이 데이터의 위·변조를 방지하는 것은 사실이지만 데이터의 진실성과 정확성을 보장해주지는 않는다. 하지만 앞으로 기업은 사물인터넷, 산업인터넷 등으로 '디지털 트윈'을 실현해 모든 관련 기업들의 ERPenterprise resource planning 시스템, 생산 시스템, 재고 시스템, 물류 시스템 등과 연결되고 블록체인 시스템에 직접 접속할 수 있게 된다. 그러면 위조 비용이 대폭 증가해 토큰화된 데이터가 위조될 위험성은 줄어들고 자산 토큰화의 신뢰도와 안전성은 높아질 것이다. 그래서 자산의 토큰화는 디지털 자산과 실물 자산을 융합해 실물 경제의 힘을 키우므로 메타버스 시대에 주류 비즈니스 모델이 될 것이다.

실물 자산의 토큰화 외에, 금융 자산의 토큰화도 깊이 고민해봐야 한다. 예를 들어 증권형 토큰security token은 금융 자산의 토큰화 방법 중 하나다. 증권형 토큰은 디지털 자산과 전통적인 금융 자산이 교차하는 부분에 존재하기 때문에 엄격한 기준에 부합해야 한다. 이미 관련 법률과 정책을 마련한 국가와 지역에서 증권형 토큰은 주식, 채권, 부동산 등 실물 자산과 연계될 수 있다. 예를 들어 기업 지분, 사모펀드, 사모채권은 증권형 토큰 공개Security Token Offering, STO 방식으로 발행과 동시에 토큰화할 수 있다. 증권형 토큰 컴플라이언스compliance를 만족한다는 전제 아래 발행 비용과 유통 비용을 절감하고 자산의 유동성을 높일 수 있다. 이는 결과적으로 금융 산업의 발전과 변혁을 불러오고 실물 경제의 힘을 키울 것이다.

메타버스의 새로운 비즈니스 모델, 자산의 토큰화

이미 많은 국가와 지역이 관련 연구와 테스트를 진행하고 있다. 2020년 12월 10일 싱가포르 DBS은행은 디지털 자산 거래소인 DDEx(DBS Digital Exchange)를 출범시켰다. DDEx의 관련 업무는 STO, 디지털 자산 거래, 디지털 자산 수탁 서비스 등이다. 2021년 5월, DBS은행은 DDEx를 통해 STO 방식으로 1,500만 싱가포르달러(약 1,130만 달러)의 DBS 디지털 채권을 발행했다. 이 디지털 채권의 기한은 6개월, 액면 연이율은 0.6%였다.

2020년 6월, 태국은 블록체인 기반 디지털 채권 프로젝트를 도입했다. 태국 공공부채관리국이 도입한 이 프로젝트는 총 2억 바트를 발행했으며 채권 액면가는 단 1바트(약 0.23위안)였다. 이 디지털 채권은 태국 제2대 국영은행인 크룽타이 은행Krungthai Bank이 출시한 블록체인 플랫폼을 기반으로 발행되었다. 크룽타이 은행 계좌와 전자지갑을 보유한 사람이면 은행 지점을 방문하거나 ATM기를 사용할 필요 없이 누구나 이 디지털 채권을 구매할 수 있다.

이 디지털 채권은 한 가지 특별한 점이 있다. 과거에 발행된 이와 비슷한 채권들의 액면가는 대개 1천 바트였는데, 이 디지털 채권의 액면가는 단돈 1바트여서 채권 구매 문턱이 대폭 낮아졌다. 그래서 넉넉하지 못한 가정도 재테크 목적으로 채권을 구매할 수 있게 되었다. 이는 모두가 금융의 혜택을 누릴 수 있도록 한, 중대한 의미가 있는 시도였다. 이 채권은 전 세계 최초로 은행이 일반 투자자에게 발행한 블록체인 기반 디지털 채권으로, 디지털 자산과 전통 금융 자산을 융합시킨, 자산의 토큰화를 실현한 대표적인 사례다.

전통 금융 자산과 실물 자산의 토큰화를 위해 만들어진 증권형 토큰은 여러모로 가치가 있다. 증권형 토큰은 증권의 소유권을 더 작은 단위로 나눠 참여 문턱을 낮췄으며 자산 유통 루트를 늘려 자산의 유동성을 키웠다. 또한 증권에 '프로그래밍 가능성'[16]을 더해 더 많은 시나리오에서 가치를 발휘할 수 있게 했다. 증권형 토큰은 합법적, 신속한 지급결제, 프로그래밍 가능성, 높은 유동성, 비교적 저렴한 비용, 다양한 시나리오에 응용 가능 등 장점이 많다. 그중에서도 자발적으로 규제를 받아들이고 규정 준수(컴플라이언스)를 위한 엄격한 기준을 마련해 법률 리스크를 피한 점은 가장 큰 장점이다.

물론 갓 태어난 증권형 토큰은 아직 갈 길이 멀다. 2019년에 '핫이슈'로 떠올라 한동안 열띤 토론의 대상이 되었으나 그 후로 발전이 지지부진한 상태다. 이는 아직 증권형 토큰에 해결해야 할 문제와 폐단이 존재한다는 방증이므로, 증권형 토큰이 제대로 자리를 잡으려면 상당한 시일이 걸릴 것으로 보인다. 증권형 토큰은 금융 자산의 변혁, 유동성 향상 측면에서 주목해야 한다. 앞으로 디지털 금융 사회에 안착하면 증권형 토큰도 진화하고 최적화돼 실물 자산과 디지털 자산을 잇는 다리로서 두 자산의 융합을 촉진하는 역할을 할 것이다.

블록체인은 아트, 컬렉션, 게임 등의 분야와도 관계를 맺고 있다. 바로 NFT를 통해서다. 비표준화 자산을 블록체인에 매핑해 디지털 자산화할 수 있다. 그 결과, 비표준화 자산의 유동성과 거래 범위를 넓히고 거래 비용과 진입장벽을 낮춰 가치를 극대화할 수 있다. 그래서 NFT화도 자산을 토큰화하는 주요 수단 중 하나다. 메타버스 시대에는 모든 것을 NFT화할 수 있다. 디센트럴랜드에는 가상 랜드트레이드센터가 있어 NFT 형식의 땅을 거래한다.(그림 4-2) 물론 현재의 상황을 보면 이 가상 랜드는 현실 세계의 실제 부동산과 아무런 연계가 없다. 하지만 메타버스 시대에는 디지털 세계와 물리 세계가 완전히 융합돼 물리적인 토지의 NFT화도 가능해진다. 그러면 거래 비용은 줄고 효율은

그림 4-2 **필자가 가상 랜드트레이드센터를 둘러보고 있다.** (출처: 디센트럴랜드)

높아질 것이며 거래 위험은 통제 가능해질 것이다. NFT에 관한 설명은 8장에서 자세히 다루겠다.

메타버스 시대에는 디지털 자산과 실물 자산이 융합된 형태의 자산이 폭발적으로 증가할 것이다. 사물인터넷, 빅데이터, 블록체인 기술이 융합 발전하면서 점점 더 많은 자원이 블록체인을 통해 자산화될 것이다. 소유권이 명확해지고 유동성이 커져 가치가 극대화될 것이다. 자산의 토큰화는 메타버스 발전에 디딤돌이 되어 물리 세계의 디지털 전환을 촉진할 것이다. 하지만 자산의 토큰화는 단순히 물리 세계의 자원을 디지털 세계에 매핑하는 수단일 뿐임을 알아야 한다. 자산을 토큰화하는 목적은 모든 산업을 블록체인에 매핑해 디지털 경제와 실물 경제의 융합을 촉진하고, 이를 통해 실물 경제의 힘을 키우기 위해서다.

메타버스에서 비즈니스 기회를 선점하라

메타버스는 미래 사회와 경제가 발전할 새로운 공간으로 광범위하게 응용될 수 있다. 따라서 각 업계는 메타버스에서 자리 잡는 방법을 깊이 고민해봐야 한다. 물론 장밋빛 미래만 기다리는 것은 아니다. 미지의 영역에 발을 담근 수많은 업계가 도전과 시련에 부딪힐 것이다. 기업이 메타버스가 불러올 기회를 잡고 전환에 성공하려면 어떻게 해야 할까?

■ 향후 10년 메타버스 황금기로 진입하는 '짧은' 태동기를 노려라

모바일 인터넷의 봄은 끝나가고 있다. 승자가 독식하는 '마태 효과'는 모든 분야에서 확인할 수 있다. 미래의 승자가 되려면 미리 메타버스로의 전환을 실현해야 한다. 앞으로 10년은 메타버스 발전의 황금기가 될 것이다. 기업은 메타버스 황금기로 진입하기 전의 '태동기' 동안 쏟아질 온갖 가능성을 면밀히 살피고 제대로 이해해야 한다. 일찍 일어나는 새가 먹이를 잡듯이, 먼저 움직이는 기업이 메타버스를 선점할 기회를 얻을 것이다.(3장)

■ 사유 방식과 기업 문화의 전환 필요

메타버스가 일으킬 산업 대변혁의 속도, 폭, 깊이는 모바일 인터넷과는 비교할 수 없을 정도로 엄청날 것이다. 메타버스 변혁의 본질은 사유 방식의 변혁이다. '메타버스 사유 방식=기술 사유×금융 사유×커뮤니티 사유×산업 사유'를 이해해야 한다. 전략보다 인식과 문화가 더 중요하다. 전 직원이 메타버스에 대해 이해하고 포괄적으로 받아들이는 메타버스 친화적 기업 문화를 만들어야 한다.(11장)

■ 하루빨리 종합적인 메타버스 전략을 수립하라

기업은 메타버스로의 전환을 시급한 전략적 과제로 삼아(기업 리더의 진두지휘 아래) 하루빨리 종합적인 메타버스 전략을 세우고 메타버스에서의 위치를 정해야 한다. 최종 목표를 분명히 하고, 이를 바탕으로 앞으로 추진할 변혁을 거꾸로 유추해본다.

■ 핵심 자산에 데이터를 포함시켜라

메타버스에서는 데이터가 개인과 기업의 핵심 자산이 된다. 먼저 데이터 보안에 더욱 힘써야 한다. 데이터 안전을 확보한 상태에서 데이터 이용 효율과 데이터 마이닝 수준을 높여야 한다. 그다음으로 업무를 추진하는 과정에서 이용자의 데이터 권리를 충분히 고려하고 존중 및 보호해야 한다. 또 데이터의 소유권을 온전히 이용자에게 돌려줘야 한다. 마지막으로 데이터 자산화를 추진해 데이터를 기업의 주요 생산요소로 만들어야 한다.(5장)

■ 경제 커뮤니티로의 점진적인 전환을 고려한다

메타버스에서는 플랫폼화, 커뮤니티화, 온라인화를 특징으로 하는 새로운 협업 조직 운영 방식이 주류가 될 것이다. 따라서 기업은 메타버스에 맞는 조직 운영 방식과 구체적인 전환 로드맵을 고민해야 한다. 새로운 협업 메커니즘과 경제 커뮤니티 조직 운영 방식에 단계적으로 적응해가며 이를 구축해 나가야 한다.(6장)

■ 디지털 기여자의 중요성에 주목하라

기업은 외부 디지털 기여자가 누구이며 그들이 얼마나 중요한지를 다시금 생각해봐야 한다. 그중에는 공급업체도 있을 것이고 이용자도 있을 것이다. 그들이 어떤 방식으로, 어떤 핵심 자원에 공헌했는지, 그들에게 가치를 분배하는 방식이 합리적인지에 대해 깊이 생각해봐야 한다. 새로운 이익 분배 시스템을 도입하고 경계를 허물어 생태계 가치를 극대화한다.(6장)

■ IP(지식재산권)에 주목하고 사용자 경험을 전달하는 능력을 키워라

물질의 제약이 사라진 메타버스에서는 IP가 모든 산업의 영혼이자 창의력이 유일한 희소자원이 된다. 따라서 기업 전략을 수립할 때, IP 운영을 최상위에 두고 IP 자원을 체계적으로 정리해야 한다. 기업 업무의 문화적 속성을 다시 생각해보고 새로운 비즈니스 모델을 구축하고 사용자 경험을 전달할 수 있는 능력을 키운다.(8장)

■ NFT를 이용해 제품 형태의 정해진 틀을 없앤다

NFT는 메타버스에서 가치 저장 수단이 될 것이다. 기업은 NFT 등의 툴을 이용해 새로운 형태의 디지털 상품을 개발하고 IP 가치를 활성화해 기업의 소프트파워를 현금화하는 효과적인 수단을 모색해야 한다. 이는 메타버스 전략에서 상당히 중요한 부분이다.(8장)

■ 전 부분에서 디지털화 융합을 고려하라

메타버스는 디지털 세계와 물리 세계가 융합된 공간이다. 디지털 경제와 실물 경제가 서로 융합하고, 디지털 생활과 현실 사회생활이 서로 발전을 촉진하며, 디지털 정체성과 현실 정체성이 서로 결합하고, 디지털 자산과 실물 자산이 서로 교환된다. 메타버스에서 기업은 융합 발전의 길을 걷게 될 것이다. 이 말은 곧, 업무 프로세스, 제품 형태, 핵심 자산, 마케팅 등 전 분야에서 디지털화를 실현해야 하며, '디지털 트윈' 등의 기술로 온라인과 오프라인의 시나리오와 자원을 하나로 융합시켜야 한다는 뜻이다. 이는 메타버스에서 경쟁 우위를 점하는 유일한 길이다.(10장)

5

트렌드 2.

데이터가 돈이다

메타버스 시대에는 데이터가 원유와 같은 전략 자원이다.

데이터가 생산 효율 제고에 미치는 승수 효과가 날로 커지고 있다. 데이터 기반 맞춤형 제품과 서비스는 비즈니스 효율을 높이고 삶의 질을 개선한다. 온갖 디바이스가 한시도 쉬지 않고 데이터를 생산하는 까닭에 총 데이터 양이 기하급수적으로 늘었고, 머신러닝machine learning이 데이터의 역할을 극대화시켰다. 데이터를 잘 활용하는 기업이 막대한 수익을 볼 것이고 기업가치가 커질 것이다. 중앙화된 인터넷 기업이 데이터 자산을 독점해 이용자의 개인정보를 도용하는 문제가 사라진다. 그 대신, 데이터 권익을 보호하고 데이터의 자산화 및 생산요소화를 실현한 경제 시스템이 자리 잡을 것이다. 블록체인은 '소유권 확정 기계'로서, 최소한의 비용으로 데이터 소유권을 확정 짓는다. 또 스마트 계약을 통해 데이터 거래 및 가치 분배를 실현한다. 그리하여 데이터는 진정한 자산으로 거듭나 최대의 가치를 얻게 된다.

디지털의 핵심 자산, 데이터

2020년, 코로나19의 유행으로 필리핀인 수백만 명이 일자리를 잃었다. 필리핀 수도 마닐라 북부에 있는 작은 도시 카바나투안Cabanatuan에 사는 22살 청년 아트 아트Art Art는 컴퓨터도 없다. 하지만 그에게는 생활비를 버는 아주 독특한 통로가 있다. 다 쓰러져가는 PC방이 컴퓨터 화면에서 쏟아져 나온 빛으로 번쩍거린다. 날마다 이곳을 찾는 아트 아트의 컴퓨터 화면에는 〈엑시 인피니티〉라는 가상 세계 홈페이지가 떠 있다. 아트 아트는 여기에서 가상의 펫pet인 엑시Axie라는 요정을 기르며 각종 퀘스트를 완수해 꽤 짭짤한 수익을 올린다.

이것은 〈플레이 투 언Play to Earn〉이라는 미니 다큐멘터리에 나온 이야기다. 2020년, '블록체인 버전 포켓몬'이라고 불린 〈엑시 인피니티〉가 동남아 지역에서 선풍적인 인기를 끌었다.(그림 5-1) 아트 아트는 이 게임으로 생활비를 벌었다. 지인들에게도 〈엑시 인피니트〉를 괜찮은 게

그림 5-1 〈엑시 인피니티〉는 필리핀인의 새로운 소득원이 되었다.

(출처: 미니 다큐멘터리 〈플레이 투 언〉, 제작자 Emfarsis)

임이라고 소개했다. 그렇게 입소문을 타기 시작한 〈엑시 인피니티〉가
이 작은 도시를 휩쓸기까지는 그리 오래 걸리지 않았다. 팬데믹으로
일자리를 잃은 사람들에게 이 게임은 새로운 수입원이 되었다. 75살
의 노부부는 날마다 이 게임을 통해 5~6달러를 벌었고, 아이를 키우
는 주부도, 대학을 갓 졸업한 청년도 쏠쏠한 수입을 올렸다. 그중에 실
력자는 매주 300~400달러씩 벌기도 했는데 이는 현지 평균 소득보다
훨씬 높은 수준이었다.

수익을 낼 수 있는 〈엑시 인피니티〉 게임

게임만 보면, 〈엑시 인피니티〉는 가상의 펫인 요정 엑시에 관한 트레이딩 카드 대전 게임이다. 플레이어는 게임을 하면서 엑시를 수집하고 기르고 교배할 수 있다. 각 엑시는 기본적으로 체력, 스피드, 스킬, 모랄morale 등 4가지 스탯stats을 갖고 있다. 엑시의 전투력은 이 스탯에 따라 다르다. 또 엑시는 블록체인 기반 NFT 디지털 자산이기도 해서 트레이드 마켓에서 유통할 수도 있다.

〈엑시 인피니티〉는 3가지 모드로 즐길 수 있는데 엑시끼리 배틀을 벌이거나, 엑시를 교배해 새로운 엑시를 만들거나, 가상의 토지를 구매할 수 있다.

대전 모드는 PvPplayer versus player와 PvEplayer versus environment로 나뉜다. 대전 시스템에서 플레이어는 먼저 양도, 임대, 구매 등을 통해 엑시 3마리를 마련해 팀을 구성한다. 각 엑시에는 4장의 카드가 따라가는데 이 카드에 따라 엑시의 전투력이 달라진다. 배틀은 턴제로 운영되는데 각 턴마다 플레이어는 엑시들을 적절히 배치해 상대를 꺾은 보상으로 'SLPsmooth love potion'를 받는다. 이밖에도 퀘스트 완수에 대한 보상도 있고 랭킹에 따른 보상도 있다. 플레이어는 데일리 퀘스트를 완수한 보상으로 SLP 50개를 얻을 수 있다. 또 게임사는 매달 점수에 따라 플레이어 랭킹을 매겨 상위권 플레이어에게 게임 토큰인 'AXS'를 보상으로 지급한다.

교배 모드에서는 엑시 2마리를 교배해 새 엑시를 만들 수 있다. 그렇게 해서 태어난 엑시의 속성은 부모의 속성에 따라 결정된다. 물론 특수한 속성을 가진 돌연변이가 나타나기도 한다. SLP와 AXS는 엑시를 교배하는 데 꼭 필요한 토큰이다. 교배할 때마다 AXS 4개와 일정량의 SLP가 필요한데, SLP는 교배 횟수가 많아질수록 더 많이 필요해진다. 엑시 수가 지나치게 늘어나는 것을 막기 위해 엑시 1마리당 교배 횟수는 최대 7번으로 제한된다. 그래서 교배 횟수가 적으면서 스탯이 좋고, 카드와 엑시의 속성이 맞는 엑시는 가치가 상당히 높다. SLP와 AXS는 블록체인 기반 디지털 자산으로, 〈엑시 인피니티〉는 SLP와 AXS를 통해 게임 속 경제 모델을 구축했다. 엑시를 교배할 때도 필요하지만, SLP는 게임에서 중요한 아이템이기도 하며 AXS는 개선안을 제시하거나 플랫폼 거버넌스를 위한 투표에도 쓰인다.

가상 토지 모드를 살펴보자. 〈엑시 인피니티〉 내에는 가상 토지가 90,601개 있다. 각각의 토지는 하나의 NFT이며 토지 소유자는 토지에서 생산되는 모든 디지털 자산 보상에 대해 우선취득권을 가진다. 앞으로는 맵 에디터map editor로 자신의 토지에 원하는 건물을 짓고 꾸미면서 〈엑시 인피니트〉만의 메타버스를 구축할 수 있다. 2022년 1월, 이게임 개발팀은 블로그를 통해 향후 이 프로젝트의 가상 랜드를 몇 단계에 걸쳐 선보일 예정이라고 밝혔다. 1단계에서는 주로 시뮬레이션과 토지 관리(생산, 자원 수집, 건축과 무역 등)에 중점을 둘 예정이다. 2단계에서는 별도의 게임 관리 요소(스킬트리, 업무/사교/협업 등)를 추가할 것이다. 3단계에서는 팀 전략 게임(방어, 전투, 정복 등)에 집중할 예정이다.

〈엑시 인피니티〉 게임 생태계에서 플레이어는 배틀, 랭킹 도전, 교배, 판매 등 다양한 방식으로 수익을 낼 수 있다. 그런 까닭에 게임 내에는 레벨업 대행, 배틀 대행, 교배 스튜디오 등의 캐릭터도 존재한다. 기존의 게임 생태계와 달리, 이런 캐릭터는 더 이상 음성적인 캐릭터가 아니라 게임을 발전시키고 플레이어가 게임을 즐기도록 돕는 생태계의 일원이다.

기존 인터넷 게임과 다른 점 3가지

그렇다면 〈엑시 인피니티〉가 필리핀 같은 국가에서 폭발적인 인기를 끈 까닭은 무엇일까? 엑시 요정이 말도 못하게 귀엽고 게임이 재밌어서? 맞는 말이다. 공간 관계, 전투 흐름, 전략 등에 해박해야만 전투에서 이길 수 있는 오락성 강한 게임이라서? 그것도 맞는 말이다. 하지만 무엇보다 중요한 이유는 P2E, 즉 게임은 게임대로 즐기면서 엑시를 교배하고, SLP와 AXS 등을 얻어 돈도 벌 수 있는 게임이기 때문이다.

〈엑시 인피니티〉 등 블록체인 게임은 기존의 인터넷 게임과 비교해 3가지 다른 점이 있다.

하나, 경제 모델이 다르다. 기존 온라인 게임에서 결제(일명 '현질')는 플레이어와 개발업체 사이의 거래였다. 〈엑시 인피니티〉에서 엑시는 거래와 교배, 이 2가지 방식으로만 얻을 수 있기 때문에 '뉴비newbie'

가 게임에 참여하려면 '올드비oldbie'나 개발업체로부터 양도, 대여, 구매 등의 방식으로 엑시를 얻어야 한다. 다시 말해 게임에서 가장 중요한 아이템이 디지털 자산 형태로 플레이어 사이에서 자유롭게 유통돼 새로운 분산형 경제 모델, 더 나아가 '놀면서 돈도 버는' 경제 모델이 만들어졌다. 〈엑시 인피니티〉의 개발업체인 스카이 마비스Sky Mavis도 게임 생태계가 번영하면서 큰 수익을 거뒀다. 스카이 마비스의 수입원은 엑시 판매, 가상 랜드 판매, 엑시 거래수수료, 엑시 교배 비용, 이 4가지다. 스카이 마비스는 일정량의 AXS와 SLP도 가지고 있는데, 이 디지털 자산의 가치도 게임의 흥행과 더불어 지속적으로 성장했다. 이 같은 메커니즘은 게임 개발업체와 플레이어를 '운명공동체'로 묶어 '내가 잘돼야 너도 잘되고, 네가 잘돼야 나도 잘되는' 새로운 모델을 만들어냈다.

둘, 플레이어의 조직 방식이 다르다. 기존 온라인 게임, 특히 e스포츠 성격이 강한 게임에서, 전업플레이어는 게임대회 상금, 후원금, 광고에서 일부 수입을 얻지만 대부분의 수익은 프로게이머와 e스포츠 길드가 차지했다. 〈엑시 인피니티〉도 이와 비슷한 길드가 나타났는데 YGGYield Guild Games가 대표적이다. YGG는 뉴비에게 엑시를 대여해주고 커뮤니티 매니저가 뉴비를 훈련시켜준다. 플레이어가 얻은 수익 중 10%는 엑시 임대료 몫으로 길드에게, 20%는 훈련 비용으로 커뮤니티 매니저에게 지불하고 나서도 플레이어는 자신의 몫으로 70%의 수익을 챙길 수 있다. 이러한 새로운 조직 방식에서는 각 측이 맡은 역할이 분명하다. 길드는 '생산 수단'을 제공하고 커뮤니티 매니저는 '생산 기술'을 제공하고 플레이어는 게임 속에서 '생산'을 하며, 각 측이 기여한 만큼의 보상을 받는다. 2021년 7월, YGG 전체 길드원이 얻은 SLP는 무려 1,177만 개를 넘겼다. 이는 다시금 〈엑시 인피니티〉의 게임 생태계 발전에 기여했다.

셋, 게임 계정과 아이템의 투명도와 귀속권이 다르다. 기존 온라인 게임에서는 사실상 게임 아이템 등 자산의 소유권이 개발업체에 귀속됐다. 개발업체는 게임 아이템을 마음대로 배포하고(실제 배포한 수량과 분배 방식이 불투명함) 플레이어가 가지고 있는 아이템을 변경할 권한까지 가진 데 비해, 플레이어는 게임 자산의 사용권만 가진다. 그러나 〈엑시 인피니티〉에서는 블록체인 기술 덕분에 게임 자산의 소유권이 진정으로 플레이어에게 귀속된다. 아이템의 총량과 분배도 매우 투명하다. SLP와 AXS는 게임 중 엑시를 교배할 때 꼭 필요하지만 AXS는 랭킹 보상을 통해서만 얻을 수 있고 계정당 하루에 얻을 수 있는 SLP도 상한선이 있다. 누구나 블록체인 브라우저를 통해 AXS와 SLP 발행 및 분배 상황을 실시간으로 조회할 수 있으며 위조할 수 없다. 게임 아이템을 토큰화해 거래 비용은 대폭 줄이고 유동성은 높여 진정한 디지털 자산으로 변모시켰다.

이런 게임 아이템들은 데이터 형태로 존재하지만, 플레이어가 이것을 얻기 위해 노동과 금전을 투입했고, 아이템이 시장가치를 가진다는 점은 분명하다. 따라서 이런 아이템은 자산으로 봐야 하고 창작자에게 소유권을 귀속시켜야 한다. 〈엑시 인피니티〉가 성공한 요인 중 하나는

그림 5-2 필자가 엑시 전시 공간을 둘러보고 있다. (출차: 디센트럴랜드)

플레이어의 아이템 등 데이터를 진정한 자산으로 변모시키고 그 소유권을 플레이어에게 귀속시켰기 때문이다.(그림 5-2)

게임 자산은 누구 소유인가

게임 자산의 소유권이 플레이어에게 귀속되는 것은 중대한 변화다. 지난 몇 년간, 온라인 게임업계는 놀라운 속도로 발전했지만 게임 가상 장비의 귀속권은 오랫동안 논란의 대상이 되어왔으며 갖가지 문제를 유발했다. 대중의 일반적인 생각은, 게임 계정과 플레이어가 가진 아이템의 귀속권은 플레이어에게 있고, 플레이어는 이 디지털 자산을 자유롭게 거래할 수 있어야 한다는 것이다. 시장에 5173.com과 같은 온라인 게임 아이템 거래소가 등장한 적도 있다. 전 세계 온라인 게임 디지털 자산 거래 시장 규모는 지속적으로 성장해, 2014년의 191.6억 달러에서 2020년의 388.2억 달러로 커졌다. 2020년, 전 세계적으로 게임 계정, 장비와 관련된 거래에 참여한 플레이어 수는 4억 명이 넘는다.[17] 중국 《민법전》 제 127조를 보면 '법률은 데이터, 온라인 디지털 자산 보호에 대해 규정하고 있으며, 그 규정에 따른다'는 내용이 있다. 해당 규정은 개인의 데이터와 온라인 디지털 자산의 보호에 대한 요구를 수용해 만들어졌다.

그런데도 게임 개발업체는 게임 계정과 아이템 등 디지털 자산에 대한 플레이어의 소유권을 부정해왔다. 2004년, 넷이즈 게임즈NetEase Games CMO 황화黃華의 말이 개발업체의 입장을 단적으로 보여준다. "이른바 '디지털 자산'은 모두 게임 개발자의 소유물이다. 소프트웨어의 저작권이 소프트웨어 개발자에게 있는 것처럼 말이다. 플레이어는 게임의 '이용자', '체험자'일 뿐이다."

2021년 4월, 텐센트는 광저우 인터넷 법원에 DD373 게임 아이템 거래소를 고소했다. 이 소송 건의 공판 영상이 인터넷에 널리 퍼지면서 여론이 들끓었다. DD373은 온라인 게임 아이템 거래소로, 게이머들은 이 플랫폼에서 게임 아이템과 계정을 거래했다. 그중에는 텐센트가 운영 중인 〈던전 앤 파이터〉 계정, 금화, 아이템 등도 포함되어 있었다. 텐센트는 해당 플랫폼의 거래 방식이 〈던전 앤 파이터〉 운영에 영향을 미쳐 회사 이익을 침해했다는 이유로 고소했으며, 손해배상금 4

천만 위안과 공식 사과를 요구했다.

공판 과정에서 텐센트가 내놓은 입장은 이러했다. "이용자가 인터넷 서비스업체가 제공한 서비스를 이용하며 데이터 디지털 자산을 형성했다면, 플레이어의 게임 화폐를 비롯한 모든 디지털 자산은 회사의 데이터에 속하며, 회사가 그 소유권을 가진다. 게임 계정과 게임 아이템은 디지털 자산에 속하지 않으며, 이용자는 이에 대해 사용권만 가질 뿐, 소유권은 갖지 않는다. 〈던전 앤 파이터〉의 지식재산권은 텐센트가 소유하고 있으므로 게임 속 아이템, 금화 등의 소유권도 텐센트에 귀속돼야 마땅하다. 플레이어와 제삼자 플랫폼은 이를 주고받거나 사고팔 수 없다." 결론부터 말하자면, 텐센트는 이 소송에서 승소하지 못했지만 게임 아이템 귀속권 논란은 여전히 계속되고 있다.

지난 30년 동안 꾸준히 발전한 인터넷은 사람들의 생활 방식을 근본적으로 바꿔놓았다. 그러나 온라인 게임 아이템 소유권 논쟁은 한 가지 소름 끼치는 진실을 알려줬다. 바로 디지털 생활공간에서 가장 중요하고도 소중한 자원인 데이터를, 실제 인터넷 이용자인 우리들이 진정으로 소유한 적이 없다는 사실이었다. 혹자는 '나는 게임을 하지 않으니 나와는 상관없는 일'이라고 생각할지도 모른다. 그러나 이 논쟁의 핵심인 '데이터 소유권'은 우리 모두와 깊은 연관이 있다. 확실히 웹 1.0~웹 2.0 시대에는 데이터의 귀속권을 정하는 일이 쉽지 않았다. 일단 수많은 제삼자 기관의 검증이 필요했기 때문에 비용이 만만치 않았다. 그래서 대개의 경우 소유권이 불분명했고 데이터를 진정한 자산으로 볼 수 없었다.

메타버스 시대에는 반드시 이 문제를 해결해야 한다. 블록체인은 '소유권 확정 기계'로서, 최소한의 비용으로 데이터 소유권을 확정 짓는다. 또 스마트 계약을 통해 데이터 거래 및 가치 분배를 실현한다. 그 결과, 데이터는 개개인의 진정한 자산으로 거듭난다. 블록체인 기술은 '제삼자의 개입 없는 신속한 소유권 확정'을 최초로 실현해 데이터 권리 보호를 위한 새로운 솔루션을 제시했다. 물론 데이터 자산화와 데이터 권리 보호를 완전히 실현하기 위해서는 풀어야 할 문제가 적지 않다. 특히 골치 아픈 법률 문제가 산적해 있는데 블록체인 기술만으로는 다 해결할 수 없다.

이러나저러나, 〈엑시 인피니티〉 등 혁신적인 시도는 데이터 자산화의 가능성을 보여줬다. 또한 모두가 혜택을 누리는 디지털 경제 시대의 희망찬 빛을 내비쳤다. 〈엑시 인피니티〉는 게임일 뿐이지만 블록체인 기술을 이용해 데이터 권리를 확정한 유익한 시도였다. 또 게임 속 엑시와 아이템은 데이터일 뿐이지만 블록체인 기술로 소유권이 확정된 뒤에는 진정으로 플레이어에게 귀속된 디지털 자산이 되었다. 심지어 이 데이터들은 게임 시스템 속 경제 모델을 바탕으로 새로운 생산 수단이 되어 점점 더 많은 가치를 창조하고 새로운 디지털 부를 형성할 수도 있다.

메타버스에서는 데이터가 곧 자산임을 꼭 기억해야 한다.

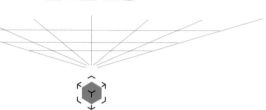

데이터를 둘러싼
첨예한 논쟁

2021년 초, 애플과 페이스북은 사용자 데이터와 관련해 심각한 충돌을 빚었다. 애플은 새 운영체제인 iOS 14를 공개했다. iOS 14의 가장 중요한 특징은 이용자의 개인정보 보호를 강화했다는 점이다. 예를 들어 모바일 앱에 데이터 수집 루트, 데이터 공유 상황, 추적 광고에의 사용 유무 등을 분명히 밝히라고 요구했다. 사용자도 모바일 앱이 자신의 정보 데이터를 추적하거나 분석하는 것을 허용할지, 불허할지를 명시적으로 선택할 수 있다.

이는 페이스북 입장에서는 엄청난 타격이었다. 페이스북의 비즈니스 모델은 빅데이터 기반의 정확한 광고 노출이다. 즉 사용자의 데이터를 추적해 광고업체가 고객을 정확히 선별하고 맞춤형 광고를 발송할 수 있게 돕는다. 광고의 정확한 발송과 전환 효과는 데이터 마이닝과 분석에 달려 있다. 재무제표를 보면, 2021년 2분기 페이스북의 영업이익은 290.8억 달러였는데, 광고비 인상이 영업이익 성장의 주요 원동력으로 영업이익 중 광고 수입이 차지하는 비중이 98%가 넘었다. 그래서 애플 휴대폰의 개인정보 보호 기능은 페이스북의 비즈니스 활동에 심각한 영향을 미쳤다.

2021년 1월, 저커버그는 애플의 이런 행위가 "맞춤화 광고와 개인정보 보호가 상충한다고 보는 잘못된 판단"이라고 비난했다. 또한 애플이 지배적 플랫폼 지위를 남용해 자신의 애플리케이션을 보급하면서 페이스북의 애플리케이션에 간섭하고 있다고 주장했다. 그러면서 말로만 사용자의 개인정보 보호를 앞세웠을 뿐, 사실상 애플 자신의 이익을 위한 조치라고 비난했다. 페이스북은 애플 앱스토어 규정에 대한 반독점 소송을 준비 중이라고 한다. 애플 CEO 팀 쿡Tim Cook은 컴퓨터, 개인정보 및 데이터 보호 회의에서 저커버그의 주장을 되받아쳤다. "기술이 성공하기 위해 수십 개 웹사이트와 애플리케이션 프로그램에서 대량의 개인정보를 수집할 필요는 없다. (……) 비즈니스가 사용자를 오도하고 데이터를 악용하며 선택의 여지가 없는 선택 위에 구축됐다면 우리의 칭찬을 받을 자격이 없으며 마땅히 개혁해야 한다."

사용자의 개인정보를 무상으로 사용해온 테크 기업

사실 애플은 이미 오래전부터 페이스북을 비롯한 거대 기업들의 사용자 데이터 남용 행태를 꼬집어왔다. 2014년, 팀 쿡은 페이스북과 구글을 두고 "사용자 데이터를 수집해서 수익을 올리는 테크 기업"이라고 공개적으로 비난하면서 소비자는 자신의 개인정보가 남용되는 것을 걱정할 이유가 있다고 했다.

2018년, 페이스북은 최대 규모의 데이터 유출 사건에 휘말린다. 바로 전 세계를 경악시킨 '페이스북-케임브리지 애널리티카 스캔들'이다. 팀 쿡은 이 스캔들에 대해서도 쓴소리를 냈다. "나라면 그런 상황에 처할 일을 아예 만들지 않았을 것이다. (……) 페이스북은 사용자 데이터 문제에 있어 자기검열을 강화해야 한다." 애플과 페이스북의 사용자 데이터 보호를 둘러싼 갈등은 거북한 '진실'을 알려준다. 바로 중앙화된 IT 공룡들이 우리의 데이터를 무상으로 '강점'했을 뿐만 아니라 개개인의 데이터 안전을 위협할 정도로 남용하고 있으며 사회의 발전까지 가로막고 있다는 사실이다.

'페이스북-케임브리지 애널리티카 스캔들' 이후, 페이스북도 나름의 반성을 한다. 2021년 8월 11일, 페이스북 제품 마케팅 및 광고 담당 부사장 그레이엄 머드Graham Mudd는 디지털 광고 시스템의 틀을 다시 짜겠다는 내용의 글을 게재했다. 요약하자면 다음과 같다. 데이터와 맞춤화 광고는 페이스북 시스템의 핵심이므로, 페이스북은 광고의 비공개 성과 증대 측정 솔루션을 실현, 향후 2년 안에 거의 모든 시스템을 새로 구축할 것이고, 사실 이미 테스팅 중이기도 하다. 페이스북은 새로운 개인정보 보호 강화 기술을 통해 개인정보 보호와 맞춤화 데이터 이용 사이의 균형을 이룰 것이다. 광고주와 플랫폼 모두 구체적인 개인정보는 얻지 못한다는 전제 아래 플랫폼이 처리하는 개인정보의 양을 최소화, 이용자에게 관련성 높은 광고 노출, 광고주의 광고 효과 측정 및 최적화 실현을 이룰 것이다.

데이터 기반 사업을 수행하는 구글도 비슷한 문제에 맞닥뜨렸다. 2017년, 유럽연합(EU)의 반독점 규제 당국은 구글의 반독점 행위에 대한 조사 보고서를 발표했다. 그 결과, 이용자가 제품과 관련된 단어를 검색하면 구글은 자체 쇼핑 비교 서비스를 검색 상위에 배치해 수익을 올렸는데, 이는 시장 지배적 지위를 남용한 행위였다. 툭 터놓고 말해, 구글이 사용자가 데이터를 검색한 결과를 이용한 것이다. 사용자가 특정 검색엔진을 자주 사용할수록 더 많은 데이터가 검색 결과를 최적화하는 데 쓰일 것이고, 그러면 광고업체는 자연스럽게 이 검색엔진을 선호하게 돼 결국 해당 검색엔진의 시장 지배적 지위를 강화하게 된다. 결국 EU 집행위원회는 구글이 검색엔진으로서의 시장 지배적 지위를 남용했다고 판단해 무려 24.2억 유로의 벌금을 부과했다.

사실 인터넷 발전 초창기에 페이스북, 구글, 아마존 등 엄청난 규모의 사용자 데이터를 보유한 빅테크 기업들은 은근슬쩍 자사의 발전에 유리한 암묵적 '관행'을 정했다. 바로 사용자에게 편리한 인터넷 서비스를 제공하는 대가로 사용자의 개인정보 데이터를 무상으로 사용하는 것이었다. 빅테크 기업들은 '공짜' 제품과 서비스를 미끼로, 사용자가 생성한 데이터와 디지털 자산을 자신들이 점유했다. 그 바람에 원래는 인터넷 사용자에게 귀속되었어야 할 데이터가 빅테크 기업의 차지가 되고 말았다. 이런 암묵적 관행에 합리적 근거가 있을 턱이 없다. 인터넷이 점차 발전하면서 빅테크 기업의 암묵적 관행은 각국 규제 기관의 관심을 모았다. 결국 이런 관행을 법적으로 검토하고 시정을 요구하는 국가가 생겨나기 시작했다.

개인정보 보호 규정의 시행

2016년 4월 14일, 4년에 걸친 협상 끝에 EU '개인정보 보호 규정General Data Protection Regulation, CDPR'이 통과되었고 2년의 유예기간을 거쳐 2018년 5월 25일에 정식으로 시행되었다. CDPR은 개인정보와 데이터 보호에 관한 법률로서, 기업 측에 사용자 개인정보 보호 조치 세분화, 데이터 보호 프로토콜 세분화, 개인정보와 데이터 보호 시행 공개 등을 요구한다. 2019년 1월, 프랑스 국가 정보자유위원회(CNIL)는 처음으로 이 규정에 따라 벌금을 부과한다. 즉 개인정보 보호에 관한 규정 위반을 이유로 구글에 5천만 유로의 벌금을 부과했다. 이에 대해 구글은 곧바로 항소했지만, 2020년 6월 프랑스 최고행정법원은 구글이 안드로이드 사용자에게 명확하고 투명한 개인정보 보호에 관한 정보를 제공하지 않았다며 항소를 기각했다.

중국도 2019년부터 모바일 앱이 개인정보 이용 동의를 과도하게 요구하는 문제를 바로잡기 시작했다. 2021년 3월 기준, 공업정보화부는 73만 개 앱에 대해 기술 검사를 시행해 위법 행위를 저지른 3,046개

앱에 시정 명령을 내렸으며, 시정 명령에 따르지 않은 179개 앱을 퇴출시켰다. 공업정보화부 부부장 류례훙劉烈宏은 일부 인스턴트 메시지 툴, 입력기, 내비게이션 등이 마이크 권한을 사용하여 문자 입력 내용을 읽고 나서 사용자의 허용 범위를 초월한 '다른 용도'로 개인정보를 이용해 위험을 초래했다고 밝혔다.

중국의 개인정보보호법은 점차 개선되고 있다. 2021년 8월 20일, '중화인민공화국 개인정보보호법'이 통과돼 2021년 11월 1일부터 정식으로 시행되었다. 이 법은 개인정보 보호에 관한 상세한 규정을 담고 있다. '어떠한 조직, 개인도 타인의 개인정보를 불법적으로 수집, 사용, 가공, 전송해서는 안 된다. 개인정보 처리는 명확하고 합리적인 목적이 있어야 한다. 개인정보 처리자가 개인정보를 이용하여 자동화 의사결정을 하는 경우 자동화 의사결정의 투명성과 결과의 공평성, 공정성을 보장해야 하며, 거래 가격 등 거래 조건에 있어서 개인에 대해 불합리한 차별 대우를 해서는 안 된다.'

브레이브 브라우저가 급성장한 이유

《사피엔스》,《호모 데우스》의 저자 유발 하라리Yuval Noah Harari의 말대로, "우리는 이미 사용자가 아니라, 데이터 거물의 상품으로 전락했다." 사람들은 이러한 데이터 절도, 자산 약탈 행위에 대해 알고 있고 불만을 느끼면서도 인터넷 사용을 포기하지 못한다. 바로 이 때문에 데이터가 가치 있는 자산임을 깨달아야 하고, 그 소유권을 반드시 창작자에게 귀속시켜야 하며, 인터넷 기업이 무상으로 우리의 데이터를 남용하지 못하게 해야 한다. 그러나 데이터 권리 범주 확정, 거래 메커니즘, 가격 결정 방식 등의 미비로 데이터 자산을 보호하는 것조차 어려운 마당에 데이터를 통한 수익을 바라는 것은 그야말로 '야무진 꿈'일 뿐이다.

만약 개인 데이터를 유통해 현금으로 바꿀 수 있다면, 기업이 사용자 데이터를 구매하거나 거래 금액 중 일정액을 공제해주는 것도 공동의 이익을 실현하는 길일 테니, 어쩌면 지금의 데이터 딜레마를 해결할 수 있을지도 모른다. 2018년 9월 20일, 유명 과학 잡지 《파퓰러 사이언스Popular Science》는 이더리움 블록체인 기반 '브레이브Brave' 브라우저가 구글 '크롬Chrome'을 대체할 수 있다는 기사를 냈다. 브레이브는 개인정보를 가장 중요하게 생각하는 브라우저로, 모질라Mozilla(대안 웹 브라우저인 Firefox를 만드는 비영리 조직) 공동 창시자 겸 자바스크립트JavaScript(객체 기반 스크립트 프로그래밍 언어) 발명가인 브렌든 아이크Brendan Eich가 개발했다. 브레이브 브라우저의 목표는 사용자의 인터넷상에서 활동과 데이터 방문 권한을 본인에게 돌려주고, 추적 프로그램을 제지해 사용자가 빠르고 안전하게 개인정보까지 보장받는 상황에서 인터넷을 경험하게 하는 것이다. 브레이브 브라우저는 기존 인터넷 광고 모델에는 타격을 입히지만 사용자에게는 데이터의 가치를 얻게 한다.

브레이브 브라우저는 어떻게 이 목표를 실현할까? 하나, 일부 웹사이트는 사용자에게 무차별적으로 온갖 광고를 발송한다. 사용자는 별다른 도리가 없어 이런 귀찮은 광고를 그냥 받고 있지만 웹사이트는 이를 통해 막대한 이익을 거둔다. 브레이브 브라우저는 각종 웹사이트가 사용자를 식별하고 추적하려는 시도를 제지한다. 이는 사용자의 인터넷 속도까지 높여준다.

둘, 브레이브 브라우저는 사용자의 접속 정보를 보다 철저히 보호한다. 사용자의 인터넷 접속 데이터는 암호화돼 익명성이 높아지므로 개인정보를 효과적으로 보호할 수 있다. 셋, 브레이브 브라우저에는 브레이브 리워드Brave Rewards라는 기능이 있다. 사용자는 개인정보 보호를 중시하는 광고를 선택적으로 보고서 블록체인 기반 디지털 자산을 얻을 수 있다. 이 디지털 자산으로 자신이 좋아하는 크리에이터를 후원할 수도 있고 고품질 콘텐츠나 기프트카드로 교환할 수도 있다. 이때 광고를 보는 행위는 사용자 스스로 설정할 수 있다. 예를 들어 시간당 볼 광고 수를 설정할 수 있다. 브레이브 브라우저는 광고 수입을 투명하게 분배하는 까닭에 많은 이들이 브레이브 브라우저를 선택하고 있다.

2021년 3월, 브레이브 브라우저의 월간 활성 이용자 수는 2,900만 명에 달했고, 하루 활성 이용자 수는 980만 명에 달했다. 브레이브 브라우저의 급성장에는 이유가 있다. 사용자가 브레이브 브라우저를 바탕으로 원래 자신의 것이었어야 할 데이터 가치를 소유해 데이터의 자산화 및 가치화를 실현했기 때문이다.

차세대 인터넷은 개인정보와 데이터 권리 보호를 기반으로 발전할 것이다. 메타버스 비즈니스 모델은 데이터 자산 가치가 공평하게 분배되는 기반 위에 구축될 것이다. 개인정보 보호와 관련된 법규가 완비되고 사용자가 데이터 권리 의식을 각성하면서 사용자는 데이터 소유권 확정과 거래를 강력히 요구할 것이다. 그러나 높은 대체 비용, 강력한 네트워크 효과, 일관적인 사용자 경험 등 공룡 인터넷 기업들이 가진 경쟁 우위를 뒤집기가 쉽지 않아 보이기는 한다. 하지만 개인의 데이터 가치가 커지면서 불가능해 보이던 데이터 거래가 가능해질 것이다. 또한 데이터 권리를 요구하는 목소리는 인터넷 비즈니스 규칙을 재정립할 것이다. 사용자 데이터를 자산화하고 유통시키는 능력이 인터넷 기업의 새로운 핵심 경쟁력이 될 것이다.

나의 데이터 권리를 수호하는 법

데이터가 곧 자산임을 깨달아야 한다. 앞으로는 데이터가 가장 값진 자산이자 부가될 것이다. 그러나 이토록 소중한 부를 개인이 관리하고 보호하기란 쉽지 않다. 자신의 데이터 권리를 보호하려면 어떻게 해야 할까?

■ 각종 앱에 가입할 때 최소한의 권한만 허락하라

각 앱마다 개인정보 보호 정책이 다르므로 각별히 주의해야 한다. 어떠한 권한 위임, 추적, 쿠키cookie(사용자의 개인 디바이스에 저장되는 인터넷 이용 기록) 수집에 대해서도 곧바로 '동의'해서는 안 된다. 인터넷 기업이 당신의 개인정보를 제멋대로 이용하지 못하게 하려면 상세한 내용을 면밀히 검토해야 한다.

플랫폼은 이런 데이터를 무상으로 사용할 뿐만 아니라 사용자에게 불리하게 사용할 수도 있다. 빅데이터를 기반으로 동일한 상품이나 서비스에 대해 신규 고객보다 기존 고객에게 더 높은 가격을 제시하는 '가격 차별'이 바로 그러한 예다.

각종 앱에 대해서 최소한의 권한만 허락해야 한다. 거대 인터넷 기업이나 대기업의 제품에 대해서도 마찬가지다. 민감한 개인정보가 수집되거나 남용되는 것을 막기 위해, 꼭 필요한 경우가 아니라면 안면 인식 등의 기능을 허용해서는 안 된다.

■ 정품 OS를 설치하고 출처를 알 수 없는 앱이나 사이트에 함부로 가입하지 않는다

모바일 기기를 '탈옥jailbreaking'(아이폰, 아이패드 등 모바일 기기에 사용되는 iOS 및 iPad OS의 제한을 임의로 해제하고 제한적인 권한을 얻는 행위—옮긴이)시키거나 '루팅rooting'(안드로이드 운영 체제에서 최상위 관리자 권한인 루트를 얻는 행위—옮긴이)하지 말고 PC에는 정품 OS를 설치한다. 출처를 알 수 없는 앱이나 웹사이트는 함부로 가입하지 않는다. 사용 빈도가 낮은 소프트웨어나 모바일 앱을 한꺼번에 내려받지 말고 실제로 필요할 때 설치한다. OS 자체 내장 악성 소프트웨어 스캔 툴을 사용해 정기적으로 악성 소프트웨어 유무를 확인한다. 또한 각 웹사이트와 앱마다 서로 다른 ID와 비밀번호를 설정해야 한다. ID와 비밀번호를 기억할 수 없다면 비밀번호 관리 프로그램을 사용하라. 자신의 개인정보와 비밀번호가 해커들의 데이터베이스로 흘러가거나 인터넷상에 공개되는 것을 막고 싶다면 말이다. 중요한 사이트나 앱에서는 되도록 '이중 검증' 기능을 사용하라. 공공장소에서는 함부로 무료 와이파이wi-fi에 접속하지 말고 알 수 없는 QR코드는 절대로 스캔하지 마라. 신원을 알 수 없는 문자메시지 속 링크는 클릭하지 말고 모르는 번호로 걸려온 전화도 받지 마라.

■ 돈을 더 내더라도 데이터를 함부로 노출하지 마라

무료 소프트웨어나 서비스는 대부분 데이터 권한 이임을 대가로 제공되는데 지나치게 많은 권한을 요구하는 경우가 종종 있다. 해적판 소프트웨어나 앱은 민감한 개인정보를 훔치기도 하기 때문에 사용자가 치르는 실제 대가는 훨씬 더 클 수밖에 없다. 세상에 공짜는 없다. 인터넷 트래픽은 비용이 많이 들기 때문에 무료 서비스는 그 비용을 상쇄할 만한 뭔가를 요구하기 마련이다. 유료 소프트웨어는 어느 정도의 지출이 따르겠지만 개인정보 보호와 안전성 측면에서 좀 더 안심할 수 있다. 따라서 소프트웨어나 앱을 구매할 때는 되도록 공식 사이트나 앱스토어를 이용하기 바란다.

■ 언제라도 자신의 데이터 권리를 지킬 수 있도록 준비하라

개인정보 데이터와 관련된 법률 조항과 권리 수호 방식을 알아야 한다. 개인정보가 유출, 도용, 남용됐다거나 앱에 개인의 프라이버시권을 침해하는 행위가 존재함을 알았다면 법이 보장하는 개인의 권리를 당당히 지켜내야 한다.

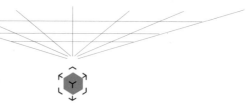

데이터를 잘 활용하는
기업이 돈을 번다

2020년, 온라인 스트리밍 서비스 기업 넷플릭스Netflix는 경이로운 성장을 보였다. 신규 유료 회원이 3,700만 명이나 늘었고 연간 매출은 250억 달러에 달해 전년 동기 대비 24% 성장했고 영업이익은 무려 76%나 성장해 46억 달러에 달했다.

　넷플릭스가 수많은 스트리밍 서비스업체 중에서 독보적인 성장을 이룬 것은 데이터의 힘을 잘 활용했기 때문이다. 넷플릭스가 발표한 보고서에 따르면 이용자 중 80%가 콘텐츠를 선택할 때 빅데이터가 분석해 추천한 내용을 참고했다. 넷플릭스는 빅데이터를 잘 활용하는 기업이다. 넷플릭스는 AI로 이용자 데이터를 분석해 이용자가 선호하는 장르를 파악한 뒤, 맞춤형 콘텐츠를 추천해 콘텐츠 조회 수와 이용자의 충성도를 높인 결과, 스트리밍 서비스 분야의 절대 강자가 되었다.

　데이터가 자산이 될 수 있음을 거듭 강조하는 이유는 정말로 데이터가 '큰돈이 되기' 때문이다. 데이터가 생산 효율의 제고에 미치는 승수 효과가 날로 커지고 있다. 데이터 기반 맞춤형 제품과 서비스는 비즈니스 효율을 높이고 삶의 질을 개선한다. 온갖 디바이스가 한시도 쉬지 않고 데이터를 생산하는 까닭에 총 데이터 양이 기하급수적으로 늘었고 머신러닝이 데이터의 역할을 극대화시켰다. 데이터를 잘 활용하는 기업이 막대한 수익을 얻고 기업가치가 커질 것이다. 이러한 논리는 이미 넷플릭스 등의 기업 사례를 통해 '참'임이 증명되었다.

그러나 대다수 업계에서 데이터의 분산, 통일된 기준 미비, 시스템 호환 불가 등으로 인해 데이터를 수집하고 이용하는 데 고비용, 저효율, 규정 위반 등의 문제가 발생했다. 그러나 블록체인 기술의 출현으로 이런 문제가 상당수 해결되었다. 데이터의 위·변조가 불가능해졌고 추적성traceability이 개선됐다. 한편 블록체인상의 데이터 분석이 빅데이터 분야에서 새롭게 주목받고 있다. 이 분야에서 2014년 10월에 설립된 체이널리시스Chainalysis의 행보가 예사롭지 않다.

블록체인 데이터 분석의 선두주자, 체이널리시스의 등장

2014년 2월 7일, 겨우 아장아장 걷는 수준이던 블록체인 업계는 '검은 금요일'을 맞아 '역대급' 타격을 입었다. 당시 세계 최대 디지털 자산 거래소였던 마운트 곡스Mt. Gox가 또다시 대규모 해킹 피해를 입었기 때문이다. 이는 과거의 그 어떤 해킹보다도 타격이 심각했다.[18] 이 공격으로 비트코인 약 85만 개를 도난당했는데, 마운트 곡스가 그중 20만 개를 되찾았다고 밝혔지만 나머지 65만 개의 행방은 여전히 오리무중이었다. 당시 가격으로 계산했을 때, 도난당한 비트코인의 총액은 약 5.2억 달러였다. 2021년 9월 가격으로 계산하면 자그마치 3,250억 달러나 되는 엄청난 규모였다! 이 해킹 사건으로 시장은 거래소의 안전성을 우려하기 시작했다. 바로 그해에 블록체인 데이터 분석 기업인 체이널리시스가 설립됐다.

2017년 6월, 블록체인 기업들이 미국 하원 청문회에 참여했다. 이자리에서 체이널리시스 공동 창업자 조나단 레빈Jonathan Levin은 잃어버린 비트코인 65만 개의 행방을 확실히 안다고 밝혔다.(물론 그 비트코인을 찾을 수 있다는 말은 아니다.) 이후 체이널리시스는 블록체인 분야에서 미국 정부의 협력 기관으로 성장해 블록체인을 이용한 수많은 범죄 활동을 무산시켰다. 예를 들어 2019년 10월, 체이널리시스의 서비스를 기반으로 미국 사법부는 세계 최대의 아동 포르노 사이트인 'Welcome to Video(WTV)'를 폐쇄하고 관련 범죄자 수백 명을 체포했으며 피해 어린이 23명을 구출하는 데 성공했다.

블록체인 데이터 분석의 선두주자로서, 정부와 시장의 인정을 받은 체이널리시스에 자본의 관심과 유입도 이어졌다. 지난 7년 동안, 체이널리시스는 9차례에 걸친 투자 유치를 통해 총 3.66억 달러를 조달했다. 2021년 6월, 체이널리시스는 1억 달러 규모의 시리즈 E 투자 유치에 성공해 기업가치를 42억 달러로 끌어올렸다. 이는 2020년 12월,

2021년 3월에 이어 세 번째로 진행된 1억 달러 이상 규모의 투자 유치였다. 투자 유치 간격이 매우 짧아진 것은 체이널리시스의 급속한 성장세를 반영한다. 체이널리시스의 기업가치가 급성장한 것은 매우 정확하고 전문적으로 블록체인 데이터를 분석할 수 있었기 때문이다.

체이널리시스의 핵심 업무는 맞춤화 데이터 서비스, 디지털 자산 거래 모니터링 서비스(KYT),[19] 블록체인 데이터 심층 분석, 투자 의사결정 데이터 지원 서비스, 블록체인 자산 유동 조사 서비스 등이다. 체이널리시스는 블록체인 서비스업체 2천여 개의 지갑 주소와 2차 주소(Tag 또는 Memo)를 알고 있으며 블록체인 세계의 데이터 흐름 이면에 존재하는 진실을 정확하게 파악하고 있다. 체이널리시스는 전 세계 60여 개 국가와 지역에 분포된 400여 개 정부기관, 은행금융기관, 보험회사, 인터넷 보안 기업, 거래소 등 기관에 서비스를 제공하고 있다. 미국 정부로부터만 1천만 달러가 넘는 수주를 확보한 것도 다 그 덕분이다.

데이터는 기업의 핵심 경쟁력

데이터는 개인 자산이자 기업 핵심 경쟁력의 원천임과 동시에 국가 핵심 생산 수단이기도 하다. 메타버스 세계의 데이터 규모는 상상을 초월하며 이는 완전히 새로운 데이터 질서를 만들어낼 것이다. 기업은 '데이터 권익 보장', '개인정보 보호', '데이터 가치 재창조'라는 키워드에서 혁신의 기회를 찾을 수 있다.

중앙화된 거대 인터넷 기업이 데이터 자산을 독점하고 사용자의 개인정보를 남용하는 시대가 저물고, 데이터 권익의 보호와 데이터 자산화를 실현한 새로운 비즈니스 모델이 각광받는 시대가 올 것이다. 메타버스 세계의 크리에이터는 자신이 창조한 글, 그림, 영상 작품이 본인의 동의 없이 뿌려져 저작권을 보호받지 못할까 봐, 저작권에서 발생한 이익을 나눠받지 못할까 봐 걱정할 필요가 없다. 소비자는 자신의 쇼핑 기록, 이동 데이터, 심지어 바이오 정보 등이 본인 동의 없이 상업기관에 의해 거래되고 남용될까 봐 걱정하지 않아도 된다. 개인의 데이터를 자신이 허락한 상업기관에만 선택적으로 판매해 그에 상응하는 보수를 얻을 수도 있고 개인의 데이터 가치를 극대화할 수도 있다.

PART

6

METAVERSE

트렌드 3.

경제 커뮤니티의 부상

인터넷이 등장한 이후, 취미를 공유한 수많은 사람이 나름의 커뮤니티를 만들어 대기업도 하지 못한 일을 해냈다. 메타버스 시대에, 조직의 형태는 자산 형태와 비즈니스 모델의 변혁보다 훨씬 더 근본적인 진보를 이룰 것이다. '기업 조직'은 점차 쇠락하는 반면 개방적이고 공평하고 투명하고 공생하는 '경제 커뮤니티'가 주류 조직 형태가 될 전망이다. 조직의 목표는 '커뮤니티 생태계 가치의 최대화'가 될 것이다. 조직 변혁의 힘으로 각계각층의 효율을 끌어올려 더 공평하고, 다수에게 혜택이 돌아가고, 지속가능한 디지털 경제 패러다임을 만들 것이다.

경제 커뮤니티와 블록체인 스마트 계약 등 자동화 툴이 합쳐져 '일드파밍yield farming'(이자 농사) 등 새로운 분배 방식과 DAO(탈중앙화자율조직) 등 새로운 거버넌스 모델을 탄생시켰다. 이는 디지털 기여자를 진정으로 커뮤니티 거버넌스에 참여시켜 더 공평하고 투명하며 효과적인 거버넌스 규칙을 만든다. 또 디지털 기여자와 플랫폼의 공생 관계를 강화하고 더 많은 자원을 끌어들여 네트워크 규모를 확대해 선순환하는 '플라이휠 효과flywheel effect'를 만들어낸다.

이제 주류는 기업이 아닌
경제 커뮤니티

2016년 6월 12일, 갓 태어난 이더리움 블록체인은 '생사의 기로'에 서게 된다. '다오The DAO' 프로젝트가 해킹을 당해 ETH(이더, ether) 360만 개를 도난당했는데 이는 다오 프로젝트 전체 모금액 중 3분의 1이나 되는 엄청난 규모였다. 다오는 2016년에 큰 주목을 받은 프로젝트로, 다오가 모은 ETH는 당시 유통량의 15%나 됐다. 그런 만큼 이 해킹 사건은 다오 프로젝트에 참여한 수많은 지지자들에게 금전적 손실을 엄청나게 입히고 이더리움 생태계에도 돌이킬 수 없는 타격을 입힐 재앙이나 다름없었다.

굳이 비유하자면, 해커는 마치 토네이도처럼 이더리움 생태계 참여자들이 공들여 가꿔 조금씩 형태를 갖춰가던 마을을 하루아침에 폐허로 만들어버렸다. 땅은 그대로 남아 있더라도 다른 삶의 터전을 찾아 떠나는 사람들이 속출할 터였다. 이처럼 이더리움의 존속이 위협받는

절체절명의 순간, '마을 주민'들이 자구 활동을 펼치는 가운데 더 큰 문제가 발생한다.

다오 해킹 사건의 결말

이야기는 2016년 4월 30일로 거슬러 올라간다. 당시 다오는 크라우드 세일crowdsale로 28일 만에 당시 가치로 1.5억 달러에 상당한 ETH를 모금했는데, 이는 당시 최대 규모의 크라우드펀딩이었다. 이처럼 시장의 이목이 다오로 쏠리자 해커도 다오를 주목하기 시작했다. 2016년 6월 12일, 다오의 개발자 중 한 명이었던 스테판 투알Stephan Tual은 다오 개발팀이 스마트 계약 프로그램에서 '재귀호출버그recursive call bug'를 발견했다고 밝혔다. 그런데 개발팀이 이 버그를 수정하는 동안, 해커가 이 버그를 이용해 대량의 ETH를 탈취해 자신이 제어하는 스마트 계약으로 옮겨버렸다. 다행히 다오의 규정에 따라 해커가 이 ETH를 인출하려면 28일을 기다려야 했다. 그 말은 곧, 해커가 표면적으로는 잠시 이 ETH를 '소유'하지만 이를 옮기거나 팔 수 없다는 뜻이었다. 그 덕분에 이더리움은 문제를 해결할 28일이라는 시간을 얻게 된다.

이더리움 커뮤니티는 마른하늘에 날벼락 같은 다오 해킹 사건에 대해 어떤 반응을 보였을까? 2016년 6월 17일, 이더리움 창시자 비탈릭 부테린은 보고서를 통해 '소프트 포크soft fork'를 제안한다. 부테린은 모든 노드가 일괄적으로 새로운 버전으로 업데이트하자고 했다. 이 방안은, 2016년 6월 24일 오전 9시 44분(1,760,000번째 블록부터) 이후, 다오 사건과 관련된 모든 트랜잭션을 무효화해 해커가 빼돌린 ETH를 인출하지 못하도록 한다는 내용이었다. 이 방안은 이더리움 커뮤니티의 지지를 받아 대다수 노드가 클라이언트 소프트웨어로 업데이트했다. 그러나 업데이트한 소프트웨어에 문제가 생겨 소프트 포크로는 문제를 해결할 수 없게 되었다.

해커가 ETH를 인출할 수 있는 날까지 겨우 2주밖에 남지 않은 상황에서 방법은 단 하나, 이더리움 블록체인을 '하드 포크hard fork'시키는 것이었다. 하드 포크 내용을 간단히 설명하자면 이러했다. "이더리움 커뮤니티는 블록체인 프로그램을 전면 업데이트해서 다오와 해커가 가진 스마트 계약[20] 중, 해커가 빼돌린 자산과 다오에 남은 자산, 즉 ETH 약 1,200만 개를 강제로 되찾아 'WithdrawDAO'라는 이름의 스마트 계약으로 이동시킨 뒤, 다오 프로젝트 참여자들에게 반환한다."

그러나 이 방안은 커뮤니티에서 큰 파문을 일으켰다. 커뮤니티 참여자 중 일부는 한사코 하드 포크에 반대했다. 그들은 블록체인 생태계 안의 중요한 프로젝트 하나에 문제가 생겼다고 네트워크 전체를 수정하는 것은 '수정 불가, 탈중앙화'를 추구하는 블록체인의 정신에 위배된다고 주장했다. 탈중앙화 네트워크의 목표는 누구도 그런 일을 할 수 있는 권한을 갖지 않게 하는 것이다. 어떤 사람은 레딧reddit(소셜 뉴스 웹사이트)에 이런 글을 올렸다. "이더리움재단Ethereum Foundation이 다오 프로젝트에 참여해 추진한 것 자체가 잘못이다. 이더리움은 성공할 수 있는 프로젝트들에 기본적인 틀을 제공해야 한다. (……) 그리고 담담히 도전을 맞이해야 한다. 하드 포크는 이런 도전에 대한 타협이다"

그날, 자칭 해커의 대변인이라는 사람이 다오 네트워크 채팅 채널에 나타나 해커의 말을 전하길, 하드 포크 방안을 반대하고 기존의 원칙을 지킨 노드에게 상으로 ETH 100만 개와 비트코인 100개를 주겠다고 했다. 뒤이어 자칭 해커라는 사람이 공개 서신을 보냈다. "소프트 포크든 하드 포크든, 어떠한 형태의 포크도 이더리움에 큰 손상을 입힐 것이며 이더리움의 명성을 박살낼 것이다."

결국 총체적 난국에 빠졌다. 이더리움 커뮤니티는 갑론을박을 이어갈 뿐, 도통 합의에 이르지 못하는 상황에서 해커가 빼돌린 ETH를 인출할 수 있는 날이 점점 다가왔다. 커뮤니티는 여전히 옥신각신 싸워댔지만 시간이 촉박했기 때문에 기술팀은 나름대로 최후의 보루를 쌓기 시작한다. 다수의 이더리움 개발팀들은 노드가 하드 포크 단행 여부를 스스로 결정하도록 허락하는 클라이언트를 만들어 각 노드가 스스로 선택할 수 있게 했다.

2016년 7월 15일, 이더리움 커뮤니티는 하드 포크 방안을 두고 블록체인상에서 비공식 투표를 진행했다. 먼저 ETH 보유자들은 자신의 ETH를 각각 찬성과 반대를 의미하는 특정 스마트 계약 주소로 보낸다(어느 쪽 주소로 보내든 모든 자산은 스마트 계약에 의해 곧바로 반송되지만 수는 세어진다). 투표가 끝난 뒤, 발기인이 양쪽 주소로 보내진 ETH 수를 세어 투표 결과를 확인한다. 당시 약 450만 개 ETH가 투표에 참여했

그림 6-1 하드 포크 방안은 결국 이더리움을 2개로 분열시켰다. (출차: Visual China Group)

는데 그중 87%가 하드 포크 방안에 찬성했다. 그래서 2016년 7월 20일(1,920,000번째 블록), 이더리움은 공식적으로 하드 포크를 단행한다.

그러나 이더리움 커뮤니티 내에는 여전히 이 하드 포크 방안에 반대하는 목소리가 존재했다. 일부 노드는 끝까지 기존의 관점을 고수하며 하드 포크 업데이트 참여를 거절했다. 그 결과, 이더리움은 사실상 2개의 체인으로 나눠졌으며 각 블록체인은 서로 다른 커뮤니티 합의를 상징했다.(그림 6-1) 한 체인은 하드 포크 업데이트를 단행한 블록체인이다(이 블록체인은 계속 '이더리움'이라고 불린다). 이 체인을 지지하는 노드의 입장은 이러하다. '해킹은 위법하고 부도덕한 행위로, 이더리움 생태계 전체를 심각하게 위협하므로 이에 맞서 행동을 취해야 한다.' 다른 체인은 하드 포크를 거절한 블록체인이다(이 체인은 '이더리움클래식' 또는 '이더클래식'이라고 불린다. 영어로 'Ethereum Classic'이고 줄여서 ETC라고 한다). 이 체인을 지지하는 노드의 입장은 이러하다. '블록체인의 정신은 탈중앙화다. 하위 코드를 수정해 체인 정보를 바꾸는 행위는 탈중앙화 원칙을 부수는 심각한 문제다.'

현재 이 두 블록체인은 모두 정상적으로 돌아가고 있다. 하드 포크를 지지한 블록체인은 이더리움재단(이더리움 상표를 보유함)과 절대다수 노드의 지지를 얻어 이더리움클래식보다 영향력이 훨씬 컸기 때문에 계속 이더리움 블록체인으로 불린다. 그러나 이더리움클래식도 나름의 생태계를 발전시켰다. 여기까지가 이더리움 발전 초기에 어쩔 수 없이 하드 포크를 단행해야 했던 이야기이자 커뮤니티가 집단으로 의사결정을 내리고 이견을 처리한 중요한 사례다.

우리의 상상을 초월하는 커뮤니티의 힘

기술 결함이 큰 위기를 불러왔고, 많은 분쟁을 유발했으며, 문제가 해결되는 과정에서 상당한 혼선을 빚었고, 결국은 프로젝트 분열로 끝을 맺었다. 이렇게 정리하고 보니 그다지 성공적인 사례는 아니었던 듯하다. 이후에는 '응용 차원의 잘못을 해결하기 위해 블록체인 하위 코드를 수정하는' 상황이 다시 발생한 적은 없다. 여기에서 이더리움의 잘 잘못을 평가할 생각은 없다. 그저 이 '극단적'인 사례를 통해 이더리움 커뮤니티의 운행 메커니즘을 이해하기 바랄 뿐이다. 왜냐하면 커뮤니티 구성원(재단 회원, 노드 운영자, 토큰 보유자, 앱 개발자, 앱 사용자 등등)의 거버넌스에 의존하는 이 매우 거대하고 복잡한 세계적인 커뮤니티가 깜짝 놀랄 만한 빛나는 성취를 꾸준히 거두고 있기 때문이다.

다오 해킹 사건이 있은 지 2년도 안 돼, 이더리움은 세계 최고의 크라우드펀딩 플랫폼으로 성장했으며, 시가총액이 1,354억 달러에 달한 적도 있다. 그 후에 거품이 꺼지면서 한때 시가총액이 93.6%까지 떨어진 적도 있다. 하지만 기적적으로 새로운 응용 시나리오, 즉 디파이를 찾아내 2020년부터 다시 폭발적으로 성장해 줄곧 '공공 블록체인의 왕'으로서 절대적인 경쟁 우위를 지키고 있다. 2021년 상반기에는 대량의 디파이 분산 금융 활동, 디지털 아트와 소장품 창조, 거래, 스테이블 코인stable coin(가격 변동성을 최소화하도록 설계된 암호화폐-옮긴이) 크로스보더 지급결제 등 경제 활동으로 인해 이더리움 블록체인이 매우 바빠지고 혼잡해졌다. 그 결과, 다시금 시가총액이 치솟아 무려 5천억 달러에 다다랐다. 2021년 기준, 이더리움 독립 주소 수(가입자 수 정도로 이해하면 됨)는 1.8억 개를 돌파했고 일평균 활성 주소가 약 43.81만 개다. 2021년 한 해 동안 이더리움 블록체인에서의 누적 결제 횟수는 약 3.45억 회였고, 결제 총액은 약 11.41억 ETH로, 달러로 환산하면 약 4,022억 달러였다. 전 세계 이더리움 노드 수가 한때 최고 12,451개에 달한 적도 있다. 두말할 나위 없이, 이더리움은 글로벌 경제에서 매우 중요한 역할을 하는 플랫폼이며, 커뮤니티 구성원들이 이더리움의 빛나는 역사를 다 함께 창조했다. 커뮤니티의 힘은 우리가 상상하는 것보다 훨씬 컸다.

커뮤니티를 기반으로, 탈중앙화 협력을 통해 가치를 창조하는 조직 방식은 웹 1.0 시대에도 출현한 적이 있다. 대표적인 예가 위키피디아Wikipedia다. 2000년, 지미 도널 웨일스Jimmy Donal Wales와 래리 생어Larry Sanger는 무료 온라인 백과사전 누피디아Nupedia를 공동 개발했다. 이 백과사전의 항목은 모두 전문 지식을 갖춘 전문가와 학자가 작성했다. 그러나 18개월의 노력과 25만 달러의 자금을 쏟아부은 이 프로젝트는 겨우 표제어 12개를 얻는 데 그쳤다.

그래서 웨일스는 1995년 워드 커닝햄Ward Cunningham이 만든 위키Wiki 기술을 이용해 누구나 입력하고 편집할 수 있는 신개념 '백과사전'을 만들었다. 위키 기술은 불특정 다수가 공동으로 문서의 내용을 열람하고 입력하고 수정할 수 있는 협력식 문서 작성 기술이다. 누구나 독자이자 작가로서 인터넷상에서 다른 사람과 공동으로 콘텐츠를 창작할 수 있다. 2001년 1월 15일, 마침내 위키피디아가 정식으로 모습을 드러냈다. 처음에 개발팀은 위키피디아가 8만 개의 표제어를 가진《브리태니카 백과사전Britannica Encyclopedia》수준의 규모로 커지려면 10년은 걸릴 것이라고 예상했다. 그러나 단 3년 만에 표제어 10만 개를 넘겼고, 지금도 경이로운 속도로 성장하고 있다. 지난 20년 동안, 위키피디아는 전 세계 수많은 지원자와 함께 위대한 지식의 보고를 쌓아 올려왔다.

위키피디아의 탄생과 성장은 커뮤니티가 탈중앙화 협동을 통해 가치를 창조한 또 다른 중요한 사례다. 그러나 위키피디아와 이더리움 커뮤니티는 성격이 너무 달라서 동일선상에서 논할 수 없다. 위키피디아는 비영리 커뮤니티로, '나는 널 돕고, 너는 날 돕는' 상부상조의 정신으로 편집에 참여한다. 반면 이더리움은 오픈소스 기술 커뮤니티를 기반으로 ETH를 가지고 정교한 경제 시스템을 구축해 모든 참여자가 규칙에 따라 협력에 참여하게끔 만든다. 다시 말해 커뮤니티 안에 '내부 자본internal capital'을 더했다.[21] 그래서 우리는 이더리움처럼 내부 자본과 경제 모델을 가진 커뮤니티를 '경제 커뮤니티'라고 부른다.

인류 협력의 역사를 돌아보면, 여러 형태의 조직이 등장했었다. 그런데 대다수 조직이 '관료주의' 피라미드 구조 탓에 상명하달식 거버넌스 시스템으로만 운영되었다. 평등과 협치를 중시하는 시스템은 대체로 효율이 낮았다. 그런데 탈중앙화된 거버넌스 시스템이라는 점은 같은데, 어째서 위키피디아와 이더리움 커뮤니티는 지속적으로 운영되고 엄청난 경제적·사회적 가치까지 창조할 수 있는 걸까? 이 문제를 이해하면 메타버스 시대의 새로운 협력 방식과 조직 형태가 자연스럽게 이해될 것이다.

더는 통하지 않는
주주지상주의

2020년 5월 5일, 수많은 독자가 참새가 방앗간에 들르듯 습관적으로 웹소설 사이트에 들어가 평소에 즐겨 읽는 소설의 다음 편이 올라왔는지 확인했다. 대개 웹소설 작가들은 정해진 시간에 정확하게 다음 편을 업로드하는데, 어찌된 일인지 이날은 다음 편 업데이트가 제대로 이뤄지지 않았다. 알고 보니 그 전날 웹소설계 유명 작가들이 5월 5일을 '휴재일'로 정하자고 호소한 모양이었다. 이들은 유명 웹소설 플랫폼인 웨원 그룹閱文集團에 대한 불만을 이런 식으로 표출했다.

혼란스러웠던 이 '휴재일'에 정말이지 '황당무계'한 일이 벌어졌다. 예를 들어 네티즌들은 웨원 그룹 산하 웹소설 사이트에서 연재되는 수많은 작품이 5월 5일 0시 이후 단 몇 분 만에 줄줄이 업로드된 사실을 알아냈다. 이를 두고 실제로 작가가 업로드하는 시각인 5월 4일 밤 11시를, 사이트가 독단으로 5월 5일 0시 이후로 바꿨다는 주장이 제기됐다. 또 5월 5일 새벽 1시가 넘은 시각, 작가의 원고 폴더에 들어 있던 원고가 '다음 편'으로 자동 업로드되는 상황이 벌어졌다. 이에 대해 웹소설 작가 페이미费米는 황당한 심경을 글로 적었다. "웨원, 너 참 대단하다. 난 원고를 올린 적이 없는데 내 폴더를 뒤져 저장해둔 원고를 가져가 업로드하다니 말이야."

웹소설 작가는 주로 '유료 열람'을 통해 수입을 얻는다. 즉 편수나 글자 수를 기준으로 독자에게서 열람 비용을 받기 때문에 휴재를 했다는 것은 자발적으로 수입을 끊었다는 뜻이었다. 날마다 신간이 대거 업로드되는 상황에서, 휴재는 독자의 이탈을 부를 수 있다. 그런데도 작가들이 단체로 휴재라는 악수를 둔 까닭은 무엇일까? 바로 웨원 그룹이 내놓은 새 계약 조항 때문이었다. 2020년 4월 말, 웨원 그룹 경영진이 대거 '물갈이'되면서 웹소설 작가 협력 체제에도 변화가 생겼다. 웹소설 작가들은 새 계약 내용 중 일부 조항이 작가들의 저작권을 침해할 수 있는 '패권적' 조항이며, 무료 열람 확대, 이윤 분배율 인하 등 작가의 권익을 해치는 내용이 포함돼 있다고 생각했다. 이에 웹소설 작가들의 불만이 고조됐다. '휴재일' 사건 이후, 웨원 그룹은 작가들과 협의해 계약 사항을 수정했다.

인터넷 플랫폼에서는 시시때때로 이런 사건이 발생한다. 2021년 춘절春節 기간에 중국 배달앱 어러머饿了么는 배달 라이더(그림 6-2)를 유치하고 인센티브를 지급하기 위해 '시원하게 달려' 이벤트를 실시했다. 이 이벤트는 총 7차에 걸쳐 49일 동안 진행되며 이 기간 동안 플랫폼이

그림 6-2 배달 라이더는 배달 플랫폼에서 가장 중요한 자원이다.

요구한 주문 접수 건수를 달성하면 배달 라이더에게 8,200위안의 상금이 지급될 예정이었다. 8200위안은 배달 라이더의 한 달 수입에 맞먹는 액수였다. 당연히 수많은 라이더들이 의욕을 불태우며 이벤트에 참여했다. 그러나 아무리 세상에 쉬운 일이 없다지만 이 8,200위안을 얻기는 정말이지 너무도 어려웠다. 처음에 플랫폼이 요구한 접수 건수는 해볼 만한 수준이었기에 라이더들도 비교적 가뿐하게 달성했다. 그러나 6차에 이르렀을 때, 플랫폼이 갑자기 규칙을 바꿔 도저히 달성할 수 없는 목표를 설정했다. 어떤 라이더의 말을 빌리자면, 하루에 12시간 동안 발바닥에 불이 나도록 배달해도 달성할 수 없는 목표였다. 결국 대다수 라이더에게 이 8,200위안은 그림의 떡이 되었다. 이 상금을 위해 춘절에 가족과 만나는 것도 포기하고 도로 위를 달린 수많은 라이더는 플랫폼의 횡포에 눈물을 삼킬 수밖에 없었다.

디지털 기여자가 가치 분배 혁명을 부른다

웹 1.0 후기와 웹 2.0 시대에는 다양한 인터넷 플랫폼이 우후죽순 쏟아져 나왔고 '플랫폼 경제' 비즈니스 모델도 점차 성숙해갔다. 이런 인터넷 플랫폼에, 전통적인 회사에 존재하던 주주, 관리직, 사원 외에 중요한 참여자가 등장한다. 바로 타오바오 판매자, 배달서비스 라이더, 차량 호출 서비스online car-hailing 기사, 위챗 1인 미디어, 웹소설 작가, 틱톡 인플루언서 등이 그들이다. 이들은 인터넷 플랫폼상의 새로운 노동자로, 플랫폼의 핵심 구성원이자 플랫폼 발전의 원천이 되는 생산요소 겸 핵심 자원을 제공한다.

예를 들어 타오바오 판매자는 타오바오에 많은 상품을 제공하고 배달서비스 라이더는 운송 능력을 제공한다. 웹소설 작가는 웹소설 사이트에 양질의 작품을 제공하고 인플루언서는 숏폼 동영상 플랫폼에 동영상과 라이브 스트리밍 콘텐츠를 제공한다. 이들은 인터넷 플랫폼이 구축한 인프라와 고객 자원을 사용하는 대가로 플랫폼과 일정한 비율로 수익을 나눈다. 이들은 대부분 '크라우드소싱crowd sourcing', 즉 기업 활동에 참여한 대중이다. 기업에 소속된 직원도 아니고 자영업자도 아닌 이들은 신분이 굉장히 애매모호하다. 이들과 인터넷 플랫폼은 '서로에게 힘이 되는' 일종의 공생 관계다. 우리는 이들을 '디지털 기여자'라고 부른다. 인터넷 플랫폼 경제의 발전과 더불어 디지털 기여자도 일상에서 흔히 볼 수 있을 만큼 거대한 규모로 성장했다.

플랫폼 경제의 기본 법칙 중에 '메트칼프의 법칙Metcalfe's Law'이라는 것이 있다. 메트칼프의 법칙에 따르면 네트워크의 가치는 노드(사용자) 수의 제곱에 비례한다. 다시 말해 사용자 수가 많아질수록 네트워크의 가치는 기하급수적으로 성장한다. 인터넷 플랫폼도 네트워크이므로 이 법칙을 따른다. 디지털 기여자는 플랫폼 네트워크의 핵심 노드다. 이 말은 곧, 플랫폼의 가치가 그들의 손에서 창조된다는 뜻이다. 그런데도 이들이 처한 현실은 씁쓸하기만 하다. 플랫폼이 정한 규칙을 수동적으로 받아들일 수밖에 없고 플랫폼 거버넌스에 참여할 수도 없으며 플랫폼 가치 분배에 참여하는 것은 언감생심 꿈도 못 꿀 일이다. 그 와중에 이들이 창조한 직접적인 이윤마저 갈취하는 플랫폼의 행태는 점점 더 심해지고 있다.

앞서 말한 갈등은, 얼핏 보면 분배의 문제이지만 자세히 들여다보면 누가 플랫폼 거버넌스에 참여할 수 있는가와 관련된, 한마디로 플랫폼 가치 소유권과 조직 방식의 문제다. 인터넷 플랫폼 경제 시대에 곳곳에서 이런 갈등이 불거졌다는 것은 무엇을 의미할까? 하나, 현재 인터넷 플랫폼의 거버넌스, 분배, 조직 메커니즘이 그 가치 창조 논리와 맞지 않다는 방증이다. 둘, 가치의 창조자가 마땅한 보상을 받지 못하고 있다는 뜻이다. 이는 인터넷 기업의 비즈니스 모델은 플랫폼 경제이지만 그 조직 방식은 여전히 '회사제'로, '주주지상주의'를 신봉하기 때문에 발생한 문제다. 주주지상주의에 따르면, 주주가 투자한 자본이 가치 창조 과정에서 가장 중요한 역할을 하기 때문에 주주가 최대한의 이익을 분배받아야 한다. 그러나 주주지상주의는 산업경제 시대의 생산 논리에만 부합한다. 정보경제 시대에는 가치의 창조원이 달라졌다. 직원이 기여한 창의적인 아이디어가 회사 가치에 미치는 영향이 점점 더 커졌다. 플랫폼 경제 시대에는 자본, 창업자, 직원, 디지털 기여자 등 참여자 모두의 노력이 플랫폼의 성패를 좌우한다. 모든 참여자가 공동으로 생태계를 구성한다. 자본만 있고 디지털 기여자의 참여가 없다면 아무리 많은 돈을 쏟아부어도 플랫폼에 네트워크 효과가 형성되지 않고 가치도 생기지 않을 것이다. 플랫폼의 가치는 디지털 기여자에게서 나온다. 그러나 플랫폼의 조직 방식이나 분배 논리는 이런 변화를 따라가지 못해 디지털 기여자가 플랫폼 가치 분배 과정에 참여하지 못하고 있다. 이런 마당에 플랫폼 거버넌스에 참여할 수 있을 턱이 없다.

'회사제' 중심의 생산 관계는 디지털 경제 생산력을 발전시키는 데 맞지 않는다. 아니, 오히려 방해가 된다. 인터넷 플랫폼의 조직과 분배 모델 개혁이 시급하다. 플랫폼 직원은 옵션 등의 방식으로 플랫폼 가치 분배에 참여할 수 있으나 디지털 기여자는 인원수도 많고 유동이 잦으며 기여도의 차이가 커서 주식이나 옵션 형태로는 플랫폼 가치를 나눠줄 수 없다. 플랫폼이 디지털 기여자에게 실시간으로 개방적이고 정확하게 인센티브를 제공해 그들이 마땅히 받아야 할 보상을 받게 하려면, 다시 말해 더 바람직하고 공평한 플랫폼 가치 분배를 실현하려면, 실행 가능한 가치 분배 메커니즘을 찾는 것이 중요하다.

다양한 사례를 통해 봤을 때 블록체인, 스마트 계약, 디지털 자산의 스마트화 분배 방식이 실행 가능한 방법 중 하나로 보인다. 그 대표적인 시도가 바로 '이자 농사yield farming'다.[22]

이자 농사,
새로운 플랫폼 가치 분배 모델

이자 농사는 블록체인 스마트 계약을 기반으로 자동화, 정량화, 투명화, 실시간화를 실현한 플랫폼 가치 분배 메커니즘이다. 이자 농사는 현재 디파이 분야에서 폭넓게 응용되고 있다. 디파이 분야의 전형적인 '이자 농사' 사례를 살펴보자. 이용자가 플랫폼의 요구에 따라 일정 디지털 자산을 담보로 예치해 유동성을 제공하면(이 경우, 유동성을 제공하는 이용자들이 디지털 기여자가 된다) 일정 기간이 지날 때마다 시스템이 스마트 계약을 통해 보상으로 지급한 디지털 자산을 얻을 수 있다. 사실상 이런 디지털 자산은 플랫폼 가치를 대변하기 때문에 디지털 기여자에 대한 가치 분배를 실현했다고 볼 수 있다. 이자 농사는 오픈소스 자동차 거래 툴인 허밍봇Hummingbot이 처음으로 선보였다. 디파이 프로토콜 중에서 가장 먼저 이자 농사를 시작한 것은 합성 자산 플랫폼 신세틱스Synthetix다. 2020년 6월, 탈중앙화 대출 플랫폼 컴파운드Compound

가 이자 농사를 도입했다. 2020년 하반기부터 유행하기 시작한 이자 농사는 점차 디파이 프로젝트의 기본으로 자리 잡았다.

이자 농사를 실현한 컴파운드

컴파운드 사례로 이자 농사에 대해 자세히 알아보자. 컴파운드는 스마트 계약 기반 자동화된 탈중앙화 대출 플랫폼이다. 이용자는 컴파운드에서 디지털 자산을 예치하거나 대출받을 수 있다. 모든 대출 활동은 스마트 계약을 통해 완성된다. 제삼자의 간여를 받지 않으며, 그 누구도 예치된 자산을 유용할 권한이 없다. 대출 이자율은 알고리즘에 의해 자동으로 조정된다. 예치자는 플랫폼에 디지털 자산을 예치해 이자를 얻는다. 스마트 계약 기반 플랫폼이라서 모든 대출 프로세스가 자동화되어 있고 플랫폼이 '도망칠' 수 없으므로 이용자가 신용 리스크를 겪을 가능성은 거의 없다.[23]

컴파운드 플랫폼은 대출자에게도 편의를 제공한다. 즉, 대출 문턱을 대폭 낮췄다. 컴파운드 플랫폼에서 이루어지는 모든 대출은 '담보대출'(대출자는 대출 전에 다른 디지털 자산을 담보물로 맡겨야 한다)이기 때문에 담보물로 리스크를 헤지hedge할 수 있다. 그래서 대출자의 상환 능력 등 신용 상황을 심사하지 않으므로 대출의 효율성이 매우 높다. 담보물의 안전은 스마트 계약으로 보장되므로 대출자도 거래 상대의 신용 리스크를 떠안을 필요가 없다. 자동차, 원자재 등 담보물에 비해 디지털 자산은 가격이 투명하다. 스마트 계약은 수시로 담보물의 실시간 공정가액을 알 수 있어 담보물 가격이 일정 수준으로 떨어지면 곧바로 청산해 예치자의 자산 안전성을 충분히 보장할 수 있다. 이자 수취 등 다른 프로세스도 스마트 계약으로 자동 처리된다. 따라서 시스템을 구축한 뒤에는 대출 규모 성장의 한계비용이 극히 낮다.

컴파운드 플랫폼 자체에 신용 리스크가 존재하지 않으므로 플랫폼은 P2P에 맞는 대출 모델이 아닌, 유동성 풀 모델을 채택했다. 유동성 풀은 특정 디지털 자산을 집중적으로 예치한 스마트 계약이다. 플랫폼은 유동성 풀을 통해 예치자가 예치한 디지털 자산을 집중시켜 이 자산들을 대출한다. 그래서 플랫폼이 발전하려면 유동성 풀 규모와 대출 규모를 키워서 전체 자산 규모와 사용 효율을 극대화시켜야 한다. 이로 볼 때, 예치와 대출 모두 컴파운드 플랫폼을 발전시키는 핵심 자원이며, 예치자와 대출자 모두 플랫폼의 중요한 디지털 기여자다.

이 디지털 기여자에 대한 보상 차원에서 컴파운드는 이자 농사를 통해 플랫폼 가치를 공평하게 분배해 더 많은 디지털 자산의 예치와 대출을 유도함으로써 전체 자산 규모와 사용 효율을 제고한다. 그래서 예치를 하든 대출을 받든, 컴파운드 이용자는 일정 기간마다 자동으로 컴파운드 토큰인 '컴프$_{COMP}$'를 리워드로 얻는다. 구체적인 리워드 액수는 예치 또는 대출 자산 규모에 따라 다르다. 컴파운드 플랫폼은 매일 약 2,880개의 컴프를 모든 예치자와 대출자에게 차등 분배한다.

그래서 예치 또는 대출 자산의 규모가 클수록 더 많은 컴프를 지급

받는다. 컴프는 컴파운드 경제 커뮤니티의 '거버넌스 토큰'으로 블록체인에 기반해 발행된다. 컴프 보유자는 각종 제안에 대한 투표에 참여하는 등 거버넌스에 참여해 의결권을 행사하고 프로토콜 업데이트 제안에 투표권을 행사할 수 있다. 물론 2차 시장에서 컴프를 매도해 이익을 실현할 수도 있다.

컴파운드 발전 초기, 플랫폼 내 자금 규모가 크지 않아 초기에 플랫폼에 참여한 이용자들은 상당히 많은 컴프를 얻을 수 있었다. 그래서 플랫폼에서 대출을 받으면 오히려 수익을 거두는 이상한 상황이 벌어졌다(리워드로 받은 컴프 가치가 대출 이자보다 컸기 때문이다). 이렇게 해서 거버넌스 토큰과 플랫폼이 나름의 가치를 형성한 뒤, 컴파운드는 비약적인 성장을 이룬다. 2020년 6월, 컴파운드의 시가총액은 6억 달러에 불과했으나 2021년 상반기에는 최고 43억 달러까지 치솟았다. 플랫폼의 성장과 더불어 거버넌스 토큰의 가치도 자연스럽게 급상승했다. 그 결과, 초기 참여자들이 실제로 거둔 수익은 처음의 예상치와는 비교도 안 될 만큼 엄청났다.

시간이 흐름에 따라 유동성 풀 규모가 점점 커지면, 똑같은 가치의 디지털 자산을 예치하거나 대출하더라도 이용자가 얻는 컴프 수는 대폭 줄어들고 시장 변동 폭은 상당히 커진다. 현재 컴파운드 디지털 기여자가 얻는 실제 수익은 그다지 많지 않지만 적어도 계속해서 플랫폼의 가치를 나눠 받을 테고 플랫폼의 장기 성장의 성과도 누리게 될 것이다.

플랫폼 경제의 분배 불평등을 푸는 해법

컴파운드 사례에서 볼 수 있듯이, 블록체인 스마트 계약 기반 이자 농사 참여자는 이자 수익(거래 이윤)도 얻고 플랫폼 가치(장기적 가치)도 분배받을 수 있다. 어쩌면 이 방법으로 플랫폼 경제의 분배 불평등 문제를 해결할 수 있지 않을까?

회사제에서 시행되는 옵션 제도와 비교하면 이자 농사의 분배 방식은 몇 가지 다른 점이 있다. 하나, 거버넌스 토큰 등 새로운 디지털 자산으로 가치 분배를 실현한다. 단순히 특정 기간 동안의 '이윤'만 분배하는 것이 아니라 플랫폼의 장기적인 미래 가치도 분배한다. 수입이 생기면 곧 배당해 디지털 기여자와 플랫폼이 '공생' 관계를 맺는다. 둘, 스마트 계약 기반 분배를 실현한다. 개개인이 기여한 정도에 따라 정량적, 자동적으로 분배해, 분배 과정이 투명하고 공평하고 개방적이다. 메타버스에서는 모두가 각 플랫폼 생태계의 디지털 기여자가 되므로 반드시 더 좋은 가치 분배 방식을 찾아내야 한다. 어쩌면 우리가 더 깊이 생각해볼 만한 원칙과 방향을, 이자 농사에서 배울 수 있을지도 모른다.

메타버스 시대에는 업무 수행과 가치 분배가 모두 스마트 계약을 통해 자동으로 이루어지기 때문에 '회사제' 조직 방식의 가치는 매우 제한적일 수밖에 없다. 그래서 메타버스 시대에는 '회사제'가 점차 사라지고 '경제 커뮤니티'가 주류를 이룰 것이다. 뜻이 맞는 사람들이 모여 경제 커뮤니티를 만들기가 쉬워질 것이다. 이런 커뮤니티는 굉장히 개방적이며 누구나 쉽게 참여해서 능력껏 기여하고, 기여한 만큼 커뮤니티 가치 분배에 참여할 수 있을 것이다.

이런 개방적이고 공평하고 투명하고 공생하는 조직 방식과 블록체인, 스마트 계약 등 자동화 툴이 합쳐지면, 협업의 효율이 커지고 폭과 깊이가 넓어지며, 협업의 가치가 생겨나고, 지속적으로 더 많은 자원을 끌어와 힘을 보태게 만들 수 있다. 그 결과 커뮤니티 전체가 바람직한 방향으로 성장하고 확장되며, 네트워크 효과가 계속 확대되고 가치의 성장을 이끌어 선순환을 만드는 '플라이휠 효과'를 형성하게 될 것이다.

컴파운드는 특별한 사례가 아니다. 2020년에 디파이와 이자 농사가 생겨난 뒤, 비슷한 경제 커뮤니티가 대거 나타나 급속히 성장했다. 경제 커뮤니티의 조직 논리와 발전 가치는 이미 수많은 사례를 통해 검증되었다.

회사제의 쇠락과 경제 커뮤니티의 발전은 주주 가치 극대화, 회사 가치 극대화를 추구하던 조직의 목표를 커뮤니티 생태계의 가치 극대화로 바꿀 것이며 더 공평하고, 다수에게 혜택이 돌아가고, 지속가능한 디지털 경제 패러다임을 만들 것이다.

경제 커뮤니티의 거버넌스 모델, DAO

합리적인 의사결정권 제도는 기업의 장기적인 발전에 대단히 중요하다. 2013년, 알리바바는 홍콩거래소에 상장할 계획이었으나 당시 홍콩거래소의 상장 규정은 알리바바의 차등의결권 구조를 허용하지 않았다. 결국 알리바바는 홍콩 상장을 포기하고 2014년 9월 19일에 차등의결권이 허용되는 뉴욕 증시 상장을 택했다. 알리바바가 성공적으로 뉴욕 증시에 입성한 뒤, 당시 홍콩거래소 행정총재 리샤오자李小加는 알리바바를 놓친 것에 대해 여러 차례 공개적으로 유감을 표했다. 같은 후회를 반복하지 않기 위해, 2018년 4월 24일 홍콩거래소는 상장 제도를 수정해 차등의결권 구조를 가진 기업의 상장을 허용하기로 했다. 그 후, 거대 인터넷 기업인 샤오미와 메이퇀이 홍콩거래소에 상장을 신청했다.

차등의결권 구조는 자본구조 중 주식 종류별로 의결권 수에 차등을 두는 것으로 보통 '복수의결권주'라고 한다. 여기에서 의결권은 매우 중요한 의사결정 권력이다. 벤처투자는 인터넷 플랫폼의 발전에 크게 기여하지만 투자 유치 횟수가 늘어날수록 창업 멤버의 지분이 심각하게 줄어들 가능성이 크다. 그래서 대다수 인터넷 기업은 창업 멤버의 경영권을 보장하기 위해 차등의결권 구조를 택하는 경향이 있다. 일반적으로 A주(Class A)는 의결권이 1주당 1표인데, B주(Class B)는 1주당 복수표를 가진다. 기업은 외부 투자자에게는 A주를 발행하고 창업자나 경영진에게는 B주를 발행한다. 예를 들어 샤오미는 상장 전에 창업자 레이쥔雷軍과 총재 린빈林斌이 의결권이 많은 주식을 보유하고 있었다.[24] 그중 레이쥔의 지분율이 31.41%, 의결권이 53.79%였고 린빈의 지분율이 13.32%, 의결권이 29.67%였다. '복수의결권'인 A·B주 구조는 경영권과 수익권을 나눈다. 이렇게 하면 투자자와 임원에게 플랫폼의 가치를 나눠주면서 창업자의 경영권까지 지킬 수 있다. 더 나아가 창업자가 본인의 뜻을 일관되게, 마음껏 펼칠 수 있고 의사결정도 효율적으로 이루어진다.

스마트 계약으로 운영되는 다오

앞서 이야기한 대로, 메타버스 시대에는 더 나은 가치 분배 방식과 조직 방식이 나타나고 경제 커뮤니티가 부상할 것이다. 조직 방식과 가치 분배 방식이 개선되면 거버넌스 메커니즘도 그에 맞춰 개선되어야 한다. 그 방안 중 하나는 디지털 기여자가 플랫폼 거버넌스에 참여할 수 있게 해 플랫폼 규칙을 더 공평하고 투명하고 효과적으로 만드는 것이다. 이를 통해 디지털 기여자의 적극적인 참여를 끌어내고 디지털 기여자와 플랫폼의 공생 관계를 강화하며 플랫폼의 능률을 전반적으로 향상시킨다. 이자 농사는 커뮤니티 디지털 기여자들에게 최대한 공평하게 거버넌스권을 나눠준다. 그리하여 커뮤니티에 의해 시시각각 균형이 맞춰지는 경제 거버넌스 메커니즘을 형성한다. 다오DAO는 이런 요구에 따라 만들어졌다. 다오는 블록체인 기반 스마트 계약이다. 공유 규칙에 따라 탈중앙화 자율 형식으로 의사결정을 내리고 그 결과는 프로그램을 통해 자동으로 이행되는 커뮤니티 거버넌스 모델이다.[25]

다오는 스마트 계약과 디지털 자산을 기반으로 운영된다. 현재 다오는 블록체인 프로젝트 커뮤니티 거버넌스 중에서 쉽게 찾아볼 수 있다. 다오는 크게 프로토콜층 거버넌스, 애플리케이션층 거버넌스, 거버넌스 툴 등 3가지로 나뉜다. 프로토콜층 거버넌스의 대표주자는 폴카닷Polkadot이다. 폴카닷 커뮤니티 구성원들은 모든 프로토콜 개선안에 대해 의사결정을 진행한다. 애플리케이션층 거버넌스의 대표는 메이커 다오Maker DAO다. 메이커 다오 커뮤니티 참여자는 프로토콜의 각종 지표를 설정하는 투표에 참여한다. 거버넌스 툴의 대표는 오픈소스 거버넌스 투표 플랫폼인 스냅샷Snapshot, 다오 생태계 플랫폼 아라곤Aragon 등이다.

다오는 경제 커뮤니티의 거버넌스 모델이라 회사제 거버넌스 모델과는 확연히 다르다. 일단 다오는 대개 실제 조직이 없다. 시작 단계에서 글로벌 탈중앙화 경제 커뮤니티가 만들어지고, 이 커뮤니티가 정한 거버넌스 규칙에 따라 운영된다. 그러나 회사는 대개 소수의 주주와 창업자가 세우고, 사규와 관리제도에 따라 운영된다. 그리고 다오에서는 거버넌스권이 커뮤니티 구성원 모두(주로 해당 디지털 자산 보유자)에게 분산돼 있고 투표를 통해 의사결정과 규칙 제정에 참여할 수 있다. 다오는 '하의상달', 즉 아래로부터 위로 뜻이 전달된다. 반면 전통적인 회사는 뚜렷한 계층 구조를 가지고 있다. 회사 거버넌스권과 관리권은 이사회와 경영진이 쥐고 있고 '상명하달', 즉 위에서 아래로 뜻이 전달되는 관리 방식이 주를 이룬다.

다오의 눈부신 성장

2021년, 다오는 눈부시게 성장한다. 다오 생태계 분석 플랫폼인 딥다오DeepDAO의 데이터에 따르면, 2021년 1월부터 9월까지 통계 범위 안에서 다오의 자산관리 총 규모는 3.8억 달러에서 약 160억 달러로 커졌다. 이 중에서 탈중앙화 플랫폼(DEX) 유니스왑 다오, 비트다오BitDAO와 탈중앙화 금융 스테이킹 플랫폼 리도 파이낸스Lido Finance의 다오가 상위 3위에 이름을 올렸다. 거버넌스 활성도 측면에서 보면, 2021년 12월 기준, 각 대형 프로젝트 다오 구성원과 관련해 디지털 자산 보유자 수는 약 130만 명으로 연초 대비 약 130배나 성장했다.

2021년, 다오 분야에서도 주목할 만한 프로젝트가 쏟아져 나왔다. 예를 들어 2021년 11월 11일, 컨스티튜션다오(ConstitutionDAO)는 ETH를 모금해 미국 소더비 경매에 올라온 미국 헌법 초판 인쇄본 입찰에 참여하기 위해 만들어졌다. 처음에 컨스티튜션다오는 2천만 달러 모금을 목표로 잡았다. 그런데 경매 날까지, 컨스티튜션다오가 크라우드펀딩으로 모금한 액수는 자그마치 ETH 1.1만 개였다. 이는 달러로 환산하면 약 4,500만 달러가 넘는 거액이었다. 결과만 놓고 보자면, 컨스티튜션다오는 헌법 초안을 낙찰받는 데 실패했고, 핵심 참가자도 이제 컨스티튜션다오를 닫겠다고 공표했다. 그러나 다오의 조직과 거버넌스 방식, 그리고 그 안에 내포된 혁명적인 힘을 대중에게 알리고 관심을 끌어내는 데는 성공했다.

물론 다오가 만능은 아니다. 다오의 의사결정은 코드 수정 방식으로 실행되므로 디지털 분야 조직 관리에 더 적합하며(특히 컴퓨터 프로그래밍 관리에 적합하며 대다수 성공 사례가 이 분야에서 나왔다) 물리 세계의 실체 조직에 폭넓게 적용하기에는 무리가 있다. 그러나 메타버스 시대가 다가옴에 따라 산업과 조직의 디지털화가 속도를 내고 다오도 광범위하게 응용될 날이 오리라 기대한다.

거버넌스 모델의 효과적인 구축을 위한 방법

그렇다면 다오에서 거버넌스 모델을 효과적으로 구축하려면 어떻게 해야 할까? 이에 대해서는 경제 커뮤니티마다 시각차를 보인다. 폴카 닷은 프로토콜 개발팀과 커뮤니티 구성원이 공동으로 생태계를 구축해 전체 커뮤니티 생태계의 발전과 균형을 도모하자는 입장이다. 폴카 닷은 이더리움 공동 창시자이자《이더리움 황서Ethereum Yellow Paper》저자인 개빈 우드Gavin Wood가 만든 인터체인 프로젝트다.

폴카닷 거버넌스 규칙의 핵심은 디지털 자산인 '닷DOT'이다. 닷 보유자는 커뮤니티 거버넌스에서 안건 제출, 안건 순서 변경, 안건 투표, 협의회 구성원 선출, 협의회 구성원 입후보 등의 권리를 가진다. 폴카닷은 수동적인 커뮤니티 구성원을 대표하기 위해 협의회라는 거버넌스 기구를 도입했다. 닷 보유자 중에서 선거를 통해 최종적으로 24명의 구성원으로 고정된다. 협의회의 주요 임무는 안건 제출, 위험하거나 악의적인 안건 부결, 기술위원회 선출 등이다. 기술위원회는 중요한 역할을 맡은 거버넌스 기구로, 폴카닷 개발팀으로 구성되어 있으며 협의회의 규제를 받는다. 기술위원회는 안건을 낼 수는 없지만 투표 결과를 신속히 집행할 수 있는 권한이 있다.

폴카닷에서는 프로토콜 생태계 발전에 관한 거버넌스 의사결정이 모두 안건에서 시작된다. 긴급 안건을 제외한 모든 안건은 반드시 커뮤니티 투표를 통과한 후에 집행할 수 있다. 안건은 커뮤니티 구성원이 제출하거나 협의회가 제출할 수 있다. 커뮤니티 안건에서는 가장 지지를 많이 받은 안건(가장 많이 락업된 닷 기준)에 대해 투표가 이루어지고, 협의회 안건에서는 전원 또는 다수 협의회 구성원이 동의한 안건이 투표에 부쳐진다. 긴급 상황이 발생할 경우, 기술위원회가 협의회와 함께 긴급 안건을 제기할 수 있다. 폴카닷 안건 투표는 28일마다 한 번씩 진행되는데 닷 보유자는 커뮤니티 안건과 협의회 안건에 대해 번갈아 투표를 진행할 수 있다.

폴카닷의 첫 번째 안건은 송금 지원 개시에 관한 것으로, 메인넷 기능 보완에 속하는 안건이었다. 2020년 7월 21일, 폴카닷 협의회 선거가 성공적으로 마무리된 뒤, 개빈 우드는 협의회 채팅룸에서 닷 송금 지원을 개시하는 것에 관한 토론을 시작했다. 협의회가 안건을 제출하면 곧바로 투표 단계에 들어간다. 닷 보유자는 안건에 대해 투표(지지 또는 반대)를 할 수 있다. 투표가 끝난 뒤, 기술위원회는 새로운 버전의 프로그램 코딩 및 업데이트를 실행한다. 다시 말해 제안을 현실로 만든다. 닷 소유자, 협의회, 기술위원회를 통해 탈중앙화 거버넌스를 실현하며, 커뮤니티는 점진적으로 공생 시스템으로 성장해 모든 커뮤니티 구성원이 진정으로 생태계 거버넌스에 참여하게 된다.

효율적인 거버넌스 방식도 프로젝트 생태계를 발전시킨다. 더 많은 프로젝트의 신속한 업데이트를 위해, 폴카닷은 트레저리treasury를 마련해 커뮤니티 공유 디지털 자산을 관리하고 폴카닷 생태계 프로젝트에 대한 경제적 지원을 하고 있다. 폴카닷 트레저리는 기업으로 치면 '재무부서'에 해당하는데, 트레저리가 보유한 모든 디지털 자산은 커뮤니티 전체의 것이다. 폴카닷 트레저리는 거래 비용, 슬래시 페널티[26] 등의 방식으로 모금한 자산 풀이다. 닷 보유자는 누구나 지출 안건을 제기해 트레저리 닷 획득을 신청할 수 있다. 트레저리의 지출과 사용은 협의회가 관리하며, 협의회의 비준만 얻으면 커뮤니티 구성원과 개발자는 폴카닷 생태계 프로젝트 개발에 쓸 자산을 신속히 지원받아 폴카닷 생태계의 번영에 기여할 수 있다.

폴카닷 커뮤니티는 다양한 분야의 안건을 다룬다. 예를 들어 아키텍처 배치와 운영, 연관된 비영리 조직 설립, 소프트웨어 개발 업데이트, 생태계 프로젝트 집약적 발전 및 커뮤니티 활동 등등, 다양한 분야의 안건이 제기되고 지금까지 순조롭게 통과됐다.

폴카닷의 다오 거버넌스 실천 과정에서 볼 수 있듯이, 트레저리 자금의 사용(예산 문제)이든, 프로젝트 기술의 업그레이드(전략적 문제)이든, 그도 아니면 구체적인 파라미터 조정(기술적 문제)이든, 모두 다오 거버넌스 메커니즘을 통해 의사결정을 내리고, 모든 이해당사자(특히 디지털 기여자)를 생태계 거버넌스 실행과 구축에 참여시켜 생태계 가치를 키운다.

다오의 본질은 경제 커뮤니티에서 모든 구성원의 의견을 충분히 존중하는 것이다. 바람직한 거버넌스 메커니즘은 커뮤니티 생태계 가치가 지속적으로 성장하는 데 매우 중요하다. 메타버스 시대에는 모든 사회의 협력 관계가 근본적으로 변한다. 전 세계가 폭넓고 긴밀하게 협력할 미래에는, 다오 글로벌 협력 시스템이 구축돼 놀라운 가치를 창조할 것이다.

PART

7

METAVERSE

트렌드 4.

디지털 정체성의
보편화

메타버스에서는 가장 먼저 아바타를 만들어야 한다. 아바타는 개인의 흥미, 심미관, 기분, 꿈 등 여러 심리 요소를 반영한다. 그래서 마음속 깊은 곳에 자리한 이상적인 자아상을 물리 세계의 실제 모습보다 더 잘 드러낸다. 이는 자아에 대한 심층적 인식을 디지털 세계에 매핑한 것이다. 그래서 디지털 생활과 현실 사회생활이 더 융합하고 일상생활 전반이 메타버스로 옮겨가면, 주로 아바타로 타인과 소통하게 될 것이다.

아바타는 메타버스 속 디지털 정체성을 형상화한 것일 뿐이다. 디지털 정체성은 메타버스 내 모든 디지털 활동의 토대가 된다. 메타버스에서는 누구나 통용되고 독립적이고 프라이버시한 디지털 정체성을 갖는다. 디지털 정체성은 신원 시스템, 데이터 시스템, 신용 시스템, 자산 시스템에서 통용되고 현실 정체성과 점차 융합해 메타버스에서의 '원더풀 라이프'를 지원한다.

'프로필 이미지'가
돈이 된다고?

2021년 5월, 세계적인 경매회사 크리스티Christie's의 경매장에 오른 경매품은 진귀한 보석이나 골동품이 아닌, 9개의 크립토펑크 NFT 컬렉션이었다.(그림 7-1) 경매대에 오른 NFT는 여성 프로필 이미지 3개, 남성 프로필 이미지 5개, 그리고 중간에 자리한 파란색 얼굴의 외계인 프로필 이미지 1개였다. 이 크립토펑크 NFT 컬렉션의 낙찰가는 무려 1,696만 달러였다. 그야말로 입이 떡 벌어지는 액수였지만, 극히 희귀한 '외계인'이 포함된 컬렉션임을 감안하면 합리적인 가격이라는 반응도 나왔다.

2021년 6월, 소더비 온라인 경매 이벤트에서는 7523번 크립토펑크 NFT가 1,175만 달러에 낙찰돼 크립토펑크 경매 역사상 최고가를 경신했다. 2021년 8월 21일 기준, 크립토펑크 누적 거래량은 이미 10.9억 달러에 달했으며 가장 저렴한 크립토펑크도 17만 달러에 육박했

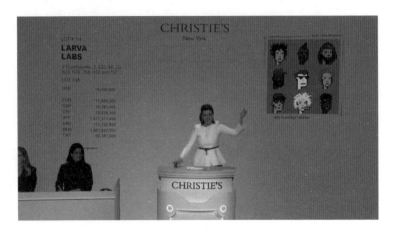

그림 7-1 크리스티에서 크립토펑크 NFT 경매가 진행되고 있다.　(출처: 크리스티)

다.[27] 이 픽셀 프로필 이미지들이 수십만 달러, 심지어 수천만 달러에 팔린 이유가 무엇일까?

지금 세상에서 가장 유명한 NFT, 크립토펑크

크립토펑크는 매트 홀Matt Hall과 존 왓킨슨John Watkinson이 만들었다. 2005년, 대학 동창이던 매트 홀과 존 왓킨슨은 라바랩스Larva Labs를 창업했다. 처음에 이들은 모바일 게임 개발에 주력했다. 그러다가 2017년, 픽셀 프로필 이미지를 자동으로 생성하는 소프트웨어를 개발했는데(이를 통해 재미있는 프로필 이미지를 다양하게 만들어낼 수 있다), 이 이미지로 무엇을 할지에 대해서는 뚜렷하게 생각해놓은 바가 없었다. 바로 그때,

그림 7-2 **크립토펑크 캐릭터들**　　　　　　　　　　　　　　　(출처: 라바랩스)

이더리움 블록체인이 시야에 들어오면서 기발한 아이디어가 떠올랐다. '블록체인으로 이 픽셀 이미지를 저장하고 거래하면 재밌겠는데!'

그래서 매트 홀과 존 왓킨슨은 여러 가지 속성(인종, 성별, 피부색, 헤어 스타일, 액세서리 등)을 설정하고 각 속성을 랜덤으로 조합해 24×24 크기의 픽셀 아트 프로필 이미지 1만 개를 생성했다. 모든 이미지는 고유한 속성을 가지며, 모든 속성은 각기 다른 확률로 출현한다. 5가지 펑크 유형(남성, 여성, 외계인, 좀비, 유인원) 중 외계인이 가장 희귀한데 총 9개밖에 없다. 크립토펑크는 기존 질서에 대한 저항 운동인 20세기 사이퍼펑크Cypherpunk 운동에서 영감을 얻었다. 비트코인과 블록체인도 이 사이퍼펑크 커뮤니티에서 시작되었기에, 이 1만 개의 픽셀 이미지를 '크립토펑크'라고 부르게 되었다.(그림 7-2)

매트 홀과 존 왓킨슨은 모든 픽셀 이미지를 거대한 1개의 이미지로 합성하고, 이 거대 이미지의 해시값을 이더리움 블록체인의 스마트 계약에 넣고 이에 상응하는 디지털 자산, 즉 흔히 말하는 NFT를 발행했다. 크립토펑크가 만들어진 때는 아직 NFT의 표준도 마련되지 않았던 시장 초기였기 때문에 두 사람은 기존의 블록체인 기술인 수정 후 ERC-20으로 이 디지털 자산을 발행했다. 그러나 어찌됐건 NFT의 특징에 기본적으로 부합하기 때문에 최초의 NFT 프로젝트로 인정받고 있다. 크립토펑크는 이후 ERC721 표준 제정에 영감을 주었기 때문에 그 역사적 의의가 대단히 크다.

1만 개 크립토펑크 NFT 중 매트 홀과 존 왓킨슨은, 1천 개는 개발팀 물량으로 빼두고 나머지 9천 개는 일반에 무료로 배포했다. 배포한 지 1주일 만에 모든 캐릭터가 새 주인을 찾아갔다. 이후 매트 홀과 존 왓킨슨은 블록체인 스마트 계약 기반의 거래 기능을 가동해 몇 차례의 업데이트를 거쳐 크립토펑크 거래 메커니즘을 보완해나갔다. 먼저 구매자가 특정 크립토펑크 NFT에 대해 입찰가를 제시하면 이 입찰한 자금은 스마트 계약에 예치된다. 만약 판매자가 이 가격을 받아들이면 스마트 계약이 이 자금을 자동으로 판매자 계정으로 보냄과 동시에 해당 크립토펑크 NFT를 구매자 계정으로 보낸다. 대부분의 NFT 거래가 이러한 시스템으로 이루어지고 있다. 현재 크립토펑크 프로젝트의 스마트 계약 코드는 이미 충분히 완성되었으며 탈중앙화 특징도 갈수록 두드러지고 있다. 개발팀은 더 이상 프로젝트 운영에 참여하지 않는다. 설령 개발팀인 라바랩스가 해체되더라도 이 크립토펑크 NFT 1만 개는 여전히 정상적으로 사용되고 유통될 것이다.

2021년, 전 세계 수많은 사람이 크립토펑크 NFT에 주목했다. 수많은 유명 인사와 기관들이 SNS 계정 프로필 사진을 자신이 소유한 크립토펑크로 바꿨다. 크립토펑크는 소더비, 크리스티 등 전통적인 대형 경매회사의 경매품 목록에 이름을 올리기도 했고, 세계 최대 규모 아트 페어인 아트 바젤Art Basel에도 참가했으며, 대형 미술관 소장품 목록에도 포함됐다. 상상을 초월하는 크립토펑크의 인기는 여러 가지 요인이 합쳐진 결과다.

크립토펑크를 거금을 주고 사는 이유 4가지

먼저 크립토펑크는 역사적인 희소성과 특수한 가치를 지녔다. NFT의 거래 메커니즘을 만들고 NFT 표준 프로토콜 확립에 영감을 줬으며 지금의 크립토아트CryptoArt 붐을 일으켰다. 그래서 크립토펑크는 획기적이며 역사적 가치까지 있다. 메타버스의 역사적 발전 과정을 증명하는 '디지털 골동품'이라고 보는 시각까지 있다. 지금은 누구나 픽셀 아트 이미지를 만들어 블록체인에서 NFT를 발매할 수 있다. 전혀 어려울 게 없는 일이지만 누구도 2017년으로 '돌아가' 크립토펑크가 만들어지기 전에 그와 비슷한 NFT를 발매할 수는 없다. 역사의 새 장을 연 사람은 영원히 단 한 명이다. 이는 시간이 정한 가장 강력한 희소성이라 할 수 있다.

그다음으로, 블록체인 기술이 소유권을 확정한다. 혹자는 이런 의문을 품을 것이다. '그냥 사진 같아 보이는걸. 인터넷에서 마음대로 복제해 누구나 소유할 수 있을 것 같은데, 왜 저렇게 비싼 걸까?' 맞는 말이다. 누구나 '다른 이름으로 저장'하고 친구들한테 마음대로 전송할 수도 있다. 인터넷상에도 크립토펑크 복사본이 많이 퍼져 있지만 이는 사실 크립토펑크를 더 널리 퍼뜨려 인지도와 공감도를 높이는 데 기여했다. 이미지의 복제품은 셀 수 없이 많지만 블록체인과 NFT의 기술 특성에 기반해, 모든 이미지의 최종 소유권은 해당 NFT의 보유자에게 귀속된다. 그리하여 절대적인 '유일성'과 소유권 속성을 갖게 되며 누구도 복사, 붙이기를 통해 완전히 똑같은 NFT를 만들 수 없다(코드는 복사할 수 있지만 시간 스탬프, 암호화 서명 등의 요소는 복사할 수 없다). 그래서 누구나 이 이미지를 감상할 수는 있지만 이미지 가치의 상승으로 인한 수익은 오롯이 NFT 보유자의 몫이다. 블록체인은 여기에서 '소유권 확정 기계' 역할을 맡아 이미지 등 디지털 대상의 소유권도 간단히 확정한다. 이밖에 발매, 거래, 유통 정보가 모두 블록체인에 기록돼, 역사적 기록이 매우 명확하다. 이미지를 위조할 수 없고 총량이 정해져 있으며 소유권이 분명하고 프로젝트팀조차 추가 발매할 수 없다. 이것이 기술의 힘이다.

마지막으로, 강력한 공감대가 형성돼 소셜 화폐social currency 역할을 한다. 소셜 화폐는 대개 사회적 상호작용 중에서 일종의 정체성의 상징이다. 쉽게 말해, 타인에게 '부럽다', '좋겠다'와 같은 감상을 일으키는 것은 다 소셜 화폐일 수 있다. 제품의 소셜 화폐 속성 여부는 자기표현, 대화와 교류, 귀속감, 정보, 실용적 가치, 개별적 정체성, 사회적 정체성[28] 등 7개 차원에서 판단할 수 있다.(그림 7-3)

그림 7-3 소셜 화폐의 7개 차원 (출처: Vivaldi Partners)

중국 드라마 〈겨우, 서른〉에서는 한정판 에르메스백이 상류층 커뮤니티에 들어가는 입장권이다. 이런 것이 소셜 화폐다. 크립토펑크는 블록체인과 문화예술 분야에서 강력한 공감대를 형성하며 소셜 화폐 역할을 한다. 크립토펑크의 한정된 수량은 희소성을 부여한다. 각 크립토펑크 소유자는 크립토펑크를 소유함으로써 '과학기술+문화' 혁신에 대한 열망을 드러낸다. 디지털 세계에서 크립토펑크는 소셜 정체성의 상징이다.

크립토펑크의 인기에는 문화적 요인의 영향도 크다. 크립토펑크 픽셀 아트 이미지는 일종의 밈meme(자기복제와 증식이 가능한 문화유전자)으로 볼 수 있다. 밈은 동일한 문화권에서 사상, 행위, 스타일이 유행 혹은 파생의 방식으로 복제되고 전달되는 '문화유전자'를 가리킨다. 특히 인터넷 커뮤니티 환경에서 밈은 매우 강력해졌다. 이모지emoji(감정 그림 문자), 이모티콘이 바로 밈을 구상화한 것이다. 강력한 확산력을 가진 밈은 이미 디지털 공간에서 일상적인 교류를 하는 데 없어서는 안 될 필수 요소이자 디지털 세계의 기본적인 구성 요소가 되었다.

쏟아져 나오는 새로운 NFT 프로젝트

2020년부터 크립토펑크의 뒤를 잇는 새로운 NFT 프로젝트가 쏟아져 나오기 시작했다. 그중에는 굉장한 인기를 끌며 유명인들과 주류 수집 가의 인정을 받은 것도 있다. 2021년 8월, NBA선수 스테판 커리Stephen Curry는 자신의 트위터 계정 프로필 사진을 '유인원'으로 바꿨다. 그냥 별 뜻 없이 바꾼 것이라고 볼 수도 있지만, 이 일은 세계적으로 핫이슈 가 되었다. 스테판 커리가 새로 업로드한 프로필 사진 속의 파란 털을 가진 유인원이 평범한 카툰 그림이 아니라 무려 18만 달러의 가치를 가진 ETH로 구매한 BAYCBored Ape Yacht Club(지루한 유인원 요트 클럽) NFT 이미지였기 때문이다. 아무리 스테판 커리가 수천만 달러의 연봉을 받 는 NBA 간판스타라 할지라도 프로필 사진으로 쓸 그림 한 장을 사는 데 18만 달러나 되는 거금을 썼다는 사실은 대중의 호기심을 자극하 기에 충분했다.

커리가 구매한 것은 7990번 BAYC로, 세상에 단 하나뿐인 NFT 다.(그림 7-4) BAYC는 크립토펑크와 비슷한 종류의, 유인원 모양의

그림 7-4 스테판 커리가 소유한 BAYC NFT

(출처: Bored Ape Yacht Club)

NFT 컬렉션이다. BAYC도 딱 1만 개만 발행되었고, 모든 유인원이 서로 다르게 생겼다. 이 유인원들은 모자, 눈, 표정, 옷, 배경 등 다양한 속성의 무작위 조합으로 만들어졌다.

현재 프로필 사진 NFT는 전체 디지털 자산 시장에서 가장 활발한 움직임을 보인다. NFT 코인 분석 사이트인 크립토슬램Cryptoslam의 데이터에 따르면, 2022년 2월 6일 기준 누적 거래액 상위 10위 NFT 프로젝트 중에서 프로필 사진 종류의 프로젝트가 6개나 됐다. 이 6개 NFT의 총거래액은 무려 51.82억 달러로, 상위 10위 안에 드는 NFT 총거래액의 45%를 차지했다.

표 7-1 **역대 거래액 TOP10 NFT 프로젝트**

순위	프로젝트명	역대 총거래액(달러)	유형
1	Axie Infinity	$3,943,797,452	게임
2	CryptoPunks	$2,001,518,491	프로필 사진
3	Bored Ape Yacht Club	$1,304,608,911	프로필 사진
4	Art Blocks	$1,183,170,699	예술
5	NBA Top Shot	$898,524,555	스포츠
6	Mutant Ape Yacht Club	$835,401,859	프로필 사진
7	Meebits	$390,404,633	프로필 사진
8	CloneX	$368,917,168	프로필 사진
9	The Sandbox	$364,027,179	게임
10	Azuki	$280,688,908	프로필 사진

(출처: 크립토슬램, 데이터 통계일: 2022년 2월 6일)

엄청난 인기를 누리는 이 NFT 프로필 사진 프로젝트에는 크립토펑크와 BAYC 외에도, 돌연변이 원숭이 요트 클럽Mutant Ape Yacht Club, MAYC, 미비츠Meebits, 클론 XCloneX, 아즈키Azuki 등이 있다. 이 중에서 MAYC는 BAYC로부터 영감을 받아 만들어진 NFT 프로젝트라서 이름도 '돌연변이 원숭이'라고 지었다. 2021년 8월, MAYC 개발팀은 돌연변이 원숭이 1만 개를 발행해 BAYC NFT 소유자에게 무료로 돌연변이 혈청Mutant Serum을 에어드롭(애플 제품 간 사진, 동영상, 문서, 연락처 등을 편리하게 공유할 수 있는 서비스)했다. BAYC 소유자가 이 돌연변이 혈청을 자신의 BAYC와 결합시키면 돌연변이 원숭이를 얻을 수 있다.

미비츠와 클론 X는 3D 아바타로, 프로필 사진의 또 다른 형태라고 볼 수 있다. 이 중 미비츠는 크립토펑크 개발팀의 3D 아바타 NFT다.

그림 7-5 NBA 스타 안드레 이궈달라는 아즈키의 NFT 작품을 자신의 트위터 프로필 사진으로 사용하고 있다.

(출처: 안드레 이궈달라 트위터 계정)

이와 관해서는 뒤에서 자세히 설명하기로 한다. 클론 X는 가상 스니커즈 브랜드 아티팩트RTFKT와 일본 팝 아티스트 무라카미 다카시村上隆가 손잡고 내놓은 NFT 프로젝트다. 아즈키는 2D 느낌이 강한 NFT이다. NBA 스타 안드레 이궈달라Andre Iguodala는 자신의 트위터 프로필 사진을 아즈키의 NFT 작품으로 바꿨다.

PART 7 트렌드 4. 디지털 정체성의 보편화

235

아바타는 메타버스 속
자아상

닐 스티븐슨은 《스노 크래시》에서 메타버스뿐만 아니라 '아바타avatar'
(디지털 분신, 디지털 화신이라고도 불림)라는 단어도 처음으로 사용한다.
《스노 크래시》에서 사람들은 모두 메타버스에 아바타를 가지고 있다.
이밖에도 아예 '아바타'를 제목으로 쓴 영화도 있다. 바로 제임스 카메
론 감독James Cameron이 각본과 제작을 맡아 화제가 된 〈아바타〉다. 아바
타는 이미 곳곳에서 쓰이고 있다. SNS 프로필 사진, 상태 메시지, 게임
에서 사용하는 캐릭터도 모두 아바타의 일종이다.

대부분의 사람들이 SNS를 하는 요즘에는 실물이 아닌 프로필 사진,
상태 메시지 같은 디지털 이미지로 친구를 만날 때가 훨씬 많다. 이 또
한 크립토펑크, BAYC 같은 NFT가 각광받는 이유다. 일반적으로는 굳
이 돈을 쓰지 않아도 아바타를 얻을 수 있다. 아바타를 만드는 과정을,
SNS에 프로필 사진을 올리거나 게임 시작 단계에서 캐릭터를 커스터

마이징하는 과정이라고 생각해보라. 그러면 아바타가 물리 세계의 실제 모습에 구애받지 않으며 자신이 바라던 이상적인 자아상을 훨씬 잘 반영할 수 있음을 알 수 있다. 심지어 개인의 아바타는 개인의 흥미, 심미관, 기분, 꿈 등 여러 심리 요소를 반영한, 자아에 대한 심층적 인식을 디지털 세계에 매핑한 것이다. 아바타는 겉으로 표현된 모습이자 사회적 표식으로, 메타버스에 들어갈 때 꼭 필요하다. 메타버스 거주민은 반드시 자신만의 아바타를 가져야 한다.

디지털 세계에서 활동하는 데 꼭 필요한 요소

사실 중국인에게 아바타는 매우 친숙한 개념이다. 이미 오래전부터 'QQ쇼'를 통해 아바타를 접해왔기 때문이다. 기자에서 콘텐츠로 억만장자가 된 작가 우샤오보吳曉波는 《텐센트 라이징》에서 QQ쇼와 관련된 비화를 밝혔다. 당시 텐센트의 제품매니저였던 쉬량許良은 잡담 중에 한국 커뮤니티 사이트 세이클럽Sayclub이 '아바타'라는 기능을 개발했다는 정보를 얻는다. 이용자가 개인의 기호에 따라 헤어스타일, 표정, 옷, 배경 등 다양한 조건을 마음대로 바꿀 수 있는 기능이었다. 아바타와 아바타를 꾸미는 데 쓰이는 것은 모두 유료로 결제해야 하는데도 한국 젊은 층 사이에서 큰 인기를 끌었다.

쉬량은 이 비즈니스 모델을 연구해 텐센트 경영진에게 제안했다. 그리하여 텐센트는 2003년 초, 정식으로 온라인 QQ쇼를 출시한다.(그림

그림 7-6 당시 QQ쇼는 선풍적인 인기를 끌었다.   (출처: QQ쇼)

7-6) QQ 이용자는 Q코인으로 구매한 아이템으로 직접 꾸민 아바타를 QQ 프로필 사진에 걸고, 그 모습으로 채팅룸, 커뮤니티, 게임에서 활동했다. 지금 보면 QQ쇼 아바타가 좀 '올드old'해 보이지만 그 당시 QQ쇼는 놀라운 성공을 거둬 아바타 출시 6개월 만에 500만 명이 유료로 결제했다. 객단가(고객 1인당 평균매입액-옮긴이)는 5위안 정도였다.

QQ쇼는 이용자를 '아바타'의 세계로 인도했고, 텐센트에 엄청난 수입을 안겨줬다. 2003년 말에 QQ는 '레드다이아몬드노블' 월정액 요금제를 내놓았는데, 매달 10위안을 내면 다양한 '특권'을 누릴 수 있었다. 예를 들어 매달 레드다이아몬드 선물꾸러미를 받고, 매일 자동 스타일링 서비스를 받고, QQ스토어에서 일정 금액 이상 구매하면 할인 서비스를 받고, '노블' 신분을 드러낼 수 있는 '레드다이아몬드' 마크를 받았다. 우샤오보는 《텐센트 라이징》에서 이렇게 말했다. "QQ쇼의 성장사에서, 레드다이아몬드 서비스 출시는 일종의 티핑포인트였다. 그 이전까지 가상 아이템 수입은 매달 300만~500만 위안 정도였지만 레드다이아몬드 서비스가 출시된 지 얼마 지나지 않아 월정액 요금 수입이 1천만 위안을 넘어섰다."[29]

아바타는 이미 디지털 세계에서 활동하는 데 꼭 필요한 요소가 되었다. SNS 외에 아바타가 많이 쓰이는 시나리오가 바로 '게임'이다. 게임 세계에서 아바타는 중요성도 커지고 있지만 점점 더 '큰돈'이 되고 있다. 많은 플레이어가 게임 속 아바타를 꾸미기 위해 기꺼이 지갑을 연다. 모바일 애플리케이션 데이터 분석 기업 센서타워Sensor Tower의 통계에 따르면 〈왕자영요王者榮耀〉의 2021년 8월 총수입은 2,562억 달러에 달했다.[30] 이 중에서 큰 비중을 차지한 것이 각종 스킨을 판매해 얻은 수입이었다. 여기서 말하는 '스킨'이 바로 플레이어의 게임 속 '아바타'다.

2020년 9월에 출시된 중국 게임사 미호요miHoYo의 오픈월드 게임 〈원신原神〉은 서비스를 시작한 지 반년 만에 모바일 버전 수입 10억 달러를 돌파했다.[31] 이 게임에서 플레이어는 보물상자를 찾거나 평소에 얻은 원석 아이템을 통해 새로운 캐릭터를 받을 수 있다. 그러나 이런 방식으로는 수준 높은 캐릭터를 얻기가 어려웠다. 그래서 많은 플레이어가 '오성 캐릭터'를 얻기 위해 '현질'(유료 결제)을 불사하며 보물상자를 얻고 추첨을 진행했다. 이런 캐릭터가 바로 플레이어의 게임 속 아바타로, 〈원신〉의 특징이자 주요 수입원이 되었다.

거대 인터넷 기업들의 뜨거운 관심

현재 아바타는 이미 2D 평면 이미지를 넘어섰다. 크립토펑크 개발사 라바랩스는 후속작으로 2021년 5월에 3D 캐릭터 NFT 프로젝트 '미비츠'를 공개했다.(그림 7-7) 크립토펑크와 마찬가지로, 미비츠도 발행 총량이 정해져 있고 캐릭터의 생김새도 다 다르지만, 수량을 2만 개로 늘렸다. 크립토펑크와 오토글리프Autoglyphs(라바랩스의 또 다른 디지털 아트 프로젝트) 보유자에게 상응하는 수량의 미비츠를 무료로 나눠주고 나머지는 경매를 통해 판매했다. 미비츠는 3D 인형 캐릭터로 저마다 다른 동작(T-Pose)을 취하고 있다. 이 캐릭터들은 어떤 메타버스에서도 소유자의 아바타로 사용될 수 있는, 메타버스 업그레이드 버전 3D 크립토펑크다.

거대 인터넷 기업들도 '아바타'에 눈독을 들이고 있다. 페이스북 산하의 오큘러스는 업그레이드 버전 캐릭터 디자인 툴을 출시했다. 이 툴을 이용해서 플레이어는 원하는 아바타를 자유롭게 커스터마이징

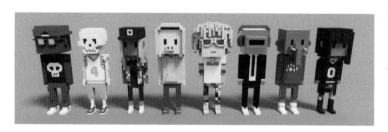

그림 7-7 미비츠 NFT 3D 인물 캐릭터 (출처: 라바랩스)

그림 7-8 MS가 개발한 로켓박스에 포함된 오픈소스 인물 캐릭터 　　(출처: MS)

할 수 있으며 오큘러스 생태계라면 어디라도 사용할 수 있어 다양한 게임에서 쓸 수 있다.

　2020년, 마이크로소프트(MS)는 성별, 피부색, 직업이 다양한 115개의 아바타로 이루어진 아바타 라이브러리 '로켓박스Rocketbox'를 개발했다.(그림 7-8) 마이크로소프트는 연구 및 학술용으로 무료로 사용할 수 있도록 '깃허브GitHub'에서 코드를 공유하고 관리한다. 따라서 원한다면 누구나 내려받아 사용할 수 있다.

　아바타를 만들 때는 '기성품'을 사용할 수도 있지만 실제 자신의 모습과 원하는 모습을 토대로 직접 만들 수도 있다. 심지어 특정 툴을 활용해 바이오 정보를 아바타에 매핑할 수도 있다.

　2017년, 애플은 감정을 표현하는 이모티콘 이모지의 애니메이션 버전인 애니모지animoji를 아이폰X부터 새롭게 추가했다. 이 기능은 아이폰 전면의 트루뎁스TrueDepth 카메라를 통해 안면 근육 50개의 변화를 포착해 이용자의 진짜 표정을 재현한다. 2018년, 애플은 애니모지에서 한발 더 나아가 '내 얼굴을 닮은' 미모지memoji라는 기능을 추가했다. 미모지는 이용자만의 고유한 3D 캐릭터에 이용자가 짓는 것과 똑같은 표정을 실시간으로 입혀 이용자의 감정을 더 생생하게 전달한다.

2021년 3월, 중국 휴대폰 생산업체 샤오미가 미모지 3.0Mimoji 3.0이 탑재된 새 휴대폰을 내놓았다. 이용자는 사진을 업로드한 뒤, 이 기능을 사용해 본인의 외모 특징을 살린 아바타를 생성할 수 있다. 또 얼굴형, 피부색, 헤어스타일, 스타일링 등을 직접 바꿀 수도 있다. 카메라를 이용해 실시간으로 얼굴 표정을 트래킹해 아바타의 표정과 본인의 실제 표정을 동기화할 수도 있다.

이는 샤오미의 협력사인 페이스유니티FaceUnity가 자체 개발한 PTA(Photo-to-Avatar) 기술 덕분이다. PTA 기술로, 이용자는 자신의 외모 특징을 지녔고, 자신의 표정과 동기화된 아바타를 가지게 되었다.[32] 디지털 생활과 현실 생활이 점점 더 융합하면서 사교 활동, 업무, 학업, 오락 등 일상의 모든 영역이 메타버스로 이주하고 있다. 이에 따라 아바타는 개인의 주요한 사회적 이미지를 넘어서서 메타버스에서 자아상을 드러내는 새로운 방식이 될 것이다.

신원, 데이터, 신용, 자산 시스템에서
통용될 디지털 정체성

메타버스에서는 아바타 외에도 디지털 정체성을 지니게 된다. 이 디지털 정체성은 현실 정체성과 점차 융합될 것이다. 디지털 정체성은 단순한 아바타가 아니라 메타버스에서의 표지(디지털 코드 또는 블록체인 주소 형식)로, 메타버스에서의 사회관계, 활동, 거래, 디지털 기여, 자산 권리, 창의적 지식 등 모든 정보를 기록하는 데 쓰인다. 디지털 정체성은 메타버스에서의 주민등록번호라고 생각할 수 있다. 디지털 세계에서 통용되는 신원이지만 주민등록번호보다 훨씬 더 강력하다. 디지털 정체성은 모든 디지털 활동의 기반으로, 메타버스에서의 업무, 생활, 오락, 투자, 거래가 디지털 정체성을 기반으로 완성된다. 따라서 신뢰할 수 있는 디지털 정체성 시스템이 마련되지 않으면 메타버스 사회가 건강하게 발전할 수 없다.

'중앙화'된 디지털 정체성이 가진 문제점

현재 웹사이트나 애플리케이션에 로그인할 때는 일반적으로 사용자 이름, 이메일 주소, 휴대폰 번호를 사용한다. 인터넷 발전 초기에는 대다수 웹사이트들이 이메일 로그인을 지원했다. 사용자 스스로 이메일 서버를 구축해 이메일을 발송 및 수신할 수 있기 때문에 계정에 로그인할 때 다른 인터넷 서비스 사업자의 도움 없이도 신원을 검증하고 연락처를 확인할 수 있었다. 다시 말해 이메일은 '탈중앙화'된 디지털 정체성이자 검증 방식으로, 제삼자 없이도 '내가 나'임을 증명할 수 있는 수단이었다.

그러나 이메일 주소는 임의로 만들거나 바꿀 수 있는 데다 현실 정체성에 대응시킬 수 없다. 그러다 보니 가짜 신원을 등록해 '할인 혜택'을 받거나 온라인 인신공격을 하거나 온라인 서비스를 남용하는 등 갖가지 문제들이 생겨났다. 결국 많은 웹사이트가 휴대폰 번호를 통한 로그인만 허용하기 시작했다. 휴대폰 번호를 사용하면, 디지털 정체성과 현실 정체성의 연동 효과가 더 크며 인증번호 입력이나 비밀번호 찾기도 쉬워진다. 지금은 휴대폰 번호가 디지털 공간에서 개인의 신원을 표시하는 주요 수단이 되어 온라인 주민번호 역할을 하고 있다. 그러나 신원 표시 수단으로서, 휴대폰 번호가 썩 안전한 편은 아니다. 뉴스를 보면, 해킹으로 보이스피싱 피해를 입거나 게임 계정을 도용당해 심각한 손실을 입은 사례가 비일비재하다. 그 외에도 중요한 문제가 하나 더 있다. 바로 휴대폰 번호를 통한 인증 서비스는 제삼자(통신 서비스업체)에 의존하는, 고도로 '중앙화'된 인증 방식이라는 점이다. 이는 자신의 디지털 정체성 관리를 그런 기관에 맡겨버린 것으로, 그 기관을 통해서만 '내가 나'임을 증명할 수 있다.

아마 이런 일을 겪은 사람이 많을 듯한데, 휴대폰 요금을 체납해 사용이 정지되면 휴대폰 번호로 로그인하던 수많은 인터넷 계정을 사용할 수 없게 된다. 이건 디지털 정체성이 없어진 것이나 다름없다. 만약 통신사업자가 정지된 휴대폰 번호를 다른 사람에게 재발급하면 기존에 그 번호를 사용했던 사람의 신원, 사회적 관계, 개인정보, 자산이 다른 사람의 것이 될 수도 있다. 생각만 해도 소름이 돋는다. 만약 이런 상황이 발생해서 휴대폰 번호를 갱신해야 한다면 문제가 복잡해진다. 계정 소유자는 로그인할 수도 없고 휴대폰 번호를 스스로 바꿀 수도 없기 때문에 직접 인터넷 기업을 찾아가 수정을 요청해야만 한다. 그런데 이들 기업이 부정한 짓을 하거나 해킹을 당하면 어떤 일이 벌어질까? 개인정보가 수정될 수도 있고 때에 따라서는 개개인의 계정, 데이터, 자산이 타인에게 전송될 우려까지 있다. 이밖에 휴대폰 번호를 통한 로그인은 또 다른 문제를 불러왔다. 바로 우리 자신조차 얼마나 많은 애플리케이션에 계정을 등록해뒀는지 알지 못하고 탈퇴 또는 수정할 방법이 없다는 것이다. 개인정보 유출이 우려돼도 할 수 있는 일이 없다. 이것이 '중앙화'된 디지털 정체성의 가장 큰 문제다. 한마디로, 정체성의 관리권과 통제권이 우리 자신에게 있지 않다.

최근 들어 위챗, 알리바바, 구글, 페이스북, 애플 등 거대 인터넷 기업들도 인증 서비스를 제공하고 있다. 그 결과, 이용자는 '조금'이나마 스스로 디지털 정체성을 관리할 수 있게 되었다. 예를 들어 위챗 계정을 만들어 실명 인증까지 마치면 이 계정으로 다양한 애플리케이션에 로그인할 수 있다. 범위가 제한적이기는 하지만, 통합 인증을 실현함으로써 계정 등록과 실명 인증을 반복할 필요가 없어져 개인정보 유출의 위험이 낮아졌다. 게다가 위챗을 통해 해당 계정으로 로그인된 애플리케이션 프로그램을 수시로 확인할 수 있고 불필요한 애플리케이션일 경우에는 통합 인증 대상에서 뺄 수도 있다. 위챗과 협력 관계를 맺은 사이트들도 이용자가 위챗 통합 인증 방식을 사용하길 바란다. 이런 인증 방식 이면에 존재하는, 거대 인터넷 기업이 데이터에 근거해 '그려낸' 이용자의 초상화 때문이다. 웹사이트들은 이 초상화를 바탕으로 각 이용자의 리스크를 판단해 신원 체계, 데이터 체계, 지급 체계에서 모두 사용할 수 있게 한다. 거대 인터넷 기업도 이런 방식으로 더 많은 이용자의 데이터를 수집해 이익을 얻는다.

물론 이것도 '중앙화'된 인증 방식으로, 단순히 디지털 정체성을 거대 인터넷 기업에 위탁관리를 맡긴 것뿐이다. 플랫폼은 언제라도 계정 사용을 중지시켜 개인의 디지털 정체성을 말살할 수 있다. 또 대량의 개인정보가 거대 인터넷 기업의 서버에 집중돼 있기 때문에 유출 및 남용의 위험이 크다. 게다가 기업마다 협력사가 다른 까닭에 서로 다른 플랫폼 간에 호환이 안 된다. 예를 들어 어떤 애플리케이션은 알리페이 계정을 통해서만 로그인할 수 있는데 어떤 애플리케이션은 위챗 계정을 통해서만 로그인할 수 있어, 디지털 정체성의 진정한 통용화에 걸림돌이 된다.

메타버스 시대에는 이용자 스스로 자신의 정체성과 데이터를 관리하고 지배해야 한다. 중앙화된 정체성 인증 기관은 근본적인 폐단이 존재하며 이메일, 휴대폰 번호는 디지털 정체성을 나타내는 최적의 방법이 아니다.

디지털 정체성의 3가지 기본 특징

메타버스에서는 더 안전하고 믿을 수 있고 통용되는 디지털 정체성이 필요하다. 디지털 정체성은 다음 3가지 기본적인 특징을 갖춰야 한다. 하나, 통용돼야 한다. 디지털 정체성은 신원 시스템, 데이터 시스템, 신용 시스템, 자산 시스템에서 통용돼 메타버스 속 각종 애플리케이션 전체와 맞물려야 한다. 둘, 독립적이어야 한다. 이용자가 자신의 디지털 정체성을 완전히 통제할 수 있어야 한다. 디지털 정체성 사용 권한을 위임할 경우, 이용자 스스로 위임 범위를 선택할 수 있고 원할 경우 언제라도 위임을 취소할 수 있어야 한다(취소 후, 상대방은 더 이상 이용자의 개인정보를 사용할 수 없다). 셋, 프라이버시가 지켜져야 한다. 개인정보는 '인증 가능하되 획득 불가능'해야 한다. 통합 인증을 사용할 경우에는 구체적인 개인정보를 알려줄 필요 없이 인증 결과만 알려주면 된다. 프라이버시 보호를 전제로, 디지털 정체성과 개인정보를 더 편리하게 사용할 수 있다.

사실 지금도 블록체인, 비대칭 암호화asymmetric cryptography, 프라이버시 컴퓨팅 등의 기술을 바탕으로 암호화된 통제 가능한, 완전히 개인에게 귀속된 디지털 정체성을 얻을 수 있다. 예를 들어 웹브라우저 플러그인 지갑 메타마스크Metamask(여우 모양 아이콘 때문에 '여우지갑'으로도 불린다)는 본질적으로 블록체인 기반 디지털 정체성 관리기다.(그림 7-9) 메타마스크는 블록체인에 기반해 주소와 프라이빗 키private key로 이루어진 디지털 정체성을 관리해주며 디지털 정체성과 디지털 자산을 단단히 묶는 역할을 한다.[33] 이러한 정체성은 통용성이 뛰어나다. 이용자는 이더리움 블록체인을 지원하는 지갑 중에서 아무거나 골라 디지털 정체성을 만들 수 있으며 수시로 다른 지갑으로 가져와 사용할 수 있다. 또 메타마스크를 기반으로 모든 이더리움 디앱(DApp)을 사용할 수도 있다.

주소와 프라이빗 키로 이루어진 디지털 정체성을 만드는 과정은 이러하다. 일단 전 과정이 완전히 탈중앙화되어 있어 이메일이나 휴대폰 번호 없이 등록할 수 있으며 컴퓨터 시스템이 무작위로 프라이빗 키를 생성한다. 이 프라이빗 키는 개인이 자신의 디지털 정체성을 통제하는 데 가장 중요하므로 절대 유출하면 안 된다. 그래서 대개 컴퓨터 본체에만 저장해두고 인터넷에 업로드하지 않는다. 프라이빗 키가 생성되면 시스템은 이 프라이빗 키에 근거해 그에 대응되는 퍼블릭 키를 생

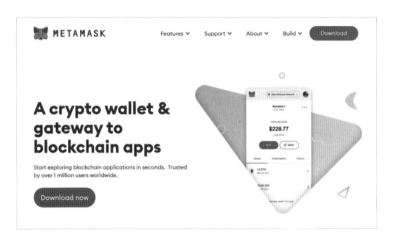

그림 7-9 메타마스크 지갑은 본질적으로 디지털 정체성 관리기다.　　(출처: 메타마스크 공식 사이트)

성한 뒤 '주소'를 생성한다. 이 주소가 바로 블록체인에 매핑된 공개적인 디지털 정체성 표식이다. 비대칭 암호화 기술을 기반으로 정체성의 관리권(프라이빗 키)이 항상 개인에게 있다는 전제 아래 이용자는 이를 통해 로그인할 애플리케이션을 선택할 수 있다. 또 애플리케이션이 이용자의 개인 자산과 데이터를 전용하도록 허락할지 여부를 선택할 수 있으며 수시로 이를 수정 및 취소할 수 있다. 프라이빗 키는 개인 정체성 열쇠나 다름없다. 이 열쇠를 가진 사람만이 정체성을 사용할 수 있고 그 외의 다른 사람은(지갑 운영업체라고 할지라도) 결코 사용할 수 없다.

블록체인 기반 디지털 정체성은 통용성과 독립성 외에 아주 중요한 특징이 하나 더 있다. 바로 프라이버시가 지켜진다는 점이다. 이는 개인정보 유출 위험이 큰 현재의 신원 인증 시스템에 바람직한 솔루션을 제공한다.

2020년 코로나19가 진정세를 보이면서 마카오는 다시금 관광객을 받기 시작했다. 핵산 검사 결과 음성 증명서, 그리고 광둥성 헬스 코드로 신청해서 마카오 헬스 코드를 받아 녹색 코드이면 마카오에 들어갈 수 있다. 얼핏 들으면 그냥 절차가 그런가 보다 싶지만, 사실 마카오 헬스 코드와 광둥성 헬스 코드의 크로스보더cross border 상호 인정을 실현하려면 복잡한 기술적 난제를 해결해야 했다.

하나, 헬스 코드의 생성과 사용은 반드시 두 지역의 개인정보 보호 및 데이터 보안 관련 법규를 따라야 한다. 법률에 따라 중국 본토에 속하는 광둥성과 특별행정구역인 마카오, 이 두 지역의 개인정보 데이터는 행정구역 경계를 직접 넘어 전송될 수 없다. 그렇다면 두 지역의 기관은 데이터를 직접 전송하지 않은 상태에서 어떻게 상대 지역 주민의 건강 정보를 검증할까? 둘, 데이터가 행정구역의 경계를 넘지 않은 상황에서 제삼자 플랫폼 없이 어떻게 정보의 진실성과 유효성을 검증할 수 있을까?

블록체인과 프라이버시 컴퓨팅 기술은 '데이터는 교환하지 않고 응용만 교환하는' 난제를 해결할 솔루션을 내놓았다. 이 덕분에 마카오 헬스 코드와 광둥성 헬스 코드는 데이터 전송 없이 헬스 코드를 정상적으로 생성하고 사용할 수 있었다. 이 과정은 이용자의 개인정보를 안전하게 보호하고 프라이버시를 지켜 법적으로도 문제가 없었다. 간단히 말해, 상대방에게 데이터를 주지 않고도 진실하고 정확한 검증

결과를 실시간으로 알려줘 문제를 해결했다.[34]

코로나19가 발생한 뒤, 중국에서 널리 사용되고 있는 헬스 코드는 디지털 정체성의 초기 버전이라고 볼 수 있다. 현재 헬스 코드는 사회적 정체성 시스템의 전환을 촉진해 디지털 정체성과 현실 정체성 융합의 속도를 높이고 있다. 메타버스 시대에는 프라이버시 컴퓨팅이 대규모로 응용돼 '인증 가능하되 획득할 수 없는' 디지털 정체성을 실현해 프라이버시를 안전하게 보호한다.

정리하자면, 메타버스가 발전할수록 더 많은 사람이 메타버스에 참여하게 될 것이다. 메타버스에서는 누구나 통용되고 독립적이며 프라이버시한 디지털 정체성을 갖는다. 디지털 정체성은 믿을 수 있고 안전한 방식으로 현실 정체성과 융합해 메타버스에서의 원더풀 라이프를 지원한다.

METAVERSE

트렌드 5.

디지털 문화 황금기: NFT는 메타버스의 핵심 자산

'디지털'은 이성과 정확성을 상징하고, '아트'는 감성과 창의성을 상징한다. 현재 예술계는 이 둘이 만난 '디지털 아트'에 푹 빠졌다. 예술은 문화의 자연적 의식이다. 디지털 아트의 폭발적 성장은 디지털 문화가 황금기에 들어섰음을 직관적으로 보여준다. 메타버스 시대에는 물리적 제약이 점점 줄어들고 창의성이 유일한 희귀자원이 될 것이다. 그래서 메타버스 시대에 디지털 문화는 발전, 번영을 넘어 주류가 될 것이다. IP는 메타버스 내 모든 산업의 영혼이 된다. NFT 는 디지털 창조물의 가치 저장소로서 메타버스의 핵심 자산이 될 것이다.

디지털 아트
시대가 온다

2021년 3월, 베이징 798예술구에 'DoubleFat' 크립토아트 전시회 개막식에서 렁쥔冷軍의 회화 작품 〈New Bamboo〉가 전시기획자 원저文澤와 필자 위자닝의 손에서 불타 한 줌 재로 변했다.

필자와 원저의 손을 거친 〈New Bamboo〉는 NFT 형식의 디지털 아트 작품으로 다시 태어났다. 곧바로 이어진 현장 경매에서 'CryptoKing kong'이라는 ID의 수집가가 이 작품을 낙찰받아 블록체인에 소장했다.

실물 예술품을 파괴해 디지털 예술품으로 재탄생시키는 것은 큰 논란을 불러왔다. 그러나 필자의 생각은 다르다. 오리지널 작품을 불태우고 디지털 버전의 작품을 블록체인에 올려 NFT를 생성하는 과정은 파괴가 아닌 재탄생이며, 예술의 형태와 가치를 끌어올리는 과정이다.

2018년, 영국의 스트리트 예술가 뱅크시Banksy의 대표작인 〈소녀와 풍선Girl with Balloon〉이 소더비 경매에 출품됐다. 그런데 낙찰을 알리는 망치 소리가 '땅' 울리자마자 모두를 경악시킨 광경이 펼쳐졌다. 갑자기 캔버스가 서서히 흘러내리더니 액자 틀 안에 숨겨져 있던 파쇄기에 의해 갈가리 찢기고 만 것이다. 남은 것이라고는 캔버스 위쪽에 그려진 빨간색 풍선뿐이었다. 사실 뱅크시는 액자 틀 안쪽에 자동 파쇄기를 설치해두고 망치를 내려치는 순간 리모컨 버튼을 눌렀다. 경매 현장에서 발생한 이 충격적인 사건으로 〈소녀와 풍선〉은 행위 예술이 내포된 새로운 작품으로 거듭났다.

NFT 아트 열풍이 부는 이때, 뱅크시의 작품은 디지털 아트 NFT로 재창조되었다. 2021년 초, 한 암호화폐 지지자 집단이 9.5만 달러에 뱅크시의 작품 〈멍청이들Morons〉을 사들였다. 그리고 2021년 3월, 이들은 뱅크시의 행위 예술에 대한 경의를 표하며 그를 모방해 이 작품을 불태우고 그 과정을 생중계했다.(그림 8-1) 실물이 불태워진 뒤에 이 작

그림 8-1 실제 작품 〈멍청이들〉을 불태우는 순간

(출처: 뱅크시의 실제 작품을 불태우는 장면 영상. 제작자 Burnt Banksy)

품은 디지털 아트 NFT로 발행돼 경매에 출품됐다. 'GALAXY'라는 ID를 쓰는 수집가가 약 38만 달러에 이 작품의 NFT를 낙찰받았다.[35] 이 일을 계기로 더 많은 예술가와 예술 비평가들이 디지털 아트 NFT에 주목하기 시작했다.

디지털 아트 하면, 대부분의 사람들이 디지털화된 평면 예술품을 떠올린다. 그러나 예술과 기술의 만남이 이렇게 시시하게 끝날 리 없다. 한번 상상해보자. 예술가가 손에 쥔 붓으로 입체 공간에 나무와 강줄기, 동물을 그리고 밤하늘에 금방이라도 쏟아져 내릴 듯한 은하수를 그렸다. 관객인 당신은 작품 안으로 들어가 '몰입식' 감상을 하고 있다. 기분이 어떤가?

단순한 상상이 아니다. 2016년 구글은 VR 페인팅 소프트웨어인 틸트 브러시Tilt Brush를 내놓았다. VR 장비를 착용하고 틸트 브러시 애플리케이션을 열면 3D 창작 공간이 펼쳐진다. 여기에 창의력과 상상력을 마음껏 발휘해 입체적인 '그림'을 그릴 수 있으며 움직이는 별, 빛줄기, 불꽃 등 특수효과를 그려넣을 수도 있다.

프랑스의 VR 아티스트인 안나 질리아에바Anna Zhilyaeva는 붓 대신 센서를 들고 기발한 작품을 창조해냈다. 어려서부터 예술을 가까이했던 안나는 VR 창작 기술이 등장하자 입체적인 몰입식 공간에 매료돼 디지털 3D 공간에 뛰어들었다. 이곳에서는 아무런 제한 없이 자유롭게 창작할 수 있다. 머릿속에 떠오른 아이디어를 손에 쥔 툴로 무한한 3D 공간에 마음껏 그려낼 수 있다. 2020년 5월, 안나는 초청을 받아 프랑스 루브르궁을 찾았다. 이곳에서 그녀는 유명한 고전 작품인 〈민중을 이끄는 자유의 여신Liberty Leading the People〉을 VR로 그리는 현장 공연을 펼쳤다. VR 장비를 착용한 관객들 눈에 비친 것은 2D가 아닌 살아 있는 인물들이었다. 심지어 정말로 혁명 현장 한가운데 서 있는 듯한 착각이 들 정도였다.

캔버스 밖으로 나온 예술작품

과학기술이 진화하면서 디지털 아트는 2D 평면의 제약에서 벗어났다. 예술작품도 더 이상 정적인 캔버스 안에 머물지 않는다. 외부 환경이 바뀌거나 시간이 흐르면, 작품도 달라진다. 예술가는 프로그래밍을 통해 예술품에 강력한 생명력을 불어넣을 수 있다. 디지털 예술품은 다양한 데이터로 이루어지므로 프로그램을 통해 화면의 요소들을 통제할 수 있다. 실물 풍경화를 그린다고 해보자. 그렇게 해서 탄생한 그림은 낮 또는 밤, 맑은 날 또는 눈 오는 날 등 하나의 정해진 모습만 보여준다. 이와 달리 프로그래밍이 가능한 디지털 예술품은 프로그래밍을 통해 작품 속 날씨를 다양하게 바꿀 수 있기 때문에 놀랍고 신기한 효과를 얻을 수 있다. 이 디지털 예술품에 실시간 날씨 정보를 액세스한다면 시시각각 변하는 날씨에 따라 캔버스 속 풍경도 달라질 것이다.

'에이싱크 아트Async Art'는 프로그래밍 가능한 예술 창작 플랫폼이다. 각 디지털 예술품은 마스터master 1개와 여러 개의 레이어layer로 이루어

그림 8-2 프래그래밍 가능한 예술품 〈최후의 만찬〉　　　　　　　(출처: Shortcut)

진다. 예술가든 수집가든, 각 레이어에서 개별적으로 편집할 수 있다. 예를 들어 2020년 2월, 에이싱크 아트의 〈최후의 만찬First Supper〉 경매가 성공적으로 마무리되었다. 이 작품은 고정된 그림이 아니라 22개의 레이어로 이루어져 있으며 각 레이어는 인물, 인테리어, 배경 등 요소를 포함하고 있다.(그림 8-2) 각 레이어는 서로 다른 수집가에 의해 분할 소장될 수 있다. 또 수집가는 자체적으로 파라미터를 설정해 콘텐츠를 수정할 수 있다. 이것이 '프로그래밍 가능한 예술품'이다.

　마스터는 이 작품의 최종 모습을 결정할 수 없다. 전체 화면은 각 레이어의 변화에 따라 바뀐다. 대다수 레이어는 적어도 3가지 변화 패턴을 가지고 있고 이 작품에는 총 22개의 레이어가 있기 때문에, 조합 방식에 따라 총 313억 가지 스크린이 나타날 수 있다. 프로그래밍 가능성은 예술품의 소장 방식도 바꿀 수 있다. 프로그램 설정을 통해 예술가와 수집가의 상호작용이 가능해졌다. 수집가는 레이어 특징을 바꿔 예술품의 최종 형태를 바꿀 수 있다.

누구나 디지털 아티스트가 될 수 있다

또한 디지털 아트가 진화하면서 진입장벽이 사라졌다. 누구나 다양한 형식으로 자신의 창의력을 발휘할 수 있게 되었고 더 많은 사람이 디지털 아트 창작에 뛰어들 수 있게 되었다. 그중에는 전문 디지털 아티스트가 된 경우도 있다. 미국의 디지털 아티스트 빅터 랑글루아Victor Langlois는 '퓨오셔스FEWOCiOUS'라는 이름으로 잘 알려져 있다. 그는 12살 때, 아동보호기관의 도움으로 끔찍했던 가정에서 분리돼 조부모와 함께 살게 되었다. 그러나 경제적 어려움으로 예술가의 꿈을 이루기가 쉽지 않았다. 그래도 포기하지 않고 친구들에게 그림을 그려주거나 앨범 재킷 그림과 포스터를 그려주면서 한 푼 두 푼 꾸준히 모아 마침내 태블릿PC를 구입했다.

2020년 3월, 퓨오셔스는 처음으로 뉴욕의 한 수집가에게 자신의 작품을 팔았다. 그렇게 해서 쥔 돈은 단돈 90달러였다. 얼마 후 이 수집가는 그에게 NFT를 소개해주며 매력적인 디지털 아트 시장으로 이끈다. 2021년 3월 5일, 그의 작품 〈퓨오셔스가 창조한 영원한 아름다움 The EverLasting Beautiful by FEWOCiOUS〉이 니프티 게이트웨이Nifty Gateway 디지털 아트 플랫폼에서 55만 달러에 팔렸다. 니프티 게이트웨이, 슈퍼레어

SuperRare 등 유명 디지털 아트 플랫폼에서의 판매액만 2,664만 달러에 달하고 총 3,189점이 팔렸다.[36] 퓨오셔스는 단 1년 만에 디지털 예술가로 명성을 떨치게 되었다. 그의 예술적 영감은 캔버스를 넘어 스니커즈 디자인에서도 유감없이 발휘돼 수집가들의 열광적인 반응을 이끌어냈다.

크립토아트 플랫폼뿐만 아니라 세계적인 경매회사들도 퓨오셔스의 작품에 러브콜을 보냈다. 2021년 6월 23일, 그의 작품이 처음으로 크리스티 온라인 경매에 출품됐다. 그런데 경매 참여자가 너무 많아 크리스티 웹사이트가 다운되는 바람에 당일 경매가 취소되고 이틀 뒤에 다시 진행됐다. 이때 출품된 작품인 〈안녕, 나는 빅터(퓨오셔스)야, 그리고 이게 내 인생이야Hello, i'm Victor (FEWOCiOUS) and This Is My Life〉는 총 5점으로 그의 삶과 유년 시절을 기록한 낙서, 그림, 일기 등이 포함되어 있었다. 이 5점의 디지털 아트 NFT는 모두 낙찰됐고, 총 낙찰가는 216.25만 달러에 달했다.

그해 겨우 18살이었던 빅터 랑글루아는 크리스티 역사상 가장 어린 아티스트가 되었다. 언젠가 인터뷰에서 그는 흥분을 감추지 못하며 외쳤다. "내가 나로 살면서 사람들에게 사랑받고, 심지어 돈까지 벌다니, 정말이지 생각지도 못했던 일이에요!" 한 푼 두 푼 모은 돈으로 태블릿 PC를 샀던 어린아이는 구름 관객을 모아 크리스티 사이트를 다운시킨 최초의 디지털 아티스트가 되었다. 그는 디지털 아트를 통해 새로운 원더풀 라이프를 이루었다.

빅터 랑글루아의 사례에서 볼 수 있듯이, 디지털 아트는 예술 창작의 문턱을 낮추고 예술적 본능을 마음껏 발휘할 무대를 마련해주었다. 메타버스에서는 누구나 디지털 아티스트가 될 수 있다.

IP,
모든 산업의 영혼

예술은 문화의 자연적 의식이다. 디지털 아트의 폭발적 성장은 디지털 문화가 황금기에 들어섰음을 직관적으로 보여준다. 메타버스 시대에는 물리적 제약이 점점 줄어들고 창의성이 유일한 희귀자원이 될 것이다. 그래서 메타버스 시대에 디지털 문화는 발전, 번영을 넘어 주류가 될 것이다. 문화를 구상화한 IP는 다시금 호황기를 맞는다. 2020년, 패션 스니커즈 문화, 공동 브랜딩Co-branding, 랜덤박스 경제 등 새로운 비즈니스 방식이 급부상했다. 랜덤박스 업계를 뒤흔든 팝마트Pop Mart는 한때 시가총액이 157억 달러까지 치솟았다. 이런 새로운 비즈니스의 핵심에 IP가 있다. 메타버스에서 IP는 모든 산업의 영혼이 될 것이다.

간단히 말해, IP는 긴 생명력과 비즈니스 가치를 지닌 콘텐츠이며 보유자에게 지속적으로 안정적인 수익을 가져다준다. 1990년대의 〈슈퍼맨〉과 〈배트맨〉에서 페파피그Peppa Pig와 팝마트의 '몰리Molly'까지, 심지어 시바이누와 슬픈 개구리 페페와 같은 이모티콘과 '짤'도 사실은 모두 IP다. IP는 형식이 다양하다. 캐릭터나 이미지일 수도 있고 상표나 브랜드, 디자인이나 상품, 이야기나 영화, 일련의 형상일 수도 있다. 게다가 서로 연관된 여러 IP를 합치면 '세계관'을 형성할 수도 있다. 이런 세계관은 대개 '~~우주'라고 불린다. 예를 들어 마블Marvel이 소유한 캡틴아메리카, 아이언맨, 스파이더맨, 헐크, 토르, 로키 등 캐릭터 IP는 종종 다른 캐릭터의 스토리 속에 '카메오'로 출연한다. 그렇게 서로 간에 연결고리를 이어나가 결국 '마블 유니버스'를 구축했다.

메타버스에서 IP 활용

그럼 IP는 비즈니스에서 어떻게 활용될까? 주로 실물 형태로 판매된다. 예를 들어 해리포터를 좋아하는 사람은 《해리포터》 소설 시리즈를 구매하거나 〈해리포터〉 영화 시리즈 블루레이 고화질 DVD(CD)를 구매하거나 유니버설스튜디오에 가서 해리포터 어트랙션을 타고, 퇴장할 때는 마법 빗자루, 마법사 망토 등 IP 굿즈를 구매하기도 한다. 현재 우리가 자신이 좋아하는 IP와 관계를 맺는 방식은, 대개 IP 실물 굿즈를 구매하는 것이다. 그럼 메타버스에서는 IP를 어떻게 활용할 수 있을까?

농구팬에게 최고의 IP는 NBA(미국프로농구)다. 2009년 NBA와 라이선스 독점 계약을 맺은 스포츠 카드 발행사 파니니Panini는 수많은 농구팬으로부터 뜨거운 성원을 받았다. 파니니가 발매한 스포츠 카드 중 상당량의 희귀 카드는 그것이 단지 '카드'라는 점이 믿을 수 없을 정도로 비쌌다. 2021년 3월, 미국 스포츠 기자 대런 로벨Darren Rovell은 이런 트윗을 올렸다. "어떤 구매자는 460만 달러를 내고 전 세계에서 단 한 장 발매된 루카 돈치치Luka Dončić의 친필 사인이 들어간 루키카드를 사 들였다." 중국 유명 스포츠 웹사이트 후푸虎扑 게시판 '스포츠 카드' 카테고리 안에서도 스포츠 카드를 소장한 수많은 열성팬이 활발히 활동하고 있다.

그러나 종이로 된 스포츠 카드는 보관상의 어려움, 진위 판별의 어려움, 유통 루트의 한계 등 여러모로 문제가 많다. 2019년 NBA, 전미농구선수협회(NBPA), '플로Flow' 토큰을 만든 회사인 대퍼랩스Dapper Labs는 'NBA Top Shot' 프로젝트를 공동으로 론칭했다. NBA가 선수들의 빛나는 순간을 편집하면 대퍼랩스가 이 하이라이트 장면을 블록체인에서 NFT 방식으로 발행 및 판매한다.(그림 8-3) 모든 NFT는 디지털화된 '육면체' 형태로 나타나며 각 면에는 선수가 득점하는 장면, 동영상, 몇 쿼터에서 몇 점짜리 득점이었는지와 경기 중 선수의 데이터 통계 등 다양한 정보가 담겨 있다. 농구팬들은 NBA 공식 인증을 거친 이 하이라이트 장면 NFT를 플랫폼에서 구매할 수 있다.

이런 스포츠 카드 NFT는 위조 및 보관상의 실수로 인한 감가상각이나 훼손의 우려가 없다.

NBA Top Shot 플랫폼에서 카드팩을 구매하면 이 NFT를 얻을 수

그림 8-3 NBA Top Shot NFT   (출처: NBA Top Shot)

있다. NFT의 희소성에 따라 카드팩 판매가는 9달러부터 999달러까지
다양하다. 카드팩에서 NFT를 꺼낸 뒤에는 개인이 소장할 수도 있고
판매할 수도 있다. 이는 디지털 스포츠 카드의 유동성을 크게 높였다.
NFT 거래는 블록체인 기반 스마트 계약을 통해 자동이행되므로 거래
상대의 신용 리스크를 안게 될 일도 없고, 카드는 건넸는데 돈을 받지
못할까 봐 걱정할 필요도 없다.

　NBA Top Shot은 예상 밖의 엄청난 성공을 거두며 수많은 팬들의
열광적인 호응을 얻었다. 2022년 2월 6일 기준, NBA Top Shot 총거
래액은 8.98억 달러로, 전체 NFT 분야에서 5위에 랭크됐다. 르브론 제
임스Lebron James의 덩크슛 장면이 담긴 NFT는 무려 20만 달러에 거래
됐다.

　NBA Top Shot은 처음으로 NFT와 스포츠 IP의 크로스오버를 시

도해 경이로운 성과를 거뒀다. 이 스포츠 카드 NFT 프로젝트 개발팀인 대퍼랩스는 2021년 3월에 3.05억 달러 투자 유치에 성공했다. 투자자 명단에는 마이클 조던Michael Jordan, 케빈 듀란트Kevin Durant, 안드레 이궈달라 등 수많은 NBA 스타들이 이름을 올렸다. 심지어 직접 '마케팅'에 나선 선수들도 있다. NBA 마이애미 히트의 인기 스타 타일러 히로Tyler Herro는 자신의 NBA Top Shot NFT를 위해 이처럼 멋진 순간을 얻으려면 어떻게 해야 하는지 직접 소개하는 영상을 찍었다.

대퍼랩스는 NFT 분야의 관록 있는 제작사다. 2017년에 이더리움 블록체인 기반 NFT 표준 프로토콜 ERC721을 개발했고 NFT의 시초라고 할 수 있는 크립토키티CryptoKitties(소장가가 수집, 교배, 교환할 수 있는 디지털 형태의 암호화 고양이)를 개발했다.(그림 8-4) 각 크립토키티는 개별 NFT로 유일무이한 유전자와 외모를 가진다. 이 프로젝트는 2017년 12월 9일에 1만 4천 명 이상의 일일 활성화 주소 수를 기록했고 이더

그림 8-4 **크립토키티 NFT는 세계적인 인기를 끌었다.** (출처: 크립토키티)

리움 네트워크 거래 지연을 일으키기도 했다. 희귀한 크립토키티의 경우, 가격이 수백만 달러에 이르기도 한다.

유명 브랜드의 IP도 디지털화 시도

디지털 세계에서 오리지널 물품의 가치도 점차 현실 세계의 인정을 받고 있다. 구찌Gucci는 IP를 메타버스로 옮기는 시도를 하고 있다. 2021년 3월, 구찌는 디지털 운동화 '구찌 버추얼 25'를 출시했다. 이용자는 구찌 앱에서 11.99달러를 내고 구매할 수 있다. 구매 후, 물리 세계에서는 아무런 상품도 받지 않고 구찌 앱에서 AR을 통해서 신을 수 있고, VR 소셜 플랫폼인 VR챗이나 로블록스에서도 신을 수 있다.

물리 세계에서든 디지털 세계에서든, 스니커즈는 매우 인기 있는 IP 중 하나다. 디지털 패션 브랜드 아티팩트RTFKT Studios는 인스타그램에 2018년 멧갈라Met Gala 레드카펫에 등장한 일론 머스크의 사진을 올렸다. 사진 속 일론 머스크는 굉장히 트렌디한 신발을 신고 있는데 뭔가 테크놀로지가 잔뜩 가미된 듯한 모습이 수많은 팬들의 궁금증을 불러일으켰다. 사실 일론 머스크가 현장에서 신은 신발은 평범하기 이를 데 없는 검은색 구두였고 사진 속의 스타일리시한 신발은 아티팩트가 디자인한 '사이버 스니커즈'였다. 이 특이한 한정판 디지털 스니커즈는 테슬라의 사이버트럭에서 영감을 얻어 만들어졌다.(그림 8-5) 이 스니커즈가 현실에 존재하는지는 전혀 중요치 않다. 팬들은 사이버 스니커즈의 디지털 속성만 보고도 그 가치를 인정한다.

2021년 8월 말, 아티팩트 공식 사이트에서 이 디지털 신발 NFT의 가격은 거의 10만 달러에 달했다. 아티팩트는 플레이어들이 각자의 아바타에 이 디지털 신발을 신길 수 있도록 여러 게임업체와 협력하고 있다. 이밖에 아티팩트는 디지털 예술가 퓨오셔스와 손잡고 독특한 디자인의 디지털 스니커즈 3켤레를 선보였는데 가격은 각각 3천 달러, 5천 달러, 1만 달러로 책정됐다. 이 신발들은 판매를 시작한 지 단 몇 분 만에 품절됐다.

2021년 12월, 아티팩트는 트위터를 통해 나이키 그룹 산하로 들어가게 되었음을 밝혔다. 사실 나이키는 그전부터 메타버스로 달려가고 있었다. 2021년 11월, 나이키는 로블록스와 손잡고 로블록스 안에 가

그림 8-5 **디지털 한정판 스니커즈 'Cyber Sneaker'**　　　　(출처: 아티팩트 스튜디오)

상공간인 나이키랜드Nikeland를 만들었다. 나이키랜드에서는 미니게임을 즐길 수도 있고 게임에서 수령한 아이템으로 나이키 운동화, 의류, 액세서리 등 가상 상품의 잠금을 해제할 수도 있다. 아디다스도 메타버스로의 발걸음을 서두르고 있다. 2021년 12월, 아디다스는 '메타버스 속으로' 프로젝트를 론칭해 후드티, 트레이닝복, 모자 등이 포함된 NFT 컬렉션을 선보였다. 각 NFT는 그와 짝을 이루는 실제 상품이 있다. 이 실제 상품들은 2022년에 출시될 예정이며 해당 NFT의 소유자는 무료로 상품을 수령할 수 있다.

트렌디한 한정판 스니커즈 외에, 전통적인 유명 브랜드 IP도 디지털화를 시도하고 있다. 예를 들어 코카콜라는 2021년 7월 30일, 국제 우정의 날을 기념하기 위해 NFT 전문기업 타피Tafi와 공동으로 NFT 소장품인 코카콜라 '우정의 상자'를 발행했다. 여기에는 코카콜라 버블 재킷, 프렌드십 카드, 사운드 비주얼라이저, 빈티지 쿨러 등 4점의 희귀한 NFT가 들어 있었다. 마블은 수많은 슈퍼 IP를 보유한 회사로 2021년 6월에 NFT 플랫폼 베베VeVe와 협력해 3D 디지털 피규어, 디지털 코믹스 등이 포함된 공식 NFT 디지털 제품을 랜덤박스 방식으로 발매했다.

메타버스 시대에 IP는 디지털 상품의 가장 중요한 속성이 될 것이다. 뛰어난 IP를 보유한 기업들은 대부분 이미 디지털화 전환과 개발에 착수했다. 이들은 디지털 기술을 활용해 IP를 정말로 '살아 움직이게' 만들고 IP의 가치를 꾸준히 키우면서 시장을 선점할 계획이다.

NFT는 디지털 창조물의
가치 저장소

지금껏 다양한 유형의 NFT를 살펴봤다. 디센트럴랜드의 가상 랜드, 〈엑시 인피니티〉의 엑시, 크립토펑크, 크립토키티, 퓨오셔스의 창작물부터 코카콜라와 마블 등 대기업이 발행한 IP 굿즈까지, 모두 블록체인 기술을 통해 발행된 NFT다. 최근에 새로 만들어진 IP든, 알 만한 사람은 다 아는 클래식한 IP든, NFT라는 가치 저장소를 통해 메타버스에서 새 생명을 얻고자 한다.

2022년 1월, NFT 시장의 총거래액은 약 35.34억 달러였다.(그림 8-6) 단순히 숫자만 놓고 보면 딱히 대단하다는 생각이 안 들지만 1년 전, 그러니까 2021년 1월의 NFT 총거래액이 겨우 3,620만 달러였다는 점을 감안하면 이야기가 달라진다. 2021년 3분기, NFT 총거래액은 59.15억 달러를 넘어 2021년 2분기의 7.82억 달러 대비 6.56배나 성장했다. 2021년 3분기, 구매자와 판매자 수는 2분기 대비 각각 1.67배

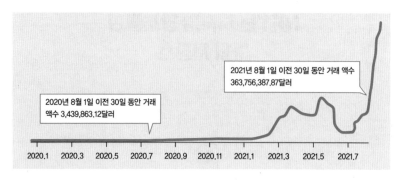

그림 8-6 NFT 시장 총거래액   (출처: https://nonfungible.com/)

와 2.07배 성장했다. 이는 NFT에 흥미를 보이는 구매자가 갈수록 늘고 있다는 뜻이다.[37] NFT는 단 1년 만에 수백 배나 성장해 전 세계의 이목을 사로잡았다. '마이너' 소장품이었던 NFT가 메이저 디지털 문화 저장소가 되어 디지털 문화 산업의 외연을 넓히고 있다. 바야흐로 NFT의 봄이다.

세상 만물이 다 NFT가 될 수 있다

NFT 산업 생태계와 응용 가치에 대해 자세히 알아보자. NFT의 정식 명칭은 'Non-Fungible Token'으로 대체 불가능한 토큰 또는 비동질화 토큰이라고 번역된다. 여기에서 말하는 '비동질화'에 대응되는 개념은 '동질화'다. 비동질화와 동질화의 차이는 무엇일까? 예를 들어 내가 500원짜리 동전을 가지고 있고 상대방도 500원짜리 동전을 가지고 있다면 이 두 동전은 같은 것으로 여겨져 서로 바꿀 수 있다. 또 500 원짜리 동전은 한국 어디를 가더라도 100원짜리 동전 5개로 바꿀 수 있고 50원짜리 동전 10개로 바꿀 수도 있다. 다시 말해 500원은 여러 개로 나뉠 수 있는, '가분성divisiblity'을 지닌다. 이처럼 교환과 분할이 가 능한 자산을 '동질화' 자산이라고 한다.

그러나 현실 생활에서 대부분의 자산은 분할과 교환이 불가능한 '비 동질화' 자산이다. 예를 들어, 얼핏 영화표는 다 똑같이 생겼지만 그 안 에 담긴 내용, 즉 어느 영화, 어느 날, 몇 회차, 몇 번 좌석인지는 다 다 르다. 한마디로 각 영화표는 유일무이한 속성을 가지며 각 표의 가치 도 서로 다르다. 또 다른 예를 들어보자. 같은 단지에 위치한, 똑같이 생긴 집이라도 층수, 인테리어, 방향에 따라 가치가 다르게 느껴지고 가격이 다를 수 있다. 이런 것은 모두 '비동질화' 자산으로, 나눌 수도 서로 바꿀 수도 없으며 각각 유일무이한 속성을 지닌다. 이런 자산을 블록체인에 매핑하면 비동질화 토큰, 즉 NFT가 만들어진다.

NFT는 블록체인을 기반으로 발행되는 디지털 자산으로, 소유권의 귀속, 거래, 유통 등의 정보가 모두 수정할 수 없는 분산원장에 기록된 다. 미래에는 세상 만물이 다 NFT가 될 수 있다. 예술품, 수집품, 게임 아이템, 도메인, 입장권을 비롯해서 다른 것과 구분되는 독특한 성질 을 가진 모든 것이 블록체인을 통해 NFT화될 것이다. 메타버스에서 NFT는 만물에 '가치를 부여하는 기계'이자 물리 세계의 자산과 디지 털 세계의 자산을 연결하는 다리가 된다. 현재 NFT는 인프라, 애플리케이션, 거래소 등을 포함한 완전한 산업 체인과 순환성 생태계를 형성했다.

NFT 인프라 구축 상황을 먼저 살펴보자. 대다수 NFT는 이더리움 블록체인 기반으로 발행되는 ERC721, ERC1155 표준 토큰이다. 그러나 이더리움은 거래 처리 속도가 느리고 수수료가 상당히 비싼 편이라서 많은 프로젝트와 개발팀이 다른 블록체인에서 NFT를 발행하고 있다. 예를 들어 2020년, 대퍼랩스는 NFT 전문 블록체인 플로Flow를 출시했다. NBA Top Shot이 바로 이 플로에서 출시됐다. 〈엑시 인피니티〉도 2021년 2월에 이더리움 사이드체인 로닌Ronin을 만들어 엑시 시리즈 NFT를 로닌으로 옮겼다. NFT 애플리케이션을 보면 주로 예술품, 수집품, 게임 아이템 등 이 3가지가 주를 이룬다.

NFT 기술은 디지털 콘텐츠의 '자산화'에 매우 적합하기 때문에 디지털 IP를 핵심으로 하는 분야에 빠르게 적용되고 있다. NFT 유형도 굉장히 다양해지고 있다. 이미 앞에서 살펴본 프로필 사진 유형, 예술 유형, 스포츠 유형, 게임 유형, 가상 토지와 의류 유형 외에도 음악, 영상물은 물론이고 트윗, 코드도 NFT화가 가능하다.

2021년 8월, QQ뮤직은 후옌빈胡彦斌의 히트곡 〈허상和尙〉 발매 20주년 기념 레코드판 NFT를 한정 수량으로 발행했다. 이 NFT에는 미공개 데모 버전이 수록돼 있다. 텐센트 클라우드 즈신체인을 기반으로 발행된 이 NFT의 추첨 예약에 거의 8만 명의 팬들이 참여했고 판매가 시작되자마자 전량 품절됐다. NFT와 음악의 만남은 판권 문제의 새로운 해결책을 내놓았으며 음악 분야의 새로운 비즈니스 모델을 보여줬다. 음악도 NFT가 되는 마당에 영상물이라고 안 될 게 없다. 2021년 10월, 왕자웨이 감독은 영화 〈화양연화〉 촬영 첫날의 미공개 촬영본을 NFT로 제작해 소더비 현대미술 이브닝 세일에 출품했다. 〈화양연화·찰나〉라는 이름의 이 NFT는 총 1분 30초짜리 영상이었으며 428.4만 홍콩달러에 낙찰돼 아시아 최초의 영화 NFT 작품이 되었다.

세계 최초이자 최대인 NFT 거래소, 오픈시

NFT 산업 체인에서는 거래소의 역할이 매우 중요하다. 현재 최대 규모의 종합 NFT 거래소는 오픈시(OpenSea)다. 오픈시의 창업자 데빈 핀저Devin Finzer는 2017년 크립토키티를 접하면서 NFT에 대해 알게 된다. 알면 알수록 흥미로운 신세계에 빠져든 데빈 핀저는 적극적으로 NFT를 연구하기 시작한다. 그리하여 2018년 1월, 탈중앙화된 NFT 플랫폼 오픈시가 탄생한다.

오픈시는 이베이eBay나 중고거래소 '중고나라'와 비슷한 플랫폼이지만 'NFT'만 사고파는 곳이라고 이해하면 된다. 이용자는 이 플랫폼에서 원하는 NFT를 거래할 수 있다. 또는 NFT 거래 정보를 확인할 수 있는 블록체인 브라우저라고 생각해도 된다. 이더리움 블록체인 기반 NFT는 모두 오픈시에서 그 속성을 확인할 수 있다.

오픈시는 탈중앙화 거래소(DEX)다. 디지털 예술품의 NFT 소유자가 해당 NFT 계약 주소와 일련번호를 입력하면 NFT의 구체적 속성과 정보를 볼 수 있다. NFT를 팔고 싶다면 플랫폼에 직접 '매물'을 올리고 지정가set price, 경매highest bid, 직거래privacy 중에서 원하는 판매 방식을 선택한다. 만약 경매를 선택했다면 최저입찰가, 유보 가격(최대 가격), 경매 기간을 설정하고 작품을 등록한다. 이때도 NFT는 여전히 판매자의 컬렉션에 그대로 남아 있다. 만약 누군가가 오퍼를 하면 그 자금은 스마트 계약에 예치된다. 판매자가 입찰가를 받아들이면 플랫폼은 이 NFT와 사전에 예치되어 있던 자금을 원자적 트랜잭션한다. 즉, 중앙화된 제삼자의 참여 없이 구매자와 판매자가 NFT와 자금을 양방향으로 리스크 없이 이전한다. 쉽게 말해 원자적 트랜잭션은 NFT와 자금이 교환되지 않거나, 교환이 완료돼 대금을 치렀는데 NFT를 받지 못하거나, NFT를 보냈는데 대금을 받지 못하는 상황이 발생하지 않는다. 따라서 제로 리스크 거래가 이루어진다.

또 오픈시는 창작자 로열티를 지급한다. NFT 제작자는 NFT 작품을 발행할 때 최고 10%의 로열티를 설정할 수 있다. 처음에 작품이 팔리고 나서 재판매가 이뤄질 때마다 거래 금액과 설정된 비율에 따라 창작자에게 로열티가 지급된다. 단, 창작자는 작품이 판매되었을 때만 로열티를 받는다. 증여나 양도의 경우, 이용자는 이 비용을 내지 않으며 플랫폼 수수료도 내지 않는다.

오픈시는 모든 거래에 대해 일정 수준의 수수료를 거둬간다. 현재 오픈시의 수수료율은 2.5%이다. 2021년 3월, 오픈시는 유명 벤처캐피

그림 8-7 필자가 디센트럴랜드에서 NFT 예술품을 구경하고 있다. (출처: 디센트럴랜드)

틸 기업 앤드리슨 호로위츠Andreessen Horowitz, a16z 주도로 진행된 시리즈 A 투자 라운드에서 2,300만 달러를 유치했다. 그로부터 4개월 뒤, 오픈시는 시리즈 B 라운드에서 1억 달러를 유치해 경이로운 성장세를 기록했다.

오픈시는 단순한 NFT 거래소가 아니다. 오픈시는 NFT와 관련된 전 영역을 융합해 완전한 NFT 생태계를 구축하는 데 전력을 다하고 있다. 예를 들어 오픈시는 디센트럴랜드와 함께 공동 생태계를 만들고 있다. 디센트럴랜드 속 가상 랜드와 아이템이 오픈시에서 거래되고 디센트럴랜드 갤러리에 전시된 작품 대부분이 오픈시와 연동된다. 디지털 갤러리를 둘러보다가 마음에 드는 예술품을 발견하면 곧바로 오픈시로 건너가 구매할 수 있다.(그림 8-7)

오픈시 외에 '프로'의 작품을 취급하는 플랫폼으로 슈퍼레어SuperRare, 라리블Rarible, 니프티 게이트웨이 등이 있다. 이 플랫폼들은 주로 크립토 아트 작품을 발행하고 거래한다. 슈퍼레어와 니프티 게이트웨이 등은 크리에이터 화이트리스트 제도를 시행 중이다. 간단히 말해, 플랫폼이 인증한 아티스트만 플랫폼에서 예술품 NFT를 발행하고 판매할 수 있다는 뜻이다. 라리블은 진입장벽이 낮은 편이라 전문가가 아니더라도 작품을 발행할 수 있다. 이밖에 아트블록Art Block, 에이싱크 아트도 디지털 예술품 NFT 발행 플랫폼이다. 이 두 플랫폼은 '프로그래밍 가능성'이 뛰어난 편이다. 아트블록은 예술가들이 이더리움에서 온디맨드 프로그래밍으로 작품을 생성하고 저장할 수 있게 돕는다. 작품 콘텐츠는 정지 화상, 3D 모델, 인터랙티브 경험 등 다양한 편이다.

NFT가 가진 5가지 장점

NFT의 출현으로 메타버스 속에서 누구나 디지털 물품의 소유권을 가질 수 있게 되었다. NFT는 유일무이하고 위·변조가 불가능하며 영원히 보존된다. 이러한 특징은 디지털 물품의 소유권 확정, 거래, 유통 등의 문제를 해결해 유통 범위를 넓히고 유동성을 키웠다. NFT가 등장하기 전에는 디지털 창조물이 멋대로 복제되고 사용되는 일이 비일비재했다. 창작자의 소유권을 확인할 수도 없었고 창작자가 수익을 낼수도 없었다. 그러나 이제는 아니다. 창작자는 (제삼자에게 권한을 위임하지 않고) 디지털 작품을 판매할 수 있고 작품이 재판매될 때마다 로열티 수입까지 덤으로 얻는다. NFT는 예술품, 수집품, 문화콘텐츠의 가치를 끌어올리는 역할을 한다. 좀 더 구체적으로 NFT의 장점을 살펴보자.

하나, NFT는 '소유권 증명서'다. 불필요한 소유권 논쟁이 없다. 저비용, 고효율로 소유권을 확정 지을 뿐만 아니라 다른 물권의 상황까지 보여준다. 예전에는 어떤 예술품이 저당 잡힌 상태인지, 보험에 가입된 상태인지 알 길이 없었다. 그러나 블록체인에서는, 특히 디파이와 합쳐진 상황에서는 이런 모든 조작이 스마트 계약과의 상호작용으로 구현된다. 그렇게 해서 생겨난 정보는 블록체인 브라우저를 통해 확인할 수 있으므로 관련 정보를 한눈에 파악할 수 있다.

둘, NFT는 '진실성 증명서'다. 위조할 수 없어 모조품이 없다. 과학기술이 발전하면서 예술품 복제 수준도 일취월장하는 바람에 시장에 가짜가 넘쳐 나고 있다. 소장 이력이 순차적으로 명확하게 정리되지 않은 예술품의 경우, 거래 전에 많은 전문가의 감정을 받아야 한다. 이때 드는 비용이 엄청날 뿐만 아니라 감정 결과도 100% 일치하지 않는다. 하지만 NFT는 다르다. NFT에는 발행자의 디지털 서명이 포함돼 있다. 이런 서명은 비대칭 암호화 기술로 보장돼 진위를 파악하기 쉽기 때문에 '모조품'이 있을 수 없다.

셋, NFT는 '희소성 증명서'다. NFT는 창작품의 소장 이력과 유통 과정이 투명하게 드러나며 추적성을 지닌다. 따라서 NFT의 희소성은 진실하며 믿을 수 있다. 과거에는 세계적인 경매회사의 경매를 거쳐야만 비교적 믿을 수 있는 거래 기록을 가진, 소장 이력이 순차적으로 명확하게 정리된 소장품으로 여겨졌다. 그러나 이런 조건에 부합하는 소장품은 극소수다. 어떤 소장품이 세상에 몇 개나 존재하는지, 과거에 어떤 사람들의 손을 거쳤는지 명확하게 아는 것은 불가능에 가깝다. 정보가 불투명하기 때문이다. 설령 경매를 거쳤다고 해도 그 기록을 완전히 신뢰할 수 없으며 그 소장품이 합법적인 경로로 경매에 출품된 것인지조차 단언할 수 없다. 반면, NFT 형식의 디지털 소장품의 발행과 유통 정보는 블록체인상에 모두 기록되며 위·변조가 불가능하다. 발행 총량, 거래 이력 등 기본 정보가 명확하고 투명하기 때문에 정보의 비대칭이 해소된다. 그래서 수집가는 이 정보를 바탕으로 작품을 분석하고 판단할 수 있다.

넷, NFT는 '유통 가치 증명서'다. 문화콘텐츠의 유동성을 키워 글로벌 시장과 이어준다. 전통적인 예술품은 대개 경매나 갤러리를 통해 판매됐다. 이 경우, 판매 지역이 한정돼 글로벌 시장과 연결되기 어려워 재능 넘치는 수많은 예술가가 세상의 인정을 받지 못하고 사라졌다. 그러나 NFT는 블록체인에서 스마트 계약을 통해 거래되기 때문에 글로벌 시장에서 전 세계 수집가들에게 판매된다. 게다가 거래수수료도 전통적인 경로보다 훨씬 싸고 판매 방식이 투명하고 믿을 수 있기 때문에 판매자는 신용 리스크, 회수 기간, 환율 손실을 걱정할 필요가 없다. 그래서 NFT는 예술품의 유동성을 효과적으로 키웠다.

다섯, NFT는 '수익 분배 계약서'다. 창작자는 작품의 가치가 오른 만큼 수익을 얻을 수 있다. 지금까지의 예술품, 수집품, 문화창작품 거래는 모두 성사와 동시에 끝이었다. 일단 작품을 판 후에는 작품 가치가 얼마나 뛰든, 창작자에게는 아무런 이윤이 돌아가지 않았다. 이는 불합리할 뿐만 아니라 창작자에게 인고의 시간을 견디고 위대한 작품을 탄생시킬 만큼의 동기를 부여해주지도 않는다. 그러나 오픈시, 라리블 등 NFT 플랫폼을 이용하면 달라진다. 창작자가 '로열티 수취'를 설정하기만 하면 스마트 계약을 통해 향후 발생하는 모든 거래에서 일정 금액이 창작자에게 로열티로 지급된다. 이 말은 곧 창작자가 작품의 장기적인 가치를 나눠 받는다는 뜻이다.

물론 NFT는 예술, 수집, 게임 등의 분야에만 국한되지 않는다. 단기적으로 NFT는 디지털 물품의 블록체인상 소유권 확정 및 유통거래에 쓰일 것이다. 중기적으로는 사모펀드, 사모채권, 신탁 등 전통적인 금융 자산을 NFT화해 자산의 토큰화를 실현한다. 장기적으로는 '신탁기계Oracle Machine' 등 애플리케이션과 합쳐져 실물 자산 토큰화에 박차를 가해 '가치 인터넷'을 보완함으로써 디지털 자산과 실물 자산의 융합을 이룰 것이다. 앞으로 NFT는 더 다양한 자산과 거대한 가치를 저장한, 메타버스 내의 핵심 자산이 될 것이다.

'디지털'과 '문화'의 만남은 끊임없이 기쁨과 놀라움을 선사할 것이며 디지털 문화는 메타버스의 주류 문화로 성장할 것이다.

METAVERSE

트렌드 6.

디지털 금융이
포용금융을 실현한다

메타버스에서는 디지털과 실물이 융합되고 모든 경제 활동이 디지털 경제 형태로 전환된다.

그러려면 금융 서비스가 디지털화되어야 한다. 단순히 형식만 바뀌어서는 곤란하다. 진정한 포용금융을 실현해 누구나 저비용, 고효율로 디지털 금융 서비스를 사용할 수 있어야 한다.

이미 글로벌 금융 인프라를 디지털화하려는 움직임이 시작됐다. 불필요한 금융 중개를 없애고 금융 서비스 이용 문턱과 비용을 낮추고 금융 서비스 이용 방식과 경험을 개선하기 위함이다.

디파이 분야의 혁신적 움직임은 메타버스 시대의 디지털 금융 시스템을 구축하려는 시도다. 디파이는 자산 소유자에게 자산의 진정한 통제권을 돌려준다. 또한 안전하고 투명하면서도 믿을 수 있는 자동화 거래를 실현한다. 앞으로 디파이는 최첨단 기술, 스마트 비즈니스, 개방형 조직, 디지털 거래 등의 혁신 모델을 통합해 업무 수단, 분배 모델, 조직 형태, 산업 관계 등 다방면의 변혁을 꾀하고 금융업을 디지털화, 스마트화 시대로 이끌 것이다.

해외 송금도
채팅처럼 쉽게

2006년, 토머스 프리드먼Thomas L. Friedman의 저서 《세계는 평평하다》는 출판과 동시에 전 세계를 휩쓸었다. 프리드먼은 새로운 교통수단 덕분에 전 세계 협업 체제가 효율적으로 변해 세계가 '평평'해졌다고 했다. 코로나19로 세계는 다시 엄청난 변화를 겪고 있다. 이제 단순히 '평평'하다는 말로는 세계를 표현할 수 없다. 지금의 세계는 '유동'한다. 데이터의 힘이 세계를 유동시키고 있다. '침투력'을 타고난 데이터는 조직과 국가를 뛰어넘어 빠르게 흐를 수 있기 때문이다. 코로나19의 대유행 이후, 전자상거래, 원격근무, 온라인 교육, 스트리밍 미디어, 숏폼 동영상이 전 세계 각국에서 빠르게 발전하고 확산됐다. 글로벌 경제는 '디지털 경제 통합'을 향해 나아가고 있다. 메타버스 시대에는 통합된 디지털 경제 공동체를 형성할 것이다.

현 글로벌 경제가 안고 있는 문제 해결

글로벌 디지털 경제를 발전 및 융합시키려면 자금 유동의 비용은 낮추고 효율은 높여야 한다. 그러나 현실을 보면 화폐, 언어, 시스템, 법률, 시간대 등의 차이로 국경 간 지급결제 또는 송금을 할 때 거쳐야 하는 노드와 시스템이 너무 많아 비용은 많이 들면서 속도는 느리다. 글로벌 결제 거래량 중 국경 간 결제 거래량이 차지하는 비중은 20% 미만인 데 반해 거래 비용은 전체 거래 비용의 40%나 차지한다.[38] 얼핏 봐도 거래량과 거래 비용이 비례하지 않고 거래 비용이 지나치게 높다. 또 현재의 금융 시스템에서 크로스보더 송금(제삼자 플랫폼을 통한 것인지와 상관없이)을 하려면 은행 계좌가 필요하다. 하지만 전 세계 성인 중 약 17억 명은 은행 계좌가 없어 최소한의 금융 활동도 못하고 있다.[39]

일상생활, 업무, 학습이 점차 메타버스로 옮겨감에 따라 온라인 결제는 이미 선택이 아닌 필수가 되었다. 크로스보더 송금도 더 보편화될 것이다. 현재의 금융 서비스는 메타버스에서의 니즈를 충족시키기에는 효율과 비용 면에서 문제가 많다. 글로벌 지급결제를 온라인 채팅처럼 편하게 하는 방법은 없을까? 이는 디지털 금융 시스템이 시급히 해결해야 할 과제이자 메타버스의 발전을 가로막는 장애물이다.

페이스북은 이 문제를 해결하기 위해 과감한 솔루션을 도입했다. 글로벌 금융의 효율과 포용성을 높이기 위해 블록체인 기술을 응용한 것이다. 2019년 6월 8일, 페이스북은 리브라Libra 프로젝트 백서를 공개했다. 백서는 다음 문장으로 시작된다. "(우리의) 사명은 전 세계에서 통용되는 간편한 형태의 화폐와 수십억 명이 이용할 수 있는 금융 인프라를 만드는 것이다."

리브라 프로젝트는 이 같은 금융 인프라를 바탕으로 글로벌 지급결제, 화폐 환전 등 금융 서비스를 개선하고자 한다. 이용자는 사양이 낮은 스마트폰으로도 실시간 국제 결제와 환전을 진행할 수 있으며 수수료도 거의 없다. 글로벌 송금이 메시지를 보내거나 사진을 공유하는 것처럼 쉽고 싸고 더 안전해지는 것이다.

글로벌 금융 시스템을 업그레이드할 수 있다는 믿음은 어디에서 나오는 걸까? 이는 리브라 프로젝트가 기술 인프라, 경제 모델, 거버넌스 메커니즘 등에서 전체적으로 혁신을 시도할 것이기 때문이다.

먼저 기술 인프라를 살펴보자. 리브라 프로젝트는 안전성, 확장성, 신뢰성을 갖춘 블록체인 위에 구축된다. 리브라 프로젝트는 허가형 블록체인 모델을 기본 인프라로 삼는다. 리브라 협회Libra Association(나중에 디엠 협회로 이름 바꿈)의 허락을 받은 기관만 권한을 얻어 리브라 블록체인 검증자 노드를 운영할 수 있다. 전 세계 개발자들은 이 블록체인에서 각종 디앱(DApp)을 개발해 이용자에게 서비스를 제공할 수 있다.

이어서 경제 모델을 살펴보자. 리브라 프로젝트는 일종의 디지털 자산(리브라 코인)을 발행해 국제 결제 수단으로 쓸 것이다. 리브라 프로젝트는 리브라 코인을 '통화바스켓 연동 합성 코인'으로 설정했으며 가격은 이 통화바스켓의 가중평균환율과 연동시킬 것이다. 이 말은,

리브라 코인이 일종의 스테이블 코인으로, 가격이 안정적인 편이라 이용자가 겪을 시장 리스크와 환율 손실을 줄여 세계적으로 통용될 수 있다는 뜻이다.

마지막으로 거버넌스 메커니즘을 보면, 많은 사람의 선입견과 달리 리브라 프로젝트는 '중앙화' 프로젝트가 아니다. 리브라 프로젝트는 독립적인 리브라 협회가 운영한다. 리브라 협회의 창립 회원사로는 칼리브라Calibra(페이스북의 자회사로 이후 노비Novi로 사명 변경), 우버, 리프트Lyft, 스포티파이, 코인베이스, 비자, 마스터카드, 페이팔 등 28개 기업과 기관이 있다. 리브라 협회의 회원사 중에서 세계적으로 29억 명 회원을 둔 페이스북이 다른 거대 인터넷 기업들에 대한 영향력도 엄청나 리브라 프로젝트는 시작부터 전 세계 수십억 명을 이용자로 두게 되었다. 그러나 이후 비자, 마스터카드, 페이팔 등 금융성이 강한 기업은 리브라 협회에서 탈퇴했다. 2019년 10월, 협회 회원들이 협회 정관에 서명하면서 이사회가 정식으로 성립되었다. 협회 이사회는 각 회원사의 대표자 한 명씩으로 구성된다. 리브라 프로젝트의 개발과 거버넌스는 모두 협회가 맡고 있다. 2021년 9월 기준, 협회 회원사는 26곳이다.

글로벌 금융 효율을 높이려는 리브라 프로젝트

리브라 프로젝트는 원대한 꿈을 꾼다. 디지털화 방식으로 글로벌 금융 인프라를 재구축하는 것은 시작일 뿐이다. 최종 목표는 세계적으로 통용되는 결제 방식을 만들어 인터넷 사용 방식과 경험을 근본적으로 바꿔 포용금융(사회적 약자에게도 금융 서비스에 대한 기회를 제공하는 것-옮긴이)을 실현하는 것이다. 물론 리브라는 더없이 험난한 가시밭길을 걸어야 할 것이다. 혹자는 리브라 코인이 '통화 주권을 위협하고' 지나치게 이상적이라면서, 아무런 검증 없이 함부로 퍼뜨리면 예측할 수 없는 위험을 불러올 것이라고 우려한다. 각국 정부들도 리브라 코인이 통화 시스템과 금융 안정을 위협할 수도 있다며 신중한 태도를 보이고 있다.

그래서 백서가 나오고 얼마 지나지 않아 주요 국가의 정부 수반과 규제 당국은 공개적으로 의문을 제기했다. 2019년 7월, 트럼프 대통령은 SNS에 리브라 프로젝트에 대한 우려를 표했다. 미국 재무장관 스티븐 므누신Steven Mnuchin도 리브라 프로젝트가 범죄자들의 자금 세탁과 테러리즘의 자금 조달에 악용되는 등 미국 국가 안보에 심각한 위협을 가할 것이라고 우려했다. 2019년 8월 영국, 오스트레일리아, 캐나다, 알바니아 등 국가의 데이터안보위원회Data and Safety Monitoring Boards는 공동성명을 통해 리브라 프로젝트의 안전성과 합법성에 의문을 표했다. 2019년 9월, 프랑스와 독일 재무장관은 공동성명을 통해 유럽에서 리브라 프로젝트의 발전을 저지할 것이라고 밝혔다. 로이터 통신에 따르면 EU 대국들은 리브라 프로젝트에 대해 불편한 심기를 드러냈다. '민간 주체는 화폐 권력을 가질 수 없다. 이는 국가 주권 고유의 권한이다.' 이것이야말로 규제 당국이 리브라 프로젝트에 회의적인 시각을 보이는 주된 이유이기도 하다. 일본과 싱가포르 중앙은행도 리브라 프로젝트에 대해 관망하는 태도를 보이며 안전과 관련해서 보다 믿을 수 있는 구체적인 조치를 마련하라고 요구했다.

각국 규제 당국의 의심이 이어지자 리브라 프로젝트는 2020년 4월에 두 번째 백서를 발표한다. 이에 따르면 리브라 프로젝트의 핵심 목표에는 변함이 없었다. 대신 해당 프로젝트가 지급결제 시스템이며, 법정화폐를 대체하는 것이 아니라 도움을 주는 것이라고 강조했다. 리브라 코인은 그대로 둔 상태에서, 리브라 프로젝트는 달러, 유로, 영국 파운드화, 싱가포르달러 등 주요국 각 통화에 연동된 스테이블 코인 발행 방안을 추가했다. 예를 들어 달러에 연동된 LibraUSD, 유로에 연동된 LibraEUR 등을 발행하겠다는 것이다. 2020년 12월, 리브라 협회는 리브라 프로젝트 이름을 디엠Diem으로 바꾸고 리브라 코인의 이름을 '디엠 코인'으로 바꾸겠다고 발표했다. 이 프로젝트는 미국 실버게이트Silvergate 은행과 손잡고 단일 화폐인 달러에 묶인 스테이블 코인을 먼저 출시하기로 했다.

현재 리브라 프로젝트는 여전히 힘겹게 앞길을 모색하고 있다. 리브라 프로젝트는 1.0에서 2.0으로, 다시 디엠으로 발전하면서 험난한 여정을 이어오고 있다. 그러나 리브라 프로젝트가 포용금융을 목표로 제시한 6대 이니셔티브는 시종일관 흔들림이 없었다. 어쩌면 이것은 메타버스 시대 디지털 금융이 반드시 갖춰야 할 비전일지도 모른다.

1. 더 많은 사람이 금융 서비스와 저금리 융자에 접근할 수 있어야 한다고 믿는다.

2. 사람은 누구나 자신의 합법적 노동을 통한 성과를 운용할 권리를 타고난다고 믿는다.

3. 돈이 글로벌·공개적·즉각적·저비용으로 움직이면 세계적으로 엄청난 경제적 기회와 상업적 가치를 창출할 것이다.

4. 사람들이 분산형 거버넌스를 갈수록 더 신뢰하게 될 것이라고 믿는다.

5. 세계 화폐와 금융 인프라는 공공재로서 설계되고 관리되어야 한다고 믿는다.

6. 우리 모두 포용금융을 진전시키기 위해 노력하고, 윤리적 행위자들을 지지하며, 계속해서 생태계의 완전성을 유지할 책임이 있다고 믿는다.

디지털 경제에 날개를 달아줄
금융 서비스

디지털 금융은 줄곧 크로스보더 지급결제를 개선하기 위해 노력해왔다. 블록체인 기술을 이용한 스테이블 코인도 많은 기업의 테스트가 집중되는 분야다. 그중에는 어느 정도 경험을 쌓고 성과를 거둔 기업도 있다.

한 예로 서클Circle사가 발행한 USDC를 들 수 있다. 서클사는 디지털 자산을 주 업무로 하는 핀테크 기업으로 컴플라이언스를 매우 중시해 전 세계에서 가장 많은 라이선스를 취득한 디지털 자산 회사 중 하나다. 현재 미국, 영국, EU의 결제 라이선스를 보유하고 있는 서클은 달러, 영국 파운드, 유로, 이 3가지 주요 화폐의 결제, 예치, 환전 업무를 지원한다. 또 뉴욕주로부터 첫 번째 비트라이선스BitLicense를 취득했다. 이 라이선스는 신청 문턱이 매우 높아 은행 라이선스나 다름없다. 2013년에 설립된 이래로 서클은 총 9라운드 투자 유치를 진행해 총

7.11억 달러를 조달했다. 투자자 명단에는 골드만삭스, IDG 캐피털, 바이두, CICC알파, 에버브라이트Everbright, 펜부시 캐피털Fenbushi capital, 완샹블록체인Wanxiang Blockchain 등이 이름을 올렸다. 2021년 7월, 서클은 기업 인수 목적회사(SPAC)와의 업무 협력을 통해 상장을 추진하겠다고 밝혔다.

서클은 설립 초기에 주로 블록체인 기반 지급결제 업무를 추진해 디지털 자산 예치 및 환전 서비스를 제공했다. 2018년 7월, 서클은 블록체인 기반 달러 연동 스테이블 코인인 USDC를 발행했다. 2021년 9월 13일 기준, 유통 중인 USDC는 이미 294억 달러에 달했으며(그림 9-1) 블록체인상 누적 송금액은 무려 1조 달러에 달했다.

USDC의 발행 방식은 이러하다. 서클은 100% 준비금제도를 채택

그림 9-1 USDC 발행 총량 변화

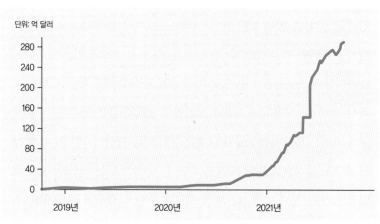

단위: 억 달러

(출처: CoinMarketCap)

해, 보유하고 있던 준비금을 지정 은행인 실버게이트 은행에 수탁하고 1:1의 비율로 블록체인에서 USDC를 발행한다. 준비금은 주로 달러 현금과 단기 미국 국채[40]이며 제삼자 회계감사업체(글로벌 회계법인 그랜트손튼Grant Thornton이 현재 맡고 있음)가 매달 회계 감사를 하며 뉴욕주의 관리·감독을 받는다. 서클은 USDC의 투명한 운영을 위해 일련의 메커니즘을 마련했다. 이용자는 체인상의 USDC를 1:1의 비율로 상환해 달러로 바꿀 수도 있다. 상환할 때, 시스템은 그에 상응하는 수량의 USDC를 소각한다.

간결하고 효율적인 블록체인 기반 송금 프로세스

거대 인터넷 기업과 핀테크 기업 외에, 전통적인 금융기관도 블록체인과 스테이블 코인을 활용해 새로운 크로스보더 지급결제 시스템을 도입하고 있다. 2019년 2월, JP모건 체이스는 미국 은행 최초로 자체 스테이블 코인인 'JPM 코인'을 발행했다.(그림 9-2) JPM 코인은 이더리움 블록체인 프로토콜을 기반으로 하여 개발된 블록체인 유닛 쿼럼Quorum에서 발행 및 사용되며 1JPM 코인은 1달러와 같은 가치를 지닌다. JPM 코인은 블록체인상에서 발행된 달러 연동 자산이지만 전 세계 개인 고객을 대상으로 발행된 디엠 코인이나 USDC와는 다르다. JPM 코인의 원장은 일부 특정 노드에만 개방돼 일반 고객은 JPM 코인을 소유하거나 사용할 수 없으며, 제한된 은행과 금융기관만 사용할 수 있

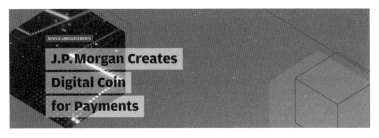

그림 9-2 JP모건 체이스는 미국 은행 최초로 스테이블 코인을 내놓았다. (출처: JP모건 체이스)

다. JPM 코인은 일종의 '도매형' 스테이블 코인에 속한다(개인이 사용할 수 있는 것은 '소매형' 스테이블 코인이다).

JPM 코인은 실시간 총액결제 문제를 해결했다. 예를 들어 크로스보더 송금 시, JP모건 체이스의 고객인 A업체는 지정된 계좌로 자금을 예치하면 동일한 가치의 JPM 코인을 얻을 수 있다. 이어서 A업체는 블록체인상에서 JPM 코인을 사용해 JP모건 체이스의 고객인 B업체와 거래를 한다. B업체는 A업체로부터 받은 JPM 코인을 달러나 현지 통화로 바꿀 수 있다. A업체와 B업체가 위치한 시간대, 사용하는 화폐, 사법 관할 지역과 상관없이 실시간으로 결제가 진행되므로 자금 사용의 효율성이 극대화된다.

이 과정은 기존의 은행 간 크로스보더 지급결제 과정과는 확연히 다르다. 기존에는 하나 또는 여러 대리 은행의 개입이 필요하며 스위프트SWIFT(국제 은행 간 통신협정), CLS(외환 동시 결제 시스템), CHIPS(은행 간 온라인 자금 결제 시스템), TARGET(범유럽 통화 결제 시스템) 등 다양한 시스템이 필요하다. 간단히 말해, 프로세스가 대단히 복잡하고 번거로우며 노드가 매우 많다. 노드가 많을수록 '통행료'가 많이 든다. 효율이 낮다는 뜻이다.

반면 블록체인 기반 시스템에서는 자산이 완전히 디지털 형태로 존재하고, P2P 직접 송금이라서 과정이 간단하다. 송금이 시작되면 블록체인 네트워크 중의 노드로 거래 정보가 전송돼 공유된다. 그러면 노드는 다시 이 거래 정보를 모아 기록한다. 그러나 이 노드들은 '거래 중개인' 같은 개념이 아니다. 이들은 어떠한 자산도 중개하지 않으며 그저 거래의 '검증자'가 되어 거래 정보의 진실성과 유효성을 검증할 뿐이다. 장부의 '기장자'인 이들은 송금 정보를 분산원장에 기록함과 동시에 다른 노드와 공유한다.

블록체인 기반 송금 프로세스는 매우 간결하고 효율적이다. 또 '지급이 곧 결제'를 의미해 송금 속도는 빠르고 비용은 저렴하다. 블록체인 지급결제 시스템의 도움으로 자금은 데이터처럼 높은 침투성과 유동성을 갖게 되었다. 그 결과, 자금이 데이터와 동일한 속도로 움직여 디지털 경제 발전을 위한 발판을 마련했다.

이런 '소매형' 또는 '도매형' 스테이블 코인은 주로 '사업체'가 발행하는데 아직 관련 규제 기관이 제대로 마련되지 않았다. 그런 탓에 불온한 목적으로 이용돼 '돈세탁' 등 불법적 경제 활동의 도구가 될 우려도 있다. 또 이런 자산은 유동 속도가 빠른 편이라 자본 이동의 무질서를 심화시키거나, 심지어 일부 소국의 화폐 주권을 흔들어 글로벌 결제 시스템, 자본의 크로스보더 유동 관리, 각국 통화 정책, 더 나아가 국제 통화 시스템에 여러 문제를 불러올 수 있다.

이 문제를 해결하려면 '과학기술 거버넌스'의 힘이 필요하며 이를 글로벌 금융 감독 기구에 편입시켜야 한다. 2020년 4월, G20 산하 금융안정위원회(FSB)는 '글로벌 스테이블 코인'의 규제 문제에 관한 협의 보고서를 발표했다. 해당 보고서는 글로벌 스테이블 코인을 현행 규제 시스템으로 편입시킬 수는 있으나, 사안마다 개별적으로 분석해야 하며, 각 스테이블 코인의 운행 메커니즘과 경제적 기능에 따라 그에 적용할 구체적인 규칙과 규제 기관 사이의 직무를 명확히 규정해야 한다고 밝혔다.

CBDC의
거침없는 행보

코로나19가 전 세계를 덮친 뒤로 각국 정부는 디지털 경제 발전에 총력을 기울이고 있다. 그런데 디지털 경제가 발전하려면 디지털화된 금융 시스템의 지원이 필수적이며 화폐의 디지털화도 반드시 이루어져야 한다. 현재 세계 각국은 중앙은행 디지털화폐Central Bank Digital Currency, CBDC 발행을 서두르고 있다. 2021년 초, 국제결제은행(BIS)은 CBDC에 관한 세 번째 조사를 실시했다. 그 결과, 조사대상 중 86%가 적극적으로 CBDC의 잠재력을 연구 중인 것으로 밝혔다.[41] 2020년 10월, 바하마는 세계 최초로 정부 발행 디지털화폐인 샌드 달러Sand Dollar를 발행했다. 현재 대다수 국가에서 CBDC를 테스트하고 있다. 싱가포르통화청Monetary Authority of Singapore, MAS, 싱가포르은행협회(ABS)와 다수의 국제금융기관이 공동으로 연구·개발한 우빈Ubin은 블록체인에 기반해 법정 디지털화폐 결제에 쓸 수 있는 프로토타입을 개발했다. 2021년 7

월, 유럽중앙은행(ECB)은 디지털유로 프로젝트를 시작하겠다고 발표했다. 유럽중앙은행은 디지털유로 설계와 발행 등 제반 문제를 해결하기 위해 앞으로 2년 동안 연구조사를 실시할 것이라고 밝혔다. 미국도 CBDC 발행에 적극적으로 나서고 있다. 2020년 5월에 발표된 디지털 달러 백서에는 디지털달러 프로젝트의 핵심 원칙 등이 실렸다.

중국의 CBDC, 즉 디지털 위안화(e-CNY)는 상대적으로 앞서 나가고 있으며 현재 대규모 시범 사업이 추진되고 있다. 이미 많은 중국인이 디지털 위안화를 실생활에서 사용한 적이 있다. 2020년 10월, 디지털 위안화는 처음으로 클로즈베타테스트를 벗어나 선전시 뤄후구에서 일반 대중을 대상으로 오픈 테스트를 시작했다. 2020년, '12·12'(쌍십이절, 12월 12일) 쇼핑페스티벌 기간에 디지털 위안화는 쑤저우에서도 테스트를 진행했다. '펑이펑'(NFC 기반 결제 기능)을 통해 인터넷 연결 없이도 스마트폰끼리 접촉하면 결제가 가능하도록 했다. 2020년 말, 중국 공상은행(ICBC)은 디지털 위안화로 공익 기부하고 이 정보를 블록체인에 저장해 기부의 진실성, 유효성, 추적성을 보장했다. 2021년, 중국 국제 서비스 트레이드 페어(CIFTIS)에서 중국은행 전시 부스에 외화 환전기가 전시됐다. 이용자는 계좌나 은행카드를 등록하지 않고도 신분증이나 여권만으로 외국 통화와 디지털 위안화를 환전할 수 있었다. 현장에서 신원 검사, 안면 인식, 정보 확인을 마치면 10유로 지폐가 곧바로 74위안이라고 표시된 디지털 위안화 카드지갑으로 바뀌었다.

디지털 위안화의 중요한 특징 중 하나는 '프로그래밍 가능성'이다.

중국인민은행 디지털 위안화 연구개발팀은 2021년 7월에 발표한 중국 디지털 위안화의 연구개발 진전 백서에서 디지털 위안화는 화폐 기능에 영향을 미치지 않는 스마트 계약을 로딩해 '프로그래밍 가능성'을 실현했다고 밝혔다. 이에 따르면 안전성과 합법성을 전제로, 거래 당사자들이 정한 조건과 규칙에 따라 자동으로 지급결제가 이루어진다. 이는 사업 모델의 혁신을 부르고 확장성을 키우며 애플리케이션 시나리오와의 융합을 촉진할 것이다.[42]

메타버스에서 물리적 형태의 지폐는 디지털 경제 발전을 뒷받침할 수 없다. 각국은 새롭고 완전한 디지털 금융 시스템 마련을 서둘러야 한다. 각국의 CBDC는 디지털 금융 시스템의 중요한 디딤돌이다. 디지털 위안화는 미래지향적 화폐 형태이며 프로그래밍 가능성을 지닌 법정화폐다. 메타버스 시대에 디지털 위안화는 중국 내 각종 디지털 거래의 기반이 될 것이다.

10명 남짓으로 백억 달러짜리 프로젝트를 관리할 수 있는 이유

미국 나스닥증권거래소는 1971년에 설립됐다. 처음에 나스닥은 단순한 주식 시세 자동 통보 시스템이었다. 그러다가 1998년에 미국 최초로 온라인에서 거래가 이루어지는 주식 시장이 되었다. 나스닥은 전통적인 거래 시스템을 디지털 시스템으로 대체한 최초의 플랫폼이다. 애플, 마이크로소프트, 구글, 페이스북, 테슬라 등 빅테크 기업은 나스닥 상장을 선택했다. 2021년 9월 20일 기준, 나스닥에 상장한 주식은 총 4,503개다. 나스닥은 주식거래소이자 상장기업이다. 나스닥의 모회사는 나스닥 OMX 그룹이다.

그런데 '블록체인상의 나스닥'이라고 불리는 프로젝트가 있다. 2021년 5월, 이 프로젝트의 시가총액이 한때 220억 달러까지 치솟았다. 당시 나스닥 모기업의 시가총액은 약 273.18억 달러였다. 이 프로젝트의 2021년 9월 거래액은 10~20억 달러였고, 마켓메이커인 시장조성자

market maker(줄여서 MM)는 7만여 개에 달한다. 이에 비해 나스닥의 마켓메이커는 겨우 300여 개다. 더 놀라운 점은 나스닥 종사자가 5,696명이나 되는 데 반해 이 프로젝트 관련자는 겨우 10여 명(심지어 매우 오랜 동안 창업자 혼자서 관리해옴)뿐이라는 사실이다. 2018년에 첫발을 뗀 이 프로젝트는 겨우 3년의 역사를 쌓았지만 나스닥은 50년의 역사를 자랑한다.[43]

유니스왑, 새로운 금융 혁명의 예

이 프로젝트의 이름은 '유니스왑Uniswap'이다. 유니스왑은 이더리움 블록체인 기반 탈중앙화 거래소(DEX)다.(그림 9-3) 2020년 12월 기준, 유니스왑의 누적 거래량은 500억 달러를 넘어섰다. 이 거래량은 2만 6천 개의 서로 다른 거래쌍trading fairs에서 나왔다.[44] 2021년 9월 기준, 유니스왑의 하루 거래량은 수십억 달러에 달했으며 일일 수수료는 259만 달러에 달해 비트코인 블록체인 수수료 총액보다도 많았다.[45]

전통적인 사고방식으로 보면, 이 정도 규모의 업무를 추진하려면 수천 명의 직원과 수많은 계층으로 나뉜 조직이 필요하고, 관리 비용 또한 만만치 않을 것이다. 그런데 유니스왑은 이렇게 방대하고 복잡한 거래 시스템을 어떻게 '자동으로 돌아가게' 만들었을까? 그 답을 알려면 유니스왑이 만들어진 과정부터 살펴봐야 한다.

2017년 7월, 지멘스에서 엔지니어로 일하던 헤이든 애덤스Hayden

그림 9-3 유니스왑은 이더리움 블록체인 기반 탈중앙화 플랫폼이다. (출처: 유니스왑)

Adams는 회사에서 해고당해 인생 최악의 시기를 맞이한다. 불투명한 미래 때문에 고민하던 애덤스는 이더리움재단에서 일하던 친구 칼 플로어쉬Karl Floersch에게 고충을 토로한다. 이에 칼 플로어쉬는 블록체인이 미래라면서 이더리움에서 스마트 계약을 개발해보라고 권한다. 아래는 두 사람이 나눈 대화 내용이다.[46]

애덤스: 방금 회사에서 잘렸어.

플로어쉬: 축하해. 너한테 일어난 일 중 가장 좋은 일이네!!! 기계공학은 한물갔어. 이더리움이 미래지. 아직 초기 단계야. 네 새로운 미션은 스마트 계약을 개발하는 거야!

애덤스: 프로그래밍 안 배워도 되나?

플로어쉬: 꼭 그런 건 아니지만 프로그래밍은 엄청 쉬워. 아직 스마트

계약, 이더리움, 지분 증명, 무신뢰 컴퓨팅을 제대로 프로그래밍할 줄 아는 사람이 없어.

애덤스: 좋아…….

그리하여 이더리움과 스마트 계약이 애덤스의 삶에 들어오게 된다. 애덤스는 한번 해보자고 결심했다. 그래서 아무것도 모르는 상태에서 자바스크립트와 이더리움 스마트 계약 프로그래밍 언어를 공부하기 시작했다. 애덤스는 배운 것을 가지고 새로운 애플리케이션을 개발하기로 한다. 플로어쉬의 도움을 받아, 애덤스는 이더리움 창시자 비탈릭 부테린이 2016년 레딧에 발표한 글[47]에서 아이디어를 얻어 자동화 마켓메이커(줄여서 AMM)에 기반한 탈중앙화 플랫폼을 만든다.

지멘스에서 해고된 지 9개월째 되던 2018년 3월, 애덤스는 유니스왑 데모 버전을 프로그래밍한다. 사실 최초 버전은 코드가 300줄도 안 됐다. 그것을 계속해서 다듬고 프론트엔드 인터랙티브 웹페이지를 디자인한 애덤스는 2018년 11월 2일, 마침내 이 프로젝트를 정식으로 발표한다. 유니스왑이 처음 발표됐을 때는 그다지 시선을 끌지 못했다. 그러나 2020년에 디파이가 폭발적으로 성장하면서 탈중앙화 거래에 대한 수요가 비약적으로 증가했다. 그 결과, 유니스왑은 단숨에 이용자들이 가장 선호하는 플랫폼이 된다. 2020년 초, 유니스왑의 하루 거래량과 총 예치금은 수천만 달러 수준으로 늘어난다.[48] 2020년 5월, 이전 버전보다 더 우수하고 사용자 친화적인 유니스왑 V2가 출시된

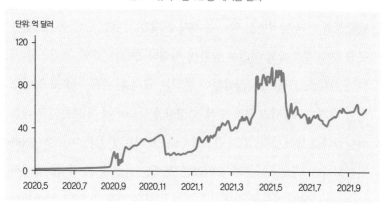

그림 9-4 유니스왑 V2 총 예치금 변화

단위: 억 달러

(출처: DeBank)

다. 2020년 9월, 유니스왑 V2 총 예치금은 10억 달러를 넘겼고, 2021년 4월에는 90억 달러를 돌파했다.(그림 9-4) 2021년 9월, 유니스왑 V2 총 예치금이 줄어들기는 했으나 여전히 50억 달러 이상을 유지했다. 2021년 5월, 유니스왑은 V3를 출시해 전문 마켓메이커와 거래자에게 더 강력한 툴을 제공했다.

자동화 마켓메이커는 어떻게 '자동화' 거래를 실현할까? 그 원리는 비탈릭 부테린이 레딧에 쓴 글에서 언급한 곱셈식인 'x · y=k'이다. 이 알고리즘을 통해 유니스왑은 스마트 계약으로 중간거래자의 역할을 대신하고 공식에 따라 계산한 가격으로 주관적인 호가를 대신했다. 또한 공평하고 투명한 자동화 거래수수료 분배 메커니즘에 기반해 조건에 부합하는 이용자는 모두 유동성 제공을 통해 '마켓메이커'가 될 수 있도록 했다.

유니스왑은 새로운 디지털 금융 변혁의 예를 보여줬다. 그러나 이런 탈중앙화 거래 방식에도 여러 문제가 존재한다. 예를 들어 유니스왑은 규제 준수 부분에서 어려운 상황에 처했다. 2021년 7월, 유니스왑 개발팀 유니스왑 랩스는 '끊임없이 변하는 규제 환경'을 이유로 유니스왑 인터페이스에서 토큰화 주식, 파생상품 등 100여 개 토큰의 거래를 차단한다고 발표했다. 2021년 9월 《월스트리트저널》은 미국증권거래위원회가 유니스왑을 조사 중이라는 소식을 전했다. 또 유니스왑에서는 누구나, 어떤 자산에 대해서든 유동성 풀을 만들 수 있다. 한마디로 문턱이 아예 없는 셈이라 문제가 있는 자산도 거래가 가능하다. 이 때문에 인위적인 시세 조작이 끊이지 않고 사기 사건도 심심치 않게 발생한다.

정리하자면, 유니스왑이 지금까지 거둔 성과는 긴 여정의 첫걸음일 뿐이다. 앞으로도 지속적으로 건전하게 발전하려면 넘어야 할 산이 한두 개가 아니다. 특히 규제 준수, 자금 세탁 방지 등 복잡하면서도 까다로운 문제를 해결해야 한다.

쉽게 이해하는 자동화 마켓메이커

유니스왑 운행 메커니즘을 이해하기 전에 마켓메이커가 무엇인지 알아보자. 마켓 메이커는 증권 시장 거래 중, 거래를 원하는 투자자에게 증권상품의 매매 호가를 제공하고 호가에 따라 매수하거나 매도해 유동성을 제공하는 전문 투자기관을 말한다. 간단히 말해 판매자와 구매자의 원활한 거래를 위해 시장을 조성하는 일을 한다.

예를 들어 어떤 투자자가 증권상품을 매도하고자 한다. 그런데 마켓메이커가 없다면 매수자가 나타날 때까지 마냥 기다려야 한다. 아마 굉장히 오래 기다려야 하거나 시장가로 거래하지 못할 공산이 크다. 그러나 마켓메이커가 있으면 마켓메이커가 매수자가 되어 매도자와 거래를 한다. 마켓메이커는 양방향으로 호가를 내기 때문에 매매차익을 거둘 수 있다.

나스닥은 많은 마켓메이커가 활동하는 거래소다. 규정에 따라 증권마다 최소 2개 이상의 마켓메이커가 있어야 한다. 실제로는 증권마다 평균 10개 정도가 있으며, 거래가 활발한 일부 증권의 경우에는 40개가 넘는 마켓메이커가 있다. 전통적인 마켓메이커와 달리, 유니스왑 자동화 마켓메이커는 스마트 계약을 통해 알고리즘 '로봇'이 마켓메이커의 호가와 거래 행위를 대신한다. 그러나 이 로봇의 호가는 수학 공식에 따라 계산된 것이며 거래 행위는 규칙에 따라 프로그램에 의해 자동으로 이행된다. 구체적으로 보면, 유니스왑의 자동화 마켓메이커와 기존의 마켓메이커는 다음 세 부분에서 크게 다르다.

■ 시장을 조성하는 주체가 다르다

기존 모델에서는 증권회사 또는 펀드회사 등 금융기관이 시장을 조성했고 트레이더가 실제로 이행했다. 그러나 자동화 마켓메이커 모델에서는 컴퓨터 프로그램(로봇)이 코딩된 규칙에 따라 자동거래를 실시해 시장을 조성한다. 여기서 말하는 프로그램은 일반적인 프로그램이 아니라 블록체인상의 스마트 계약을 가리킨다. 이 말은 그 누구도 로봇의 행위를 멋대로 바꿀 수 없다는 뜻이다.

■ 가격 결정 방식이 다르다

이것도 자동화 마켓메이커 메커니즘이 불러온 눈에 띄는 변화 중 하나다. 기존 모델에서는 마켓메이커가 주관적으로 시장을 조성했다. 트레이더가 시장 상황에 따라 판단을 내리고 가격을 결정했다. 그러나 유니스왑에서 '로봇'은 간단한 곱셈식 'x·y=k'에 따라 가격을 결정한다.

이렇게 간단한 공식이 어떻게 자동으로 가격을 결정하는 걸까? 이 공식에서 x는 유동성 풀[49] 안에 있는 2종의 자산 중 어느 한쪽의 수량을 나타내고, y는 다른 한쪽 자산의 수량을 나타낸다. k는 항상 일정한 값을 가지는 상수로, $x \times y = k$다. 현재 ETH/USDC 거래쌍의 환전 비율이 1:3000이라고 가정해보자. 마이클이 이 거래쌍의 '마켓메이커'가 되려면 이 비율에 따라 유동성 풀에 1ETH와 3,000USDC를 예치해야 한다. $x \times y = k$ 공식에 따라 $1 \times 3,000 = 3,000$이다. 즉 k=3,000이다. 이 수량은 유지되며 이를 통해 ETH와 USDC의 호가를 확정한다.

원래는 마이클 한 사람만 유동성을 제공했는데, 다시 말해 유동성 풀에 마이클 한 사람이 예치한 자산밖에 없는데 또 다른 거래자 앨리스가 와서 USDC를 0.1ETH로 바꾸고 싶어 한다. 프로그램은 앨리스가 원하는 대로 환전하면 유동성 풀에 0.9ETH밖에 남지 않음을 알게 된다. k=3,000이 항상 일정하게 유지된다는 조건에 따라, 유동성 풀에 3,333.33USDC(3,000/0.9=3,333.33)가 있어야만 K가 일정하게 유지될 수 있다(즉 k=3,000일 수 있다). 그런데 원래 유동성 풀 안에는

3,000USDC밖에 없으므로 '로봇'은 이 계산 결과에 따라 앨리스에게 333.3USDC를 내야만 0.1ETH로 환전이 가능하다고 알려준다. 이때 어떤 사람이 환전을 하면서 ETH 가격이 변해 1ETH=3,000USDC에서 1ETH=3,333.33USDC로 변했다. 이와 같은 실제 거래 가격과 처음 호가의 차이를 '슬리피지slippage'라고 한다. 물론 극단적인 예이지만, 유동성 풀이 매우 작아(마이클이 제공한 1ETH와 3,000USDC뿐임)앨리스의 거래 명령이 상당히 큰 '가격 충격'을 줘 거래 슬리피지가 이처럼 높은 것이다. 정상적인 상황에서 ETH/USDC와 같은 자산쌍의 유동성 풀은 상당히 크다. 그래서 만약 유동성 풀에 10,000ETH와 30,000,000USDC가 있다고 가정하면, 앨리스는 0.1ETH로 바꾸기 위해 300.003USDC만 내면 된다.

■ 마켓메이커가 사용하는 자산이 다르다

기존 모델에서 마켓메이커가 시장을 조성할 때 쓴 자산은 거의 자기자본이었다. 그래서 사용할 수 있는 레버리지 비율이 높지 않아 시장을 조성할 수 있는 자본량이 제한적이었다. 그러나 자동화 마켓메이커 모델에서는 관련 리스크[50]를 이해하고 효과적으로 통제할 수 있으며 소재지의 법규가 요구하는 바에 부합하는 이용자는 모두 유동성 풀에 자산을 제공하는 유동성 제공자liquidity providers(줄여서 LP)가 될 수 있다. 스마트 계약에 설정된 규칙에 따라 마켓메이커 로봇이 얻은 거래수수료는 모든 유동성 제공자에게 자동으로 분배되며 분배 과정은 공개적이고 투명하다.

이밖에 유동성 제공자가 많을수록 유동성 풀의 자산도 많아져서 환전하려는 이용자가 겪을 슬리피지가 작아지기 때문에 더 많은 이용자를 끌어들일 수 있다. 그러면 그에 상응하는 수수료 수익도 커져 눈덩이가 굴러가듯 선순환이 만들어진다.

디파이가 이끄는
금융업의 디지털화

앞서 자동화 마켓메이커의 혁신적 모델과 블록체인 스마트 계약이 만나 일으킨 엄청난 변혁의 힘을 이야기했다. 사실 디파이 세계에서 이와 비슷한 사례는 쉽게 찾아볼 수 있다. 이러한 변혁의 힘은 디지털 자산의 '프로그래밍 가능성'에서 나온다. 프로그래밍 가능성이란, 디지털화한 자산을 컴퓨터 프로그램 안에 두고, 기존에 설정한 규칙에 따라 프로그램이 이 자산으로 결제, 담보, 환전 등을 진행할 수 있도록 승인하는 것을 말한다. 이 과정은 사람의 조작이 불필요하며 컴퓨터 코드로 완전히 제어된다.

자금 또는 자산의 '프로그래밍 가능성'을 구현한 시나리오는 일상 곳곳에서 찾아볼 수 있다. 알리페이, 위챗페이 등 제삼자 결제가 보편화되기 전에는 주차장에서 대부분 현금으로 주차료를 냈다. 그러나 현금 지급 방식에는 문제점이 많다. 일단 주차료를 주차장 관리원이 계산하기 때문에 부정행위와 계산 착오가 생기기 쉽다. 또 거스름돈으로 내줄 잔돈을 많이 준비해둬야 하는데, 잔돈을 거슬러주는 과정에서 위조지폐가 사용된다거나 액수를 잘못 계산하는 문제가 발생할 수 있다. 그뿐만이 아니다. 사람이 요금을 징수하는 과정은 처리 속도가 굉장히 느리기 때문에 이용자가 몰리는 시간에는 길게 줄이 늘어선 채로 한참을 기다려야 한다.

제삼자 결제가 보편화되면서 대다수 주차장이 최신식 설비를 갖췄다. 이제는 차량 번호판을 스캔해 시스템이 요금을 정산하고 자동으로 차감한다. 만약 차주가 사전에 알리페이와 차량 번호판을 연동시키는 계약을 맺었다면, 시스템이 자동으로 주차료를 정산하고 알리페이는 그 결과를 바탕으로 이용자의 자금에서 자동으로 수수료를 지급한다. 모든 과정이 자동화되어 있어 편리할 뿐만 아니라 문제가 발생할 확률도 낮다. 이는 자금의 '프로그래밍 가능성'을 구현한 사례 중 하나다.

그러나 앞서 말한 사례에서 모든 거래는 알리페이 등 중앙화된 시스템에 의존한다. 우리는 이처럼 중앙화된 시스템이 거래를 제어하고 자금을 가져다 쓰는 모델을 '중앙화된 프로그래밍 가능성 거래'라고 부른다. 이런 유형의 거래는 이용자가 알리페이 시스템을 100% 신뢰하고, 알리페이에 자산을 위탁하길 원하며, 시스템이 비용을 정확하게 차감한다고 믿어야 가능하다. 그러나 사실 이런 모델에도 리스크가 존재한다. 위탁관리 자금의 안전에 관한 것인데, 자동으로 비용을 차감하는 과정에서 시스템은 의도적 또는 비의도적으로 비용을 잘못 차감하기도 한다. 또 이런 중앙화된, 프로그래밍 가능한 거래 프로그램은 오픈소스가 아니라서 투명하지 않다. 그래서 거래 메커니즘의 안전성을 판단하기 어렵다.

정리하자면, 이런 모델은 소액 거래 시나리오에서는 쓸 수 있지만 거액을 거래할 때는 쓸 수 없으며 대규모로 응용할 수도 없다.

메타버스 시대의 수요를 고려하면, 이런 '중앙화된 프로그래밍 가능한 거래' 방식은 확장성이 없어 대량의 디지털 자산 지급 및 거래 수요를 감당할 수 없다. 그래서 자산 소유자가 스스로 자산을 제어할 수 있고(위탁관리 아님) 안전하고 투명하며 믿을 수 있는 자동화 거래 모델이 필요하다.

디파이가 급속히 성장한 이유

블록체인과 스마트 계약의 등장은 '업그레이드 버전'의 프로그래밍 가능성을 제공했다. 자산의 안전성과 규칙의 투명성이 보장된다는 전제하에서 소스가 오픈된 블록체인 스마트 계약은, 조건 충족 여부에 따라 자동으로 이런 간단한 지급결제를 이행하며 자산의 담보, 전환 등 더 복잡한 거래도 처리할 수 있다. 바로 이 '탈중앙화된 프로그래밍 가능 거래' 메커니즘에 기반해 디파이가 급속히 성장했고, 메타버스 시대의 새로운 디지털 금융 시스템을 구축해 금융의 '지능화'를 실현해가고 있다.

그림 9-5 영국 시사주간지 《이코노미스트》는 디파이를 커버스토리로 다뤘다. (출처: 《이코노미스트》)

일찍이 블록체인의 가치를 알아보고 '신뢰 기계'라는 이름을 붙여준 영국 시사주간지 《이코노미스트》는 2021년 9월 18일, "토끼굴 속으로: 탈중앙화 금융의 매력적인 약속과 수많은 위험"이라는 제목의 커버스토리를 싣는다.(그림 9-5)[51] 이 글의 필자는 디파이가 금융업의 앞날에 매력적인 비전을 그리는 한편, 여러 가지 위험도 불러왔다고 주장했다. 디파이는 이론적으로 믿을 수 있고, 싸고, 투명하고, 빠른 거래를 제공하며 디지털 경제의 틀까지 다시 짜, 종국에는 화폐의 작동 방식과 디지털 세계의 운행 방식을 송두리째 바꿀 것이다.

디파이는 블록체인 스마트 계약, 토큰 모델, 알고리즘 인센티브, 경제 커뮤니티 등 혁신적인 요소를 종합적으로 응용했다. 최첨단 기술, 스마트 비즈니스, 개방적 조직, 디지털 금융 등 혁신 모델을 통합해 금

그림 9-6 디파이 프로젝트 총 예치금 변화

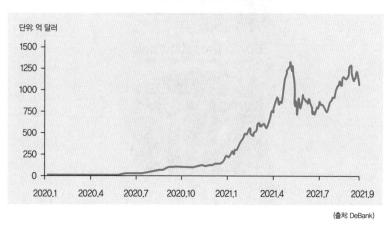

(출처: DeBank)

융과 비즈니스 생태계에 변혁의 바람을 불러왔다. '제로'에서 출발한 디파이는 지난 몇 년간의 탐색과 발전을 거쳐 이미 총 예치금이 1천억 달러에 달하는 거대한 시장으로 성장했다. 2020년만 해도 겨우 90억 달러에 불과했던 디파이 총 예치금은 2021년 9월 20일 기준, 1,102.44억 달러에 달했다.(그림 9-6)[52] 탈중앙화 거래소(DEX) 거래량은 2021년 2분기에 4,050억 달러에 달해 전년 동기 대비 117배 성장했다.[53] 디파이 이용자 수도 2020년 초부터 놀라운 속도로 증가해 2021년 9월 19일 기준, 338만 명을 기록했다.[54]

디파이의 4가지 발전 방향

디파이의 탄생과 발전을 촉발시킨 사건이 있다. 바로 '마운트 곡스 해킹 사건'이다.(194쪽 참조) 2014년 암호화폐 거래소 마운트 곡스가 해킹 피해를 입고 파산하면서 초기 디지털 자산 보유자들은 막대한 손실을 보았다. 이 일로 사람들은 중대한 깨달음을 얻었다. 아무리 블록체인이 디지털 자산의 소유권을 확정 짓고 유통이 '탈중앙화'되더라도 '중앙화'된 방식으로 거래할 수밖에 없다면 자산의 안전을 보장할 수 없다는 것이었다. 그래서 블록체인상의 스마트 계약을 통해 탈중앙화된 방식으로 디지털 자산 거래를 시도하는 움직임이 생겨났다. 그리하여 '오더북order book'(호가창) 기반, 탈중앙화 거래소가 만들어지게 된다. 디파이의 역사가 시작되는 순간이다.

오더북 탈중앙화 거래소가 등장하면서 디파이는 주로 다음 4가지 방향으로 발전하기 시작한다.(그림 9-7) 하나, 자산 범위가 확대되었다. 스마트 계약에 기반한 스테이블 코인(디지털 자산 스테이킹형 스테이블 코인 DAI와 알고리즘 스테이블 코인 BASIS 등), 크로스체인 자산(비트코인과 1:1로 연동되는 이더리움 블록체인 기반 토큰 WBTC 등), 합성자산(Synthetix 등)이 출현했다. 둘, 거래 효율이 개선되었다. 자동화 마켓메이커 메커니즘에 기반한 유니스왑, 팬케이크스왑PancakeSwap, MDEX, 스시스왑 Sushiswap, 밸런서Balancer, 퀵스왑QuickSwap 등 종합적 DEX와 특정 분야에 집중한 DEX(탈중앙화 스테이블 코인 환전 플랫폼인 Curve 등)가 출현했다. 셋, 대출 수요를 만족시켰다. 디지털 자산 담보대출(담보대출 프로토콜 Compound, Maker, Venus, Liquity 등) 및 블록체인의 비연속성 특징을 이용한 개인 간 P2P 대출[55](AAVE가 제공하는 관련 상품 등)이 출현했다.

그림 9-7 디파이 업계의 발전 과정

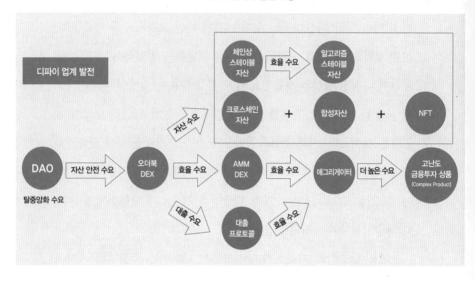

넷, 자금 효율이 높아졌다. 일드 애그리게이터Yield Aggregator 등 전문 플랫폼이 출현했다. 이런 플랫폼은 탈중앙화 방식으로 최적화된 자산 수익 기회를 제공하거나 정기적인 자동 조정을 통해 더 높은 수익을 얻게 한다(Yearn Finance 등).

디파이의 주요 분야에는 위에서 언급한 디지털 자산과 구체적인 애플리케이션 외에도 인프라와 툴이 포함된다. 구체적으로는 퍼블릭 블록체인, 레이어 2(Layer 2, Polygon, Arbitrum 등), 지갑(MetaMask, imToken 등), 자산관리 툴과 제어기(DeFiBox, DeBank 등), 블록체인 브라우저(Etherscan 등), 가스비 툴(Gas Now), 블록체인 데이터 분석 툴(Chainanalysis, The Graph, Dune Analytics 등) 등이 있다. 인프라가 보완되고, 툴 경험이 최적화되고, 디지털 자산이 다양해지고, 탈중앙화 애플리케이션 기능이 완성되고, 시나리오가 확장되면서 디파이 생태계가 급속히 성장했다.

디파이의 출현은 블록체인 기반 '분산식 비즈니스 모델'이 꿈에서 현실이 되어감을 의미하기도 한다. 디파이 덕분에 이용자는 자신의 디지털 자산을 완전하게 소유 및 통제하고 각종 탈중앙화 애플리케이션을 자유롭게 사용할 수 있게 되었다. 또 거래 과정도 더욱 투명하고 믿을 수 있으며 안전해졌다. 현재 디파이는 최첨단 핀테크의 테스트베드가 되고 있다. 또 자산의 안전성, 독립성, 유동성, 거래 효율을 향상시켜 금융업의 디지털화, 지능화에 박차를 가해 진정한 '디지털 금융'을 실현해가고 있다. 디파이가 바꿔가는 5대 금융 서비스 분야에 대해 구체적으로 알아보자.

디파이가 이끄는 금융 서비스의 5가지 변화

하나, 업무의 매개가 바뀌었다. 블록체인상의 오픈소스인 스마트 계약 프로그램을 통해 진정한 '탈중앙화' 방식으로 업무를 진행해 거래 상대방 위험을 최소화했다. 이로써 금융업에서 신뢰 메커니즘의 근본적 변화를 일으켰다. 대다수 디파이 프로젝트의 거래 메커니즘은 P2C$_{peer}$ $_{to\ contract}$다. 여기서 컨트랙트는 블록체인 스마트 '계약'을 뜻한다. 사실 이용자의 거래 상대방은 모두 스마트 계약이다. 스마트 계약은 대부분

소스가 오픈돼 있고 제삼자 보안감사업체의 코드 감사를 거친다. 블록체인상에서 모든 거래를 조회할 수 있어 투명도가 매우 높다. 누구나 실시간으로 자산의 동향을 모니터링할 수 있어 스마트 계약 내 자산의 안전성이 보장된다. 그래서 디파이는 신뢰 메커니즘에 근본적인 변화를 일으켰다. 이용자의 신뢰는 블록체인과 스마트 계약 자체에서 비롯된다. 대기업의 브랜드 보증 효과가 약해짐에 따라 스타트업에 더 많은 기회가 찾아들기 시작했다.

둘, 리스크 메커니즘이 바뀌었다. 디파이 금융 세계에서는 스마트 계약을 기반으로 거래가 자동이행되기 때문에 인위적인 주관적 요소가 배제된다. 그 결과, 신용 리스크와 조작 리스크가 크게 줄었다. 대신 네트워크 안전에 관한 리스크가 늘었다. 일부 스마트 계약의 경우, 규칙과 로직이 불완전하고 코드에 취약점이 있어 해커의 공격으로 인해 자산을 잃을 우려가 있다.

셋, 분배 모델이 바뀌었다. 현재 이자 농사 메커니즘은 디파이 분야에서 폭넓게 응용되고 있다. 프로젝트 핵심 자원에 대한 이용자(디지털 기여자)의 기여도에 따라 투명하고 공평하게 프로젝트의 장기적 가치를 자동으로 분배한다.

넷, 조직 형태가 바뀌었다. 재단을 비롯한 중앙화 과도기 형태의 조직 대신, 경제 커뮤니티가 주류가 되었다. 대다수 디파이 프로젝트 거버넌스는 블록체인상의 거버넌스 메커니즘을 통해 실현된다. 그리고 거버넌스의 대다수 핵심 프로세스는 스마트 계약을 통해 완성된다. 사실 이런 모델에는 더 이상 프로젝트 재단이 필요하지 않으며 자동으로 운영된다. 현재 경제 커뮤니티가 주류 조직이 되어가고 있다.

다섯, 산업 관계가 바뀌었다. 디파이 시대는 개방형 금융의 시대다. 디파이는 개방도가 매우 높은 금융 시스템으로 서로 다른 프로젝트의 업무가 중첩되거나 합쳐지는 경우가 비일비재하다. 퍼블릭 블록체인에서 각 스마트 계약은 인터페이스를 통해 다른 스마트 계약의 기능을 전용할 수 있다. 이 과정은 간단하고 빠르고 투명하다. 예를 들어 일드 애그리게이터는 복잡한 자산 집행 위임 과정 없이 인터페이스를 통해 전용한다. 이리하여 이용자의 자산을 여러 프로젝트에 묶어서 배치하고 자동으로 조작해 거래 편의성을 제공하면서 비용을 낮춘다. 또한 이용자가 최적의 배치 조합을 선택할 수 있게 돕는다.

아직 해결해야 할 과제, 디파이의 안전 문제

기술의 발전은 양면성을 지닌다. '탈중앙화된 프로그래밍 가능한 거래'도 다양한 문제와 리스크를 일으킬 수 있다. 스마트 계약은 코드에 기반해 자동으로 이행된다. 그러나 만약 코드에 취약점이 있다면 해커의 표적이 돼 자산을 잃을 수 있다. 게다가 프로젝트팀이 의도적으로 백도어를 설치해 이용자의 자산을 빼돌릴 가능성도 있다. 2021년 7월부터 8월 초까지 한 달 반밖에 안 되는 기간에 디파이 분야에서 보안과 관련된 사건이 무려 11건이나 발생했다.[56] 이 중 가장 기억에 남는 사건은 폴리 네트워크 해킹 사건이다.

크로스체인 폴리 네트워크Poly Network는 해커의 공격을 받아 자그마치 6.1억 달러나 되는 디지털 자산을 도난당했다. 다행히 얼마 후 이 해커는 자산을 돌려주기로 하고 이더리움 트랜잭션에 포함된 메시지를 통해 공개적인 질의응답을 진행했다. 해커는 자신이 악의적인 해커가 아니라 프로젝트에 도움을 주려는 화이트 햇white-hat 해커라고 주장했다. "처음에 버그를 발견한 뒤 누군가 이 버그를 악용해 자산을 탈취할까 봐 걱정됐다. 그래서 나는 이 수억 달러나 되는 디지털 자산을 내가 신뢰할 수 있는 안전한 계좌에 옮긴 것이다." 이후 그는 돈에는 관심이 없다면서 이 디지털 자산을 프로젝트팀에 돌려줬다. 엄청난 금액의 디지털 자산이 탈취당한, 이 코미디 같은 사건은 세계적인 이슈가 되었다. 또한 스마트 계약의 안전성을 시급히 강화해야 하며 데이터와 자산을 안전히 보호할 수 있는 명확한 대책을 세워야 함을 일깨워주었다.

디파이의 안전 문제에서 다음 두 분야에 관심을 가져야 한다. 하나, 프로젝트 스마트 계약 코드가 인지도 높은 보안감사기관의 코드 감사를 거쳤는지 확인해야 한다. 전문적인 코드 감사를 거치면 대부분의 버그를 효과적으로 찾아낼 수 있기 때문에 스마트 계약의 안전성이 높아진다. 현재 디파이 프로젝트가 주로 이용하는 보안감사기관은 서틱Certik, 팩실드PeckShield, 슬로미스트SlowMist 등이다. 그러나 감사를 받았다고 해서 '완전무결'한 것은 아니다. 감사업체가 발견하지 못한 새로운 취약점이 있을 수도 있다. 이밖에 감사를 받은 후에 업데이트를 실시하면 새로운 취약점이나 악의적으로 수정된 부분이 생길 수도 있다. 그러므로 스마트 계약이 새로운 기능 모듈functional module을 추가하거나 업데이트를 했다면 최신 버전 스마트 계약에 대한 보안감사 보고가 있는지를 확인해야 한다.

둘, 정기적으로 권한 위임 프로젝트를 정리해야 한다. 디파이 서비스를 사용하면, 스마트 계약이 자신의 지갑 속 디지털 자산을 전용할 수 있도록 권한을 위임해야 하는 경우가 종종 생긴다. 정식 프로젝트는 대개 권한 위임 범위에 대해 엄격한 제한을 둔다. 그러나 일부 악의적인 프로젝트는 높은 수익률을 미끼로 이용자가 권한을 위임하게끔 만든 다음, 스마트 계약을 통해 이용자 지갑에서 권한을 위임한 자산을 전부 빼내 간다. 따라서 권한을 위임할 때는 이와 관련한 리스크를 피하기 위해 권한 위임 한도를 해당(1회) 트랜잭션으로 한도를 제한해야 한다. 또한 이미 권한을 위임한 프로젝트를 정기적으로 정리해야 한다. 더 이상 사용하지 않는 것은 곧바로 해지한다.

정리하자면, 메타버스는 디지털화된 세계이므로 금융 생태계도 디지털화되어야 한다. 단순히 형태만 디지털화하는 것이 아니라 디지털 금융의 본질적 특성에도 맞아야 한다. 디지털 금융은 진정한 포용금융을 실현해 모든 사람이 진입장벽 없이 적은 비용으로, 효율적으로 디지털 금융 서비스를 사용할 수 있게 한다. 모든 것은 프로그래밍할 수 있다. 또 스마트 계약은 인위적인 조작을 막아 신용 리스크와 조작 리스크를 없앤다.

METAVERSE

기술 혁신이
메타버스의 미래를 움직인다

메타버스의 발전은 기술 혁신에 달려 있다.

클라우드 컴퓨팅, 분산 저장, 사물인터넷, VR, AR, 5G, 블록체인, 인공지능 등 최첨단 디지털

기술이 집약된 혁신과 융합된 응용이 메타버스의 발전을 이끈다. 인류는 전대미문의 융합 혁신

을 통한 '기술 대폭발' 단계에 들어섰다. 이런 최첨단 기술이 융합 발전해 끊임없이 새로운 種

을 탄생시키고 있다.

메타버스의
4대 기반 기술

2021년 4월, 반도체 기업 엔비디아_{NVIDIA}는 2021년 GTC_{GPU Technology} _{Conference}를 개최했다. 코로나19 때문에 콘퍼런스는 온라인으로 진행되었으며 엔비디아 창업자 젠슨 황_{Jensen Huang}은 자신의 집 부엌에서 기조연설을 했다. 젠슨 황은 엔비디아를 '종합 컴퓨팅 회사'라고 정의했다. '주방장'이 된 젠슨 황은 주방 장갑을 끼고 엔비디아가 출시한 신제품을 하나씩 '내오며' 거하게 한 상을 차려냈다.

우리는 젠슨 황이 본인의 집 부엌에서 이 영상을 찍은 줄 알았다. 그

그림 10-1 엔비디아 발표회 영상 중 14초는 컴퓨터가 합성한 가상 장면이었다. (출처: 엔비디아)

런데 1시간 48분짜리 영상에서 14초 동안 아주 특이한 장면이 등장했다. 진짜 부엌이 해체되고 옴니버스의 홀로덱holodeck으로 바뀌면서 '젠슨 황의 아바타'가 실제 젠슨 황 대신 등장해 연설을 이어간 것이다.(그림 10-1)

엔비디아의 엔지니어들은 엔비디아 옴니버스NVIDIA Omniverse 기술을 빌려 컴퓨터로 실사같이 렌더링(수식으로 꾸며진 데이터를 멋진 영상물로 변환하는 과정-옮긴이)한 가상 세계를 만들어냈다. 엔지니어들은 진실을 알아챌 단서를 곳곳에 남겨뒀지만 실제와 너무나도 똑같아서 거의 아무도 눈치채지 못했다. 2021년 8월, 세계적인 컴퓨터 그래픽 회의인 ACM 시그라프SIGGRAPH에서 엔비디아는 위에서 말한 영상 제작 과정을 스스로 '폭로'했다. 진실은 곧 엄청난 반향을 일으켰다.

우리는 지금 기술 대폭발 시기에 산다

엔비디아 옴니버스는 엔비디아가 메타버스 구축을 위해 개발한 시뮬레이션 및 협업 플랫폼이다. 이 플랫폼에서 개발자는 실제와 똑같은 가상 세계를 실시간으로 시뮬레이션할 수 있다. 3D 장면을 디자인한 애니메이터, 디지털 건축을 디자인한 건축가 등 '메타버스 엔지니어'들은 온라인에서 파일을 공동 편집하듯이 아주 손쉽게 3D 디지털 장면을 디자인했다. 젠슨 황은 앞으로 기술이 끊임없이 발전하면서 가상 세계와 현실 세계가 교차하고 융합될 것이라고 했다. "물리 세계에 어떤 물건을 놓기 전에 디지털 트윈 메타버스에서 모든 것을 시뮬레이션 해볼 수 있으며 VR과 AR로 드나들 수도 있다. (……) 메타버스에서는 이 모든 것이 우리의 우주에서보다 훨씬 큰데, 100배쯤 될 것이다.”

실제보다 더 실제 같은 이 영상에 미디어의 관심이 집중됐다. 심지어 실제 영상과 가상 영상을 구분하지 못해 논란이 일기도 했다. 가상 장면과 실제 녹화 장면에 큰 차이가 없었기 때문에 영상 전체가 시뮬레이션 모델링, RTX, GPU 그래픽 렌더링으로 만들어진 거로 생각하는 사람이 대부분이었다. 몇몇 테크미디어는 지금의 렌더링 기술이 육안으로 식별할 수 없는 경지에 이르렀다고 감탄하기도 했다. 물론 컴퓨터로 시뮬레이션 한 부분은 영상 중 단 14초뿐이고, 나머지는 실제로 녹화한 것임을 눈치챈 사람도 있었다. 이는 아직까지 컴퓨팅 파워와 기술이 완전한 메타버스를 실현하기에는 부족하며 가상과 현실의 완전한 융합까지는 아직 갈 길이 멀다는 사실을 뜻했다. 진정한 메타버스를 구축하려면 기술 혁신, 컴퓨팅 파워 증대, 그린에너지 실현, 관련 인프라 구축이 선행되어야 한다.

인터넷의 업그레이드는 기술 혁신을 통해 실현되었다. 웹 1.0~2.0 시대에는 무어의 법칙에서 예상한 바처럼 기술의 지속적인 진보가 PC와 스마트폰 컴퓨팅 능력을 기하급수적인 속도로 향상시켰다. 또 광네트워크, 3G, 4G 기지국 등 IT 인프라의 대규모 건설도 네트워크 접속 속도를 향상시키고 비용을 낮춰 인터넷의 발전과 번영을 불러왔다.

미국 자산운용사 아크인베스트Ark Invest에 따르면, 현재 우리는 기술이 중첩되고 융합 혁신하는 '기술 대폭발' 시기에 들어서고 있다.(그림 10-2) 18세기 말부터 19세기 초, 영국의 제임스 와트James Watt가 증기 기관을 개량해 1차 산업혁명을 불러온 뒤, 기계화 혁신으로 대규모 철도 건설이 가능해졌다. 이는 인류 역사상 최초의 교통 혁명을 이뤄 각지의 물리적 거리를 단번에 '줄였다.' 1876년에는 미국의 발명가 알렉산더 그레이엄 벨Alexander Graham Bell이 세계 최초로 전화기를 발명했다. 그리하여 물리적으로 멀리 떨어져 있는 사람끼리 실시간으로 소통할 수 있게 되면서 전 세계 통신 및 협력 방식에 혁명이 일어난다.

1885년, 독일의 엔지니어 칼 프리드리히 벤츠Karl Friedrich Benz는 세계 최초의 내연기관 자동차를 발명해 사회와 경제의 운행 효율을 근본적으로 향상시켰다. 19세기 후반, 다양한 분야에 전기가 쓰이면서 2차 산업혁명이 시작된다. 20세기 말, 컴퓨터 등 IT의 탄생은 인류를

그림 10-2 혁신 플랫폼이 경제 활동에 미치는 영향

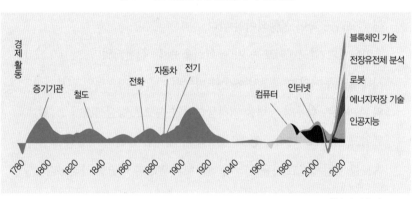

(출차: 아크인베스트)

인터넷 시대로 날려 보냈다. 21세기 초, 블록체인 기술, 전장유전체분석Whole Genome Sequencing, WGS, 로봇, 에너지저장 기술, 인공지능 등 '파괴적 기술'이 동시다발적으로 출현하고 상호 융합을 통해 승수 효과를 내고 있다. 역사상 유례없는 '기술 대폭발' 현상은 마찬가지로 유례를 찾아볼 수 없는 엄청난 변혁과 기회를 불러왔다.

이런 파괴적 기술이 융합과 혁신을 이루고 집약적으로 응용된 것이 바로 메타버스다. 중신증권 연구부는 메타버스를 두고 '최첨단 기술을 끊임없이 융합해 실현한 기술 혁신의 총합'이라고 정의했다.[57] 예를 들어 GPU 집적회로, 인공지능, 3D 모델링, 클라우드 컴퓨팅, 게임 애플리케이션과 같은 분야의 혁신은 엄청난 양의 콘텐츠를 가진 오픈월드의 기술적 기반이 되었다. 이는 또한 3D 소셜 플랫폼, 초고속 통신망, 초고해상도 디스플레이 등 기술과 융합해 실제 세계만 한 디지털 세계를 만들어 메타버스로 가는 길을 깔았다. 개별적으로 흩어져 있던 많은 기술이 상상을 뛰어넘는 속도로 융합해 새로운 '종種'을 탄생시키고 있다. 이러한 혁신의 성과가 모두 더해져 메타버스를 형성한다.

메타버스를 제대로 구축하고 확장하려면 기술 진보와 인프라 건설이 필수다. 메타버스를 구축하려면 4대 기반 기술, 즉 모델링, 매핑, 접속, 응용 등 이 4가지 기술이 필요하다고 생각한다.(그림 10-3) 그리고 각각에 대응하는 일련의 기술들이 존재한다. 이 기술들의 발전은 명확한 선후 관계가 없으며 동시다발적으로 발생해 함께 발전하고 쉼 없이 진보한다.

그림 10-3 메타버스의 4대 기반 기술

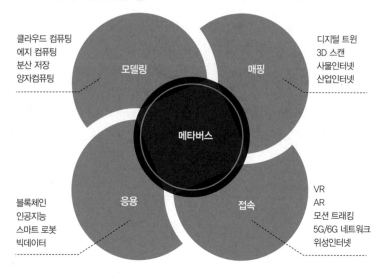

이 중에서 모델링 기술은 메타버스 내 디지털 공간을 형성하고 지속적으로 최적화한다. 매핑 기술은 물리 세계와 디지털 세계를 소통 및 중첩시킨다. 즉 물리 세계의 실체를 디지털 공간에 매핑할 수도 있고 반대로 디지털 공간을 물리 세계에 반영할 수도 있다. 접속 기술은 이용자가 메타버스로 들어갈 수 있는 길을 열어주고 디지털 공간과 물리 공간을 자유롭게 오갈 수 있게 해준다. 응용 기술은 인간과 컴퓨터의 긴밀한 상호작용과 유비쿼터스를 실현해 스마트 경제 시스템의 지속적 운영과 새로운 가치 창조를 지원한다.

끊임없이 디지털 공간을 발전시키는 모델링 기술

모델링 기술은 공간적으로 크고, 충분히 많은 사람이 동시에 사용할 수 있고, 데이터가 방대하며, 영구적으로 발전할 수 있는 디지털 공간을 구축한다. 따라서 뛰어난 컴퓨팅 능력과 대량의 정보를 저장할 수 있는 공간이 필요하다. 단일 기관은 이처럼 엄청난 컴퓨팅 능력과 저장 능력을 제공할 수 없으므로 메타버스 시대의 인프라는 고도로 분산될 수밖에 없다. 그런 까닭에 전 세계 컴퓨팅, 저장 자원의 국경 없는 협업이 필요하며 상호 독립성을 유지하는 상황에서 통합 시스템을 구축해야 한다. 메타버스는 특정한 디지털 공간을 가리키는 말이 아니다. 메타버스에는 셀 수 없이 많은 독립적이면서 호환적인 상호 연결된 디지털 공간이 존재할 것이다. 더불어 새로운 디지털 공간도 끊임없이 생겨날 것이다. 이 모든 디지털 공간을 합쳐서 '메타버스'라고 부른다. 모델링 기술의 핵심 기술로는 클라우드 컴퓨팅, 에지 컴퓨팅, 분산 저장, 양자컴퓨팅이 있으며 이에 상응하는 인프라가 메타버스의 기반을 이룬다.

클라우드 컴퓨팅은 모바일 인터넷 시대에 큰 역할을 했다. 이용자는 네트워크를 통해 원격 '서버'에서 컴퓨팅과 저장 서비스를 얻어 모바일 장비의 컴퓨팅 성능과 저장 공간의 한계를 극복했다. 또 클라우드 컴퓨팅은 서로 다른 장비 간의 협력 및 동기화를 실현해 모바일 인터넷의 사용 경험을 최적화했다. 메타버스 시대에는 데이터 양이 폭발적으로 증가할 것이다. 다양한 소스에서 데이터가 발생하고 수시로 업데이트될 것이다. 따라서 모바일 인터넷 시대의, 클라우드 컴퓨팅이 중심이 되고 단말 장비가 보조를 이루는 집중화된 구조로는 수요를 만족시킬 수 없다. 결국 전송 대역, 전송 지연, 데이터 안전, 단말기 에너지 소모 등 일련의 문제에 부딪힐 것이다.

메타버스를 구축하는 데 최대의 난관은 컴퓨팅 파워이지만, 역설적이게도 컴퓨팅 파워가 최고의 기회를 가져다줄 수도 있다. 컴퓨팅 파워는 디지털 세계의 토대다. 공간이 크고 콘텐츠가 많을수록 강력한 컴퓨팅 파워가 필요하다. 실제와 똑같으면서 수십만, 수백만, 심지어 수천만 명이 동시에 활동할 수 있는 디지털 세계를 만들려면 대량의 데이터와 그래픽 렌더링 등을 처리할 수 있는 막대한 컴퓨팅 파워가 필수적이다. 이는 반도체 설계와 제조, 서버 시스템, 통신 시스템, 데이터센터 건설에 큰 부담이 될 것이다. 이때 필요한 자원과 에너지가 가늠조차 할 수 없는 수준일 테니 말이다.

메타버스 시대에는 '서버 + 단말기'의 집중 구조가 '서버 + 에지 + 단말기'의 분산 구조로 바뀌고 에지 컴퓨팅의 역할이 점점 더 커질 전망이다. 앞으로 수많은 사물인터넷 장비가 메타버스에 접속할 텐데, 서버와 렌즈, 센서 등 단말 장치와 이용자는 상당히 멀리 떨어져 있다. 그런데 모든 컴퓨팅을 서버가 처리한다면 네트워크가 혼잡해져 서비스 품질이 저하되는 등 여러 가지 문제가 속출해 리얼타임으로 처리해야 하는 컴퓨팅 수요를 만족시킬 수 없게 된다. 단말 장치의 컴퓨팅 능력은 굉장히 낮다. 클라우드 컴퓨팅 능력과는 비교조차 불가능하다. 그래서 에지 컴퓨팅을 활용해 클라우드 컴퓨팅과 스마트 능력을 단말 근처의 에지 노드로 연장해야 한다. 예를 들어 각종 단말, 데이터 소스에 가까운 '마이크로데이터센터'에서 쏟아지는 데이터를 처리하기 위해 네트워크, 컴퓨팅, 저장, 응용 능력이 합쳐진 오픈 플랫폼이 컴퓨팅과 스마트 서비스를 제공한다. 이렇게 클라우드 컴퓨팅을 보조하는 에지 컴퓨팅을 통해 실시간 업무, 응용 지능, 안전 보장, 사생활 보호 등의 니즈를 해결할 수 있다.[58] 가트너Gartner는 2025년이 되면 75%의 데이터가 전통적인 데이터센터나 서버 밖에서 처리될 것이라고 내다봤다. 에지 컴퓨팅과 클라우드 컴퓨팅은 상호보완적이다. 이 둘은 지연이 최소화된 가용성 높은 네트워크를 이루며 대량의 데이터를 실시간으로 처리해 메타버스 컴퓨팅 시스템을 구축할 수 있다.

데이터가 급속도로 늘어나면서 방대한 데이터 저장 문제가 중요하게 부상했다. 2장에서 이야기했듯이 데이터 보안과 데이터 권리 보호를 위해 메타버스 내의 데이터는 분산 저장해야 한다. 흔히 '인터넷은 기억을 가지고 있다'고 하는데, 실제로 콘텐츠를 검색하다 보면 웹 페이지가 사라졌다거나 연결이 안 되는 경우가 종종 있다. 많은 콘텐츠가 이런저런 이유로 수정되거나 아예 삭제되기도 한다. 그래서 인터넷상의 콘텐츠는 '영속성'이 없다.

그러나 메타버스에서는 〈레디 플레이어 원〉이나 〈프리 가이〉에서처럼 한 기업이 완전히 통제하는 일은 벌어지지 않는다. 메타버스는 무수히 많은 사람이 함께 만들어낸 결정체다. 그리고 메타버스 건설에 결정적으로 기여한 사람들은 바로 우리 같은 이용자다. 우리가 온갖 고생 끝에 어렵사리 일궈낸 터전이나 심혈을 기울여 창작한 디지털 예술품을 특정 기업이 무단으로 삭제하거나 수정한다고? 어림없는 소리다! 그래서 메타버스는 '영속성'이 있어야 한다. 컴플라이언스와 관련한 문제만 없다면, 디지털 대상은 지속적으로 영구히 보존되고 방문할 수 있어야 한다. 그래서 분산 저장 기술에 기반해 새로운 저장 시스템을 구축해야 한다. 분산 저장 시스템을 이용하면, 일단 데이터를 영구적으로 보존하고 신속히 소유권을 확정할 수 있다. 또 신뢰할 수 있고 공유할 수 있으며 순차적으로 유통하고 사생활을 보호할 수도 있다. 기술 측면에서는 데이터를 디지털 자산으로 확정해 데이터 가치의 전달과 극대화를 실현할 수 있다. 그래서 분산 저장은 메타버스 디지털 세계의 기초를 닦는 데 안성맞춤이다. 예를 들어 분산형 파일 시스템Inter Planetary File System, IPFS은 데이터를 영구히 기록하고 분할할 수도 있다. 암호는 각기 다른 본체에 속한 여러 서버에 저장되며 CAS_{content-addressable storage}(콘텐츠 주소 지정 가능 스토리지)를 통해 빠르게 조회할 수도 있다. 또 P2P 방문 방식으로 대역폭 소모와 의존을 줄이고 중복 파일을 삭제할 수도 있어 네트워크 저장 공간을 절약하고 최적화할 수 있다.

컴퓨팅 파워 혁신은 큰 기회가 될 것이다. META ETF는 세계 최초의 메타버스 관련 기업들을 추종하는 ETF_{exchange traded fund}다. 해당 상품은 주로 전 세계에서 메타버스 사업을 적극적으로 추진 중인 상장 기업 주식을 포함하고 있다. META ETF는 주로 세 분야 기업으로 구성되어 있다. 하나, 메타버스 인프라 개발 기업이다. 메타버스에 그래픽 기술 처리 컴퓨팅 파워를 제공하는 엔비디아, VR과 AR 관련 하드웨어를 제공하는 페이스북('메타'로 사명 변경)과 마이크로소프트 등이 여기에 해당된다. 둘, 디지털 세계 그래픽 엔진과 개발 툴을 만드는 기업이다. 예를 들어 그래픽 엔진업체인 유니티와 로블록스가 여기에 속한다. 셋, 메타버스 콘텐츠, 비즈니스, 소셜 네트워크 분야의 선도 기업이다. 텐센트와 스냅챗 등이 여기에 속한다.

매핑 기술로 연결되는
디지털 세계와 물리 세계

매핑 기술은 물리 세계와 디지털 세계를 하나로 잇고 겹쳐, 서로 감응하고 이해하고 상호작용할 수 있게 한다. 주요 매핑 기술로는 디지털 트윈, 3D 스캔, 사물인터넷, 산업인터넷 등이 있다.

디지털 트윈은 사실상 여러 기술의 집합으로 물리 세계의 실물과 똑같은 디지털 '클론clone'을 디지털 공간에 만드는 것이다. 게다가 본체의 실시간 상태와 외부 환경 조건도 전부 클론에 재현된다. 미국《항공주간과 공간 기술Aviation Week & Space Technology》은 일찍이 2014년에 다음과 같이 예상했다. "2035년이 되면 항공사가 비행기를 인수할 때, 실제 비행기와 똑같은 테일 넘버를 가진, 극도로 정밀한 컴퓨터 모델을 동시에 검수할 것이다. 이 모델은 동체, 엔진은 물론이고 비행기 시스템까지 모든 정보를 내포한 비행기는 더 이상 외롭지 않을 것이다. 충성스러운 디지털 그림자가 영원히 따라다닐 테니 말이다."(그림 10-4) 디지

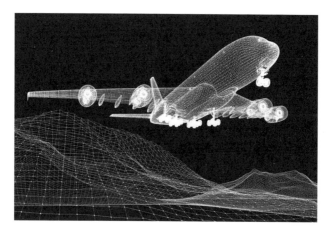

그림 10-4 항공기 제조업에 디지털 트윈이 응용되기 시작했다.　　　　　　　(출처: iStock)

털 트윈에 대해 생생히 묘사한 글이다. 과학기술의 진보는 늘 인간의 예상보다 훨씬 빠르다. 현재 디지털 트윈은 스마트 제조 분야에서 광범위하게 응용되며 실제 공장과 스마트팩토리의 상호작용과 융합을 실현하고 있다.

미국 제너럴일렉트릭(GE)은 이미 제트엔진, 풍력발전소, 해상석유 굴착장치 등 120만 개나 되는 디지털 트윈 모델을 만들었다. 이를 통해 고객은 30% 정도의 비용(현재까지 약 16억 달러)과 20% 정도의 시간을 절약했다. 메타버스 시대에는 디지털 트윈 도시 등 더 거대한 디지털 트윈 모델이 만들어질 것이다. 향후 디지털 트윈은 메타버스 디지털 공간의 주요 요소가 되어 디지털 세계와 물리 세계를 융합할 전망이다.

디지털 트윈을 만드는 데 가장 중요한 기술 중 하나는 3D 스캔이다. 3D 스캔 기술로 물체의 외형, 구조, 색상을 스캔하고 물체 표면의 공간 좌표를 얻을 수 있다. 또한 물리적 실체의 입체 정보를 컴퓨터가 바로 처리할 수 있는 디지털 신호로 빠르게 바꾸고 이 정보를 메타버스에 매핑한다. 주로 라이다LiDAR, 3D 레이저 스캐너 등이 쓰인다. 2020년에 6.82억 달러였던 레이저 레이더laser radar 시장 규모는 2025년에는 29.32억 달러에 이를 전망이며 복합 연간 성장률은 34%에 달할 것으로 예상한다.

프랑스 기업 옐로우스캔YellowScan은 초경량 UAVunmanned aerial vehicle(무인항공기)에 장착하는 라이다 장비를 제공한다. 이 장비를 통해 광산 개발 기업은 저비용, 제로 리스크로 공중에서 광산을 탐측해 전체 광구 데이터를 신속하고 완전하게 모을 수 있다. 또 이를 바탕으로 생산량과 재고 정보를 정확하게 계산할 수 있다.

사물인터넷은 통신의 범주를 '사람과 사람'에서 '사람과 사물', 심지어 '사물과 사물'로 넓혀 여러 센서 장비와 인터넷을 하나로 이어 메타버스 규모를 크게 확장했다. 사물인터넷은 디지털 세계에서 발생한 명령과 변화를 물리 세계로 전달해 두 세계의 상호작용을 실현한다. 아이리서치 컨설팅iResearch Consulting에 따르면 중국 사물인터넷 연결 기기 수는 2019년의 55억 대에서 2023년에는 150억 대로 늘어날 전망이라고 한다. 한편 산업인터넷은 산업 현장에서 사람, 기계, 물체의 연계를 한층 더 강화해 공장 안팎을 완전히 연결한다. GE는 산업인터넷이 중국 특정 업계의 생산율과 에너지 효율을 적어도 1%나 높일 것이라고 예상했다. 그 결과, 항공, 전기, 철도, 의료, 석유 업계는 앞으로 15년 동안 무려 240억 달러를 아낄 수 있다. 그뿐만 아니라 2030년까지 중국 경제에 3조 달러의 성장 기회를 안겨줄 수 있다. 사물인터넷과 산업인터넷은 모든 기기를 연결해 물리 세계의 산업 전체를 메타버스에 접속시켜 디지털 경제와 실물 경제의 융합 속도를 높일 것이다.

접속 기술로 모든 인류의
메타버스 진입 실현

접속 기술은 인류를 메타버스로 데려다주고 디지털 공간과 물리 공간을 자유롭게 오갈 수 있게 해준다. 접속 방식은 점차 다양해지고 있다. 몰입식 접속 기기가 대중화될 것이며 접속 속도와 안정성도 개선될 전망이다. 이 분야의 핵심 기술이자 앞으로 중점적으로 혁신이 이뤄져야 할 기술로는 VR, AR, 모션 트래킹, 5G/6G 네트워크, 위성인터넷 등 새로운 인터랙티브 통신 기술을 들 수 있다.

VR과 AR 등 새로운 인터랙티브 기술은 몰입식 접속을 지원한다. VR은 컴퓨터 시뮬레이션으로 상호작용이 가능한 3D 환경을 만들어 이용자에게 현존감을 선사한다. 이와 달리 AR은 멀티미디어, 3D 모델링, 실시간 트래킹, 스마트 인터랙티브, 3D 센싱 등 다양한 기술을 활용해 디지털 그래픽 등의 정보를 물리 세계에 '중첩'시켜 물리 세계에 대한 '증강'을 실현함으로써 두 세계를 융합시킨다.

2015~2016년에 VR 광풍이 불면서 너도나도 창업에 나섰고 자본과 업계 모두 비이성적으로 VR에 열광했다. 그러나 이내 기술적 한계와 생태계 미비 문제에 부딪혔다. 당시 VR 기기는 매우 비쌌고 콘텐츠가 별로 없었으며 멀미를 유발하는 등 문제가 많았다. 형편없는 사용자 경험(UX)에 실망한 사람들은 그대로 발길을 돌렸다. 2017년 이후, 투자 열기가 식으면서 많은 VR 기업들이 자금, 기술, 인력 부족에 시달리다가 결국 문을 닫았다.

VR 빙하기 속에서도 여전히 몇몇 기업은 혁신을 이어갔다. 2020년, VR 업계에 전환점이 찾아오면서 출하량이 급증했다. 특히 페이스북 오큘러스가 퀘스트 시리즈 신제품을 내놓은 이후, 올인원 기기와 폐쇄적인 사용 환경으로 인해 개선된 사용자 경험과 뛰어난 가성비 덕분에 오큘러스 퀘스트 2 판매량은 예상을 훌쩍 뛰어넘었다. 중신증권은 오큘러스 퀘스트 2의 2021년 출하량을 800만 대 정도로 예상했다.[59] 다른 VR 업체도 속도를 내고 있다. 2021년 5~8월, HTC, Pico, HP가 내놓은 VR 신제품만 5가지나 된다. 여기에는 개인 소비자를 위한 제품도 있고, 기업을 위한 비즈니스 기기도 있다. 중국에서는 안전 보호, 부동산, 교육, 의료, 엔터테인먼트 등 다양한 분야에서 VR 기기가 쓰이고 있다. 인터넷데이터센터Internet Data Center에 따르면 2020년 중국 상용 VR 시장 규모는 243.4억 위안이며 2024년에는 921.8억 위안으로 증가할 것으로 예측한다. VR 기기가 빠르게 보급되면서 콘텐츠 산업도 발전할 것으로 예상한다.

한편 AR은 디지털 정보와 요소를 물리 세계에 중첩시켜 현실 속에서 디지털 요소를 겹쳐 보고 이 디지털 요소와 상호작용할 수 있게 지원한다. 이로써 디지털 세계와 물리 세계의 경계를 뛰어넘어 두 세계의 융합을 실현한다. 애플은 AR 분야에 주력하고 있다. 애플 CEO 팀 쿡은 인터뷰에서 이렇게 말했다. "AR은 가상 세계와 현실 세계의 중첩이다. 물리 세계에 대한 주의력을 흩트리지 않으면서 두 세계의 관계와 협력을 강화할 수 있다."

현재 AR은 주로 스마트폰을 기반으로 응용되고 있다. 예를 들어 스냅챗은 AR 피팅 기능을 출시했다. 이용자는 AR 필터로 의류, 스니커즈, 시계, 기타 액세서리를 착용해볼 수 있으므로 실제로 착용했을 때

그림 10-5 스냅챗이 출시한 AR 피팅 기능은 팬데믹 동안 이용자의 쇼핑 경험을 개선했다.

(출처: Sanp AR)

의 효과를 바로 확인할 수 있다.(그림 10-5) AR 피팅 기능은 코로나19 팬데믹 기간 동안 이용자의 쇼핑 경험을 크게 개선했다.

AR 기술은 교육 분야에도 응용된다. 2019년 3월, 유럽입자물리연구소(CERN)는 구글과 손잡고 '우주 대폭발big bang' AR 애플리케이션을 내놓았다. 학생들은 이 애플리케이션을 통해 우주의 탄생과 진화 과정을 가까이에서 지켜볼 수 있다.

스마트폰 기반 AR 애플리케이션 외에 AR 헤드셋 기기도 점차 보편화되고 있다. 산업 현장은 이미 AR 장비를 시험 응용하기 시작했다. 물론 AR 헤드셋 기술과 응용은 아직 초기 단계를 벗어나지 못했고 주로 기업의 주문을 받아 제작되고 있다. 현재 전 세계 AR 헤드셋 장비 출하량은 11.5만 대도 안 되고, 총수익도 겨우 1.66억 달러 수준이다.[60] 그러나 기술이 성숙하면서 AR 헤드셋 장비 출하량도 급증할 것으로 전망된다.

AR과 VR 외에, MR도 황금기를 맞이하고 있다. MR 장비를 통해 눈앞에 디지털 콘텐츠를 더할 수 있고 물리 세계의 시각적 효과를 수정할 수도 있다. 예를 들어 MR 헤드셋 장비를 착용하면 맨눈으로 똑바로 볼 수 없는 납땜 장면이 뚜렷하면서도 부드럽게 보인다. 작업자는 상황을 똑바로 인지하면서도 중첩된 디지털 지침을 따라 작업할 수 있다. 또 수술 등 임상 환경에서는 X선이나 다름없는 '투시안'을 갖게 돼 혈관의 위치를 적확하게 찾아낼 수 있다.[61]

아직 VR, AR, MR 기술을 대규모로 응용하는 데는 현실적 제약이 남

그림 10-6 VR 글러브를 착용하면 디지털 세계를 '만질' 수 있다.　　　　　(출처: 햅트엑스)

아 있다. 지연 없이 극도의 몰입감을 느낄 수 있는 이상적인 경험을 하려면 좀 더 기다려야 한다. VR 기술을 예로 들자면, 현재 상용 장비의 해상도는 최고 4K 정도이다. 전문가들은 적어도 8K는 넘어야 초실감을 느낄 수 있다고 본다. 리프레시율refresh rate(초당 출력 가능한 디스플레이 화면 횟수-옮긴이)도 한참 부족하다. 이런 기술적 한계를 뛰어넘으려면 VR, AR, MR 하드웨어 연구·개발에도 힘써야겠지만 네트워크, 저장, 컴퓨팅, 배터리도 그만큼 진전을 보여야 한다. 몰입식 장비로 대규모 접속을 하면서도 빠른 속도와 저지연을 달성하려면 어떻게 해야 할까? 이는 메타버스 발전을 위해 기본적으로 해결해야 하는 문제이자 5G/6G 시대에 반드시 넘어야 할 산이다.

　모션 트래킹 기술 기반 장비도 메타버스에 접속하는 주요 툴이다. 디지털 글러브와 모션 수트를 이용하면 디지털 세계에서도 진실한 '촉각' 경험을 할 수 있다. 햅트엑스 글러브HaptX Gloves의 VR 장갑은 수백 개의 미세한 기공으로 이루어진 피부 재질 글러브로 기체의 팽창을 이용해 피부에 감각을 불러 일으킨다. 사용자는 손과 손가락 끝을 이용해 진실한 촉감을 느낄 수 있다. 만약 사용자가 디지털 세계 속 창문을 누르면, 현실 세계에서 유리에 닿았을 때의 압박감과 동일한 느낌을 손가락 끝을 통해 느낄 수 있다.(그림 10-6)

이밖에 원형 VR 트레드밀에서 360도로 움직이면 디지털 세계에서도 똑같이 움직이게 된다. 옴니Omni가 생산한 전 방향 트레드밀 옴니원 Omni One 위에서 특수 신발만 신으면 트레드밀 공간 안에서 달리고, 돌고, 뛰어오르는 등의 동작이 가능하다. 신발 밑에 부착된 센서가 트레드밀 위에서의 동작을 실시간으로 디지털 세계에 매핑한다.

5G 네트워크는 초고속, 저지연, 향상된 시스템 용량, 대규모 사물 통신을 실현한 모바일 인터넷을 목표로 한다. 5G 네트워크의 3대 사용 시나리오는 향상된 모바일 브로드밴드, 대규모 사물통신, 초고신뢰·저지연 통신이다. 인류가 한꺼번에 메타버스로 진입하려면 먼저 정보통신 기술이 더 발전해야 한다. 5G는 이미 메타버스 영역에서 초보적으로나마 응용되고 있다.

예를 들어 클라우드 컴퓨팅과 스트리밍 기술에 기반한 '클라우드 게임'이 점차 자리를 잡아가고 있다. 클라우드 게임이란, 전체 게임 로직과 렌더링 처리가 서버에서 이루어지고, 네트워크를 통해 이용자 단말기로 게임을 스트리밍해 플레이어와 실시간으로 상호작용하는 서비스다. 메타버스 오픈월드는 클라우드 게임과 여러모로 비슷하지만 네트워크에 대한 요구치가 훨씬 높다. 디지털 세계에서 개별 이용자는 각기 다른 콘텐츠를 이용하고 서로 다른 방식으로 조작한다. 시스템도 이용자의 행동을 예측할 수 없다. 한번 상상해보라. 방금 전까지 당신은 디지털 세계에서 끝내주는 풍경을 감상하고 있다가 고개를 돌렸다. 그런데 네트워크 속도가 느려 4K였던 화면의 질이 순식간에 480p로 떨어졌다가 몇 초나 흐른 뒤에 다시 깨끗한 화면으로 돌아왔다. 기분이 어떤가? 짜증이 물밀듯이 밀려올 것이다. 네트워크 지연 정도는 메타버스 이용자의 경험에 직접적으로 영향을 미친다. 따라서 빠르고 안정적인 네트워크가 필수적이다.

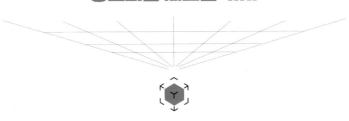

응용 기술로 끝없이
창조되는 새로운 가치

응용 기술은 메타버스에서 인간과 컴퓨터의 긴밀한 상호작용과 유비쿼터스를 실현해 스마트 경제 시스템의 지속적 운영과 새로운 가치 창조를 지원한다. 앞으로 블록체인, 인공지능, 스마트 로봇, 빅데이터가

그림 10-7 블록체인은 '사위일체'식 혁신이다.

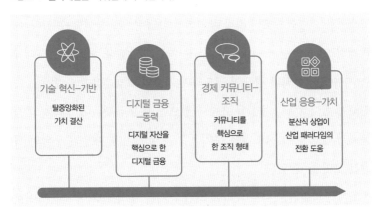

기술 혁신—기반
탈중앙화된 가치 결산

디지털 금융—동력
디지털 자산을 핵심으로 한 디지털 금융

경제 커뮤니티—조직
커뮤니티를 핵심으로 한 조직 형태

산업 응용—가치
분산식 상업이 산업 패러다임의 전환 도움

핵심 기술이 될 것이며 이와 관련한 인프라 구축이 중요해질 것이다.

블록체인 기술은 메타버스의 핵심 원천 기술 중 하나다. 본질적으로 블록체인은 삼위일체가 아닌 '사위일체'식 혁신이다. 구체적으로 보자면, 블록체인은 기술 혁신을 기반으로, 디지털 금융을 동력으로, 경제 커뮤니티를 조직으로, 산업 응용을 가치로 한 포괄적 혁신이다.(그림 10-7)

하나로 연결된 메타버스

메타버스는 단 '하나'의 디지털 공간이 아니라 무수한 디지털 공간의 집합이다. 메타버스는 블록체인을 통해서만 각 공간의 독립성을 지키면서 모든 시스템을 연결할 수 있다. 메타버스의 주요 특징 중 하나는 '오픈소스'라는 점이다. 기술과 플랫폼이 다 오픈소스다. 일련의 표준과 프로토콜을 제정해 프로토콜층과 가치층에서 각 디지털 세계의 상호소통을 실현함으로써 하나로 연결된 메타버스를 형성할 수 있다. 에픽게임즈 CEO 팀 스위니Tim Sweeney는 이렇게 말했다 "메타버스 생태계는 자유로운 선의의 경쟁이 필요하며 기술의 상호운용성 표준으로 촉진해야 한다. (……) 개방된 표준이 없으면 독점 플랫폼이 창작자의 작품에서 창작자보다 더 많은 수익을 가져갈 것이다. 애플과 구글의 사례를 보면 알 수 있다."

또 탈중앙화된 스마트 계약에 기반해 개인, 조직, 심지어 사물끼리도 효율적이고 '신뢰가 필요 없는' 광범위한 협력을 할 수 있다. 모든 계약은 자동으로 이행돼 메타버스 안 스마트 경제를 쉼 없이 돌아가게 하고 엄청난 가치를 만들어낸다. 최근, 인공지능이 놀라운 속도로 발전하고 있다. 자연언어처리, 컴퓨터 비전과 그래픽, 음성식별, 자동조종 등 기술이 비약적으로 발전하고 혁신적인 애플리케이션이 무더기로 쏟아져 나왔다. 그 결과, 예전에는 사람만이 처리할 수 있었던 일을 이제는 컴퓨터도 할 수 있게 되었다.

인공지능은 메타버스의 기반 기술 중 하나다. 2020년, 전 세계 인공지능 산업 규모는 1,565억 달러로 전년 동기 대비 12.3% 성장했다. 디지털 휴먼은 메타버스에서 인공지능 기술이 응용된 중요한 예이자 메타버스를 구성하는 주요 요소다. 디지털 세계의 NPC(플레이어에게 퀘스트 등 다양한 콘텐츠를 제공하는 도우미 캐릭터-옮긴이)들이 인공지능 기술과 합쳐지면서 점차 형상, 정체성, 스토리, 감정, 심지어 생각까지 가진 '디지털 휴먼'으로 거듭났다.

초기 디지털 휴먼은 카툰 캐릭터나 가상 아이돌쯤으로 이해할 수 있다. 1982년, 일본 애니메이션 〈초시공요새 마크로스マクロス〉가 많은 시청자의 사랑을 받았다. 제작사는 여주인공 링 밍메이Lynn Minmay의 이름으로 주제곡 음반을 만들어 발매했는데, 이 음반이 일본 오리콘차트 10위권 안에 들 만큼 히트를 쳤다. 당시의 디지털 휴먼은 사람이 직접 그린 그림으로 만들어졌다. 이후 CG 기술, 모션 트래킹, 3D 렌더링, 홀로그램, 인공지능 기술이 발전하면서 디지털 휴먼은 기존의 기술적 한

계를 뛰어넘었다. 표정, 팔다리, 의상 등 세세한 부분까지 정교한 모델링이 가능해진 디지털 휴먼은 점점 더 실제 사람을 닮아갔다. 거기에 향상된 인공지능 기술이 더해지면서 더 '똑똑해진' 디지털 휴먼은 실시간 정보를 바탕으로 다양한 피드백을 주는 수준에 이르렀다. 하츠네 미쿠Hatsune Miku가 바로 이 단계의 디지털 휴먼이자 세계 최초로 홀로그램 기술을 사용해 콘서트를 연 디지털 아이돌이다. 이밖에도 동영상과 라이브 스트리밍 플랫폼에 가상 방송인들이 나타났다. 2016년 11월, 일본의 가상 아이돌 키즈나 아이Kizuna AI는 유튜브 등 여러 스트리밍 미디어 플랫폼에 채널을 만들어 300만 명에 가까운 팬을 확보했다. 중국의 가상 방송인 샤오시小希도 2017년에 빌리빌리에서 방송을 시작해 이미 60만 명 정도의 팬을 보유하고 있다. 2020년 기준, 이미 32,412명의 가상 방송인이 빌리빌리 플랫폼에서 활동하고 있는데 이는 전년 동기 대비 40%나 증가한 수치다. 아이미디어 리서치에 따르면 2021년 가상 아이돌 및 굿즈 시장 규모는 1천억 위안을 넘을 것으로 예상한다.

링 밍메이, 하츠네 미쿠, 키즈나 아이 등 가상 아이돌은 2D 세계에만 머물렀지만 기술이 진화하면서 디지털 휴먼은 우리 삶의 일부가 되고 있다.

디지털 휴먼은 주로 서비스형 디지털 휴먼과 신분형 디지털 휴먼으로 나뉜다. 이 중 서비스형 디지털 휴먼은 특정 상황에서 서비스를 제공한다. 앞으로 은행원, 고객센터 상담사, 의료 컨설턴트, 집사 등 서비스 업계의 수많은 일자리를 디지털 휴먼이 대체할 것이다. 서비스형 디지털 휴먼은 구체적인 응용 환경에서 가치를 발한다. 인공지능으로 구동되는 서비스형 디지털 휴먼은 서비스 산업의 비용을 낮추고 업무 프로세스의 자동화를 실현해 효율을 높일 것이다.

이와 달리 신분형 디지털 휴먼은 새로운 디지털 정체성을 형성해 디지털 아이돌, 디지털 앵커 등 다양한 신분으로 엔터테인먼트 분야에서 활약할 것이다. 이들은 브랜드 모델, 브랜드 연동, 홍보 협력 등 다양한 방식으로 응용되거나 게임 스트리밍, 콘서트, 굿즈 등의 방식으로 가치를 얻을 것이다.

인공지능 기술이 발전함에 따라 메타버스 시대에는 스마트한 디지털 휴먼이 더 많이 나타날 것이며 디지털 휴먼의 응용 환경도 더 확장될 것이다. 중국 IT 전문 매체 큐빗AI Qbit AI에서 발표한 '가상인간 심층 산업 보고'는 2030년까지 중국 가상 디지털 휴먼 시장 규모가 2,700억 위안에 달할 것이라고 예상했다. 이 중 신분형 디지털 휴먼 시장 규모는 약 1,750억 위안으로 주류를 이룰 것이며, 서비스형 디지털 휴먼 시장 규모는 950억 위안을 넘을 것으로 전망한다.

메타버스 구축을 위한 각국 정부의 노력

각국 정부도 메타버스 생태계 조성에 적극적으로 나서고 있다. 2021년 7월 13일, 일본 경제산업성은 '가상공간 업계의 미래 가능성과 과제에 관한 조사 보고'를 발표해 가상공간 업계에 들어선 기업이 맞닥 뜨릴 문제를 분석하고 가상공간의 미래를 전망했다. 2021년 5월 18 일, 한국 과학기술정보통신부는 '메타버스 얼라이언스' 출범식을 가졌 다. 메타버스 기술과 생태계의 발전을 지원하기 위한 '메타버스 얼라 이언스'는 SK텔레콤, 현대자동차, 한국모바일산업연합회 등 총 17개 기업과 협회가 참여했다. 2021년 8월 31일, 한국 기획재정부는 2022 년 예산안을 발표했다. 이에 따르면 디지털 뉴딜 프로젝트 중 메타버 스 플랫폼 개발에 약 2천만 달러를 투입할 계획이다. 또한 디지털 증 권 관련 블록체인 기술 개발에 2,600만 달러의 자금이 투입될 예정 이다. 지방정부도 가세했다. 2021년 11월 3일, 서울시는 메타버스 정 책의 중장기 발전 방향과 전략 및 메타버스 플랫폼 구축 계획을 담은 2022~2026년 '메타버스 서울 추진 기본 계획'을 발표했다. 이는 '서울 비전 2030'에서 가장 중요한 부분이다. 2022년부터 서울시는 메타버 스 플랫폼을 통해 경제, 문화, 관광, 교육, 민원 등 모든 행정 분야의 서 비스를 실시한다.

현재 중국은 국가 차원에서 새로운 인프라 건설과 디지털 경제 발전 에 총력을 기울이고 있다. 이에 2022년 1월, 중국 공업신식화부 중소 기업국도 메타버스, 블록체인, 인공지능 등 새로운 분야의 혁신형 중 소기업 육성에 힘쓰고 있다. 여러 지방정부도 메타버스 생태계 조성에 동참했다. 베이징시는 슈퍼클라우드컴퓨팅센터를 세웠다. 이를 통해 메타버스 혁신 연합을 구성하고 메타버스 산업 클러스터를 형성할 계획이다. 상하이시는 전자정보제조업 발전 '14차 5개년 계획'에서 양자 컴퓨팅, 3세대 반도체, 6G 통신과 메타버스와 같은 분야의 육성에 힘 쓸 계획임을 밝혔다. 또한 공공서비스, 비즈니스, 소셜 엔터테인먼트, 제조, 생산, 전자오락 등 다양한 분야에 응용될 수 있도록 메타버스를 실현시킬 그래픽 엔진, 블록체인 등 기술 진보를 지원할 예정이다. 저 장성은 '저장성 미래 산업 선도구 건설에 관한 지도 의견'에서 메타버스와 인공지능, 블록체인, 3세대 반도체를 2023년까지 저장성이 집중적으로 육성할 미래 산업으로 선정했다. 우한시는 정부 사업 보고에 메타버스를 포함시켰다. 구체적인 내용을 보면, 디지털 산업 육성에 박차를 가할 것, 메타버스, 빅데이터, 클라우드 컴퓨팅, 블록체인, 지리 공간 정보, 양자테크 등과 실물 경제를 융합할 것, 차세대 인공지능 혁신 발전 시범 구역을 건설할 것 등이 포함돼 있다.

　이상에서 살펴보았듯이 각국은 메타버스를 발전시키기 위해 다양한 정책과 계획을 추진하고 있다. 이에 힘입어 미래 핵심 기술의 혁신 속도와 메타버스 인프라 구축 속도가 빨라지고 메타버스가 급속히 발전해 진정한 메타버스 황금기를 불러올 것이다.

메타버스 시대,
기회의 주인공이 돼라

메타버스는 우리 삶에 깊숙이 파고들었다. 모든 산업과 직업에 일어난 지각 변동으로 우리 모두의 미래도 달라질 것이다. 그러나 도전보다 기회가 더 많다. 두려움을 떨치고 시대의 흐름을 따라간다면 보다 나은 미래를 맞이할 수 있다. '메타버스적 신新사유'(메타버스 사유 방식=기술 사유×금융 사유×커뮤니티 사유×산업 사유)가 필요하다. 디지털 세계와 효과적으로 상호작용할 수 있는 기술을 익혀 '전문 기술+디지털화 기술'을 겸비한 멀티플레이어가 되어야 한다. 또한 메타버스 시대의 창업 기회를 적극적으로 탐색해 그 안에서 저마다의 '성공'을 거둬야 한다.

메타버스 탐색은 신대륙 발견, 우주탐사에 버금가는 의미가 있다. 메타버스는 그 자체가 새로운 종이면서 더 많은 새로운 종을 길러내는 모체이기도 하다. 메타버스는 인류를 더 높은 차원의 '디지털 문명'으로 이끌 것이다. 돌이켜보면 인류 문명의 진보는 늘 새로운 기술, 새로운 금융, 새로운 비즈니스, 새로운 조직, 새로운 규칙, 새로운 경제, 새로운 문명 등 7단계를 거쳤다. 여기에는 차원이 다른 기회가 내포돼 있다.

메타버스 시대,
새로운 직업의 탄생

독일 철학자 라이프니츠Leibniz는 말했다. "세상에 완전히 똑같은 두 장의 나뭇잎은 없다." 이는 물리 세계의 모두가 인정하는 법칙이지만 디지털 세계에서는 그렇게 쉽게 실현되지 않는다. 누구나 가상공간 속 자신의 분신이 독특하고 이상적인 아바타이기를 바란다. 하지만 손재주가 변변찮다면 만족할 만한 아바타를 만들기가 여간 어렵지 않아 '아바타 크리에이터'라는 새로운 직업이 등장했다. 아바타 크리에이터는 의뢰인의 요구에 따라 가상 세계 속 툴로 의뢰인이 바라는 이상적인 아바타를 만들어내고 어울리는 의상과 액세서리까지 디자인해준다. 이처럼 의뢰인이 디지털 세계에서 단 하나뿐인 디지털 아바타를 갖도록 도와주는 사람이 아바타 크리에이터다.

현재 게임 캐릭터는 커스터마이징이 가능하다. 수많은 플레이어가 게임을 하기 전에 오랜 시간 공들여 아바타를 창조한다. 심지어 게임을 즐기는 시간보다 아바타를 만드는 데 더 많은 시간을 쏟기도 한다. '아바타 만드는 데 3시간, 게임은 1분'이라는 우스갯소리가 괜히 나온 게 아니다. 그런데 무려 3시간에 걸쳐 만들었는데도 도무지 눈에 차지 않는다. 이럴 때는 '전문가'를 찾으면 된다. 타오바오에서 '아바타 크리에이터'를 검색해보면, 판매량이 수만 건에 달하는 사이트가 적지 않다. 심지어 단가도 싸지 않다.

소리 소문도 없이 생겨난 '아바타 크리에이터'는 이미 엄청난 시장 규모를 형성했다.

2021년 4월, 빌리빌리와 DT차이징은 '2021년 청년 신종 직업 매뉴얼'이라는 흥미로운 보고서를 발표했다. 여기에는 업로더, 숏폼 동영상 제작자, 스트리밍 상품기획자, 호텔 평점사(호텔 투숙 체험사), 스크립트 킬Script kill 게임 설계자(그림 11-1), 운동화 감정사, 펫 탐정 등 이색적인

그림 11-1 스크립트 킬 게임 설계자가 신종 직업이 되었다.   (출처: Visual China Group)

신종 직업이 포함돼 있다. 이 직업들은 한 가지 공통점이 있다. 바로 무한한 창의력이 필요하다는 점이다. 맥킨지Mckinsey에 따르면, 2030년까지 세계적으로 일자리 8억 개가 로봇(또는 AI)으로 대체될 것이라고 한다. 일부는 엄청난 지각 변동을 겪을 테고 또 일부는 완전히 사라질 것이다. 자동화나 스마트화는 관리직, 전문 분야, 소통이 필요한 일자리에는 그다지 영향을 미치지 않을 것으로 보인다. 아직 이런 분야에서는 로봇이 인간의 능력을 따라잡지 못했기 때문이다. 향후 인력 수요가 증가할 직업으로는 의료 서비스 제공자, 엔지니어, 정보기술 전문가, 관리자, 교육 서비스 제공자, 크리에이터 등이 있다.

미래 업무 수행의 핵심 스킬

메타버스 시대에는 AI와 스마트 로봇이 디지털 사회의 중요한 구성원이 돼 현재 사람이 하고 있는 많은 일을 대신할 것이다.(그림 11-2) 그러나 창의력이 두드러지는 일자리는 로봇이 따라 할 수도 없거니와 메타버스에서 더 큰 가치를 드러낼 것이다. 예를 들어 스크립트 킬 게임 설계자는 사실 시나리오 감독이자 지휘자 역할을 맡아 무한한 상상력과 공감력, 창작 기교를 발휘해야 한다. 플레이어가 게임에 몰입할 수 있게 하면서 스토리에 빠져들게 해야 한다.

메타버스에 대한 관심이 고조되면서 관련 분야에서는 이미 '인재 뺏기 전쟁'이 벌어지고 있다. 인재 채용 플랫폼에서는 메타버스 구축 엔지니어, 메타버스 제품 매니저, 메타버스 게임 기획자, 시나리오 개념 디자이너, 디지털 건축가 및 디자이너, 아바타 크리에이터 등 메타버스 관련 신종 직업이 인기를 끌고 있다. 고급인재의 경우에는 연봉이 15만 달러를 넘기도 한다. 창업팀, 거대 인터넷 기업뿐만 아니라 전통 산업 분야의 상장기업들도 이들에게 러브콜을 보내고 있다.

로이터 통신에 따르면, 페이스북은 앞으로 5년 동안 메타버스 사업을 위해 EU에서 1만 명을 채용할 계획이라고 한다. 스포츠 브랜드 나이키도 메타버스 제작자, 고급 3D 게임 디자이너 등 메타버스 관련 대규모 인재 채용 계획을 밝혔다. 텐센트도 3D 시나리오, 캐릭터 디자인, 3D 캐릭터 등 다양한 분야의 인재를 채용하고 있다. 화웨이는 2021년 캠퍼스 채용 중 VR/AR 관련 인재 채용을 시작했다.

그림 11–2 **스마트 로봇이 인류의 일자리 중 일부를 대체할 것이다.**　　　(출차: Visual China Group)

메타버스에서 디지털 세계와 물리 세계는 빈틈 없이 맞물린다. 모든 것이 고도로 디지털화되고 데이터 형태로 존재하며 데이터는 프로그램 코드에 따라 규칙적으로 운행된다. 메타버스에서 자리를 잡고 싶다면, 코딩은 몰라도 디지털 세계와 상호작용할 수 있는 기술만은 반드시 익혀야 한다. 디지털화 기술이 모든 업무 수행의 기본이자 핵심 스킬이 될 것이다.

코로나19 확산으로 이런 추세가 더 뚜렷해졌다. 모든 산업이 빠르게 디지털화하고 있지만 새로운 기술의 응용 속도를 따라잡은 인재는 부족한 실정이다. 인재 부족이 신기술의 응용을 가로막고 있는 셈이다. 그래서 앞서가는 기업들은 전 직원을 대상으로 데이터 분석, 코딩 관련 커리큘럼 수료를 요구하는 등 디지털화 기술 훈련에 힘쓰고 있다.

영국의 《파이낸셜 타임스》가 보도한 내용이다. "여러 금융 기업들과 마찬가지로, 뱅크오브아메리카(BOA)의 디지털 업무도 기술전문가 부족 문제에 시달리고 있다. BOA는 내부에서 해결책을 찾았다. BOA는 내부 온라인 칼리지를 통해 직원 역량 강화에 힘쓰고 있다." BOA는 2018년 전문 트레이닝 부서를 마련해 전 직원을 대상으로 유급 트레이닝을 실시해 코딩, 데이터 분석 등 디지털화 기술 역량을 강화하고 있다.

BOA뿐만이 아니다. JP모건 체이스도 최근 몇 년 동안 직원을 대상으로 한 코딩 트레이닝 프로그램에 수억 달러를 쏟아부었다. 심지어 규정에 따라 2018년 이후 입사한 자산운용 인력은 반드시 파이선python

커리큘럼을 이수해야 한다. JP모건 체이스는 미래 비즈니스 언어는 코딩이며, 21세기 경쟁력 유지 조건이 코딩을 할 줄 아는 것이라고 본다. 코딩을 이해하는 업무팀은 기술팀과 똑같은 언어를 사용할 수 있어 고객에게 더 나은 툴과 솔루션을 제공할 수 있다.[62] 링크드인LinkedIn의 생각도 같다. 앞으로는 '디지털 유전자'를 지닌 일자리에 대한 수요가 폭발적으로 증가할 것이며 대다수 직업이 데이터 분석 능력을 필수로 요구할 것이다. '전문 기술＋디지털화 기술'을 겸비한 멀티플레이어가 채용 시장에서 경쟁력을 보일 것이다.[63]

물론 디지털화 기술을 익히기란 말처럼 쉽지 않다. 대다수가 체계적이지 않고 단편적으로만 알고 있어 실전에서 응용하지 못한다. 결정적인 원인을 꼽자면, 제대로 된 커리큘럼과 학습 자료를 찾기가 어렵기 때문이다. 메타버스 시대에는 디지털 응용과 관련된 지식이 더 체계적이고 융합적으로 발전할 것이기에 관련 이론과 커리큘럼을 제공하는 전문 교육기관이 필요하다. 그래서 필자는 2018년에 '후오비 아카데미'를 창설했다. 후오비 아카데미는 블록체인 기술 애플리케이션, 디지털 금융 체계, 분산식 비즈니스 모델 등 디지털 경제에서 가장 앞선 분야의 교육과 연구에 매진하고 있다.

메타버스가 온 사회의 이목이 쏠린 혁신 방향인 것은 맞지만, 일부 기업은 그냥 '메타버스'라는 이름만 가져다 '돈벌이 수단'으로 쓰고 있다. 그래서 메타버스 분야에 투자를 계획하고 있다면 이러한 리스크를 염두에 두고 신중히 결정해야 한다. 이 책에서 소개한 중국 및 해외 기업의 사례와 프로젝트는 메타버스 시대의 새로운 트렌드를 이해하기 위한 예시일 뿐, 관련 주식이나 디지털 자산(암호화폐)을 추천하는 것이 아니며 투자 권유는 더더욱 아니다. 아직까지 메타버스 관련 디지털 기술은 충분히 성숙하지 않았고 애플리케이션도 실패하는 경우가 더러 있으며 관련 기업이나 프로젝트도 초기 단계에 머물러 있다.

특히 일부 '메타버스 프로젝트'는 말도 안 되는 홍보 문구를 들고나와 시장 조작을 통해 인위적으로 자산 가격을 끌어올린 다음 곧바로 팔아치우고 가격이 떨어지면 다시 사들여 또 높은 가격에 팔아치우는 수작을 벌이고 있다. 몇몇 프로젝트는 '메타버스'라는 이름을 내걸고 실물 경제의 수요와는 백만 광년쯤 떨어진 이른바 '혁신'을 한다고 떠들어대는데, 실현 가능성이 없는 이런 프로젝트는 투기 그 자체이며 아무런 가치도 없다. 또 어떤 사람은 '메타버스'라는 이름을 내걸고 자체 디지털 자산(토큰)을 발행해 투기매매를 한다. 이는 사기, 다단계 판매, 불법 모금, 불법 증권 발행, 불법 토큰 채권 발행 등 불법적인 범죄 활동으로 볼 수 있다.

시장이 아직 성숙하지 않았음을 명심하고 메타버스, NFT라는 이름을 내건 불법 모금, 사기, 다단계 프로젝트에 경각심을 가져야 한다.

메타버스 시대를 맞이하는 직업인의 자세

기술은 끊임없이 진화한다. 역사를 돌이켜보면, 기술이 업그레이드될 때마다 많은 일자리가 도태되는 한편 새로운 기회가 찾아왔다. 새로운 기술 변혁의 물결이 밀려오고 있다. 이미 인공지능, 스마트 로봇은 사람의 일자리를 대신할 준비를 마쳤다. 그렇다면 당신은 어떠한가? 새로운 도전을 이겨내고 기회를 잡을 준비가 되었는가? 빠르게 자신을 재정비할 시간이다. 사유 방식부터 기술까지 새로운 시대의 흐름을 따라잡아야 한다. 이를 위해 4가지를 제안한다.

■ '메타버스적 사유 방식'을 익혀라

메타버스에서 직업 전환의 본질은 사유 방식의 변혁이다. 사유의 벽을 허물어야 힘차게 날아오를 수 있다. 메타버스적 사유는 기술 사유, 금융 사유, 커뮤니티 사유, 산업 사유 등 네 부분으로 나뉜다.

먼저 기술 사유를 살펴보자. 메타버스는 디지털 기술 혁신을 통해 발전한다. 기술을 충분히 이해하고 기술의 진화 방향을 제대로 파악해야 메타버스를 이해할 수 있다. 이는 메타버스의 웅장한 미래를 바로 보는 첫걸음이다. 둘, 금융 사유다. 금융은 시간 차원에서 자원을 나눌 수 있다. 실물 자산이 토큰화되고 데이터가 자산화되는 상황에서 디지털 금융은 메타버스를 지속적으로 발전시키는 원동력이 될 것이다. 따라서 메타버스적 금융 사유를 익혀야만 디지털 금융이라는 강력한 툴을 제대로 이용할 수 있다.

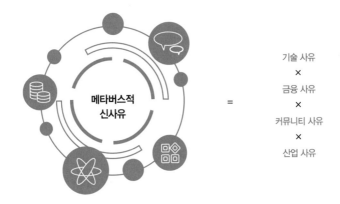

그림 11-3 메타버스적 신사유는 메타버스의 전체 지도에 대한 탐색이다.

셋, 커뮤니티 사유다. 메타버스 시대에는 경제 커뮤니티가 주요 조직 방식이 될 전망이다. 그러나 경제 커뮤니티는 거버넌스 방식, 분배 논리, 운행 모델 등 여러 부분에서 기업을 비롯한 전통적인 조직과 큰 차이를 보인다. 따라서 경제 커뮤니티에 대해서 제대로 이해해야만 새로운 조직에서 자신의 가치를 드러낼 수 있다.

넷, 산업 사유다. 메타버스에서는 디지털 경제와 실물 경제가 긴밀하게 융합된다. 메타버스의 핵심 가치는 실물 경제에 힘을 실어주는 것이므로 어떤 업계라도 메타버스로의 이전을 고려해보는 것이 바람직하다. 메타버스 시대의 산업 논리를 이해해야만 획기적인 발전의 기회를 잡을 수 있다.

메타버스 사유 방식은 단순히 앞서 말한 4가지 사유를 차곡차곡 쌓은 것이 아니다. 이 4가지가 완전히 섞이고, 서로 지렛대 역할을 해 승수 효과를 내게 하는 것이다.(그림 11-3) 메타버스적 신사유는 메타버스의 전체 지도에 대한 탐색이자 미래 신세계에서 핵심이 될 사유 방식이다.

■ 미리미리 직업 전환을 계획하라

메타버스는 개개인의 앞날에 지대한 영향을 미칠 것이므로 '메타버스 시대에 무슨 일을 할지', '어떤 핵심 경쟁력을 키울지' 깊이 고민해봐야 한다. 메타버스는 자유롭고 개방적이고 다원화된 세계다. 물리 세계의 모든 제약이 사라진 그곳에서는 누구나 자신이 원하는 모습으로 살아갈 수 있다. 그런 메타버스에서 가장 강력한 경쟁력은 '창의력'이다. 따라서 미래의 직업을 계획할 때는 내면의 목소리에 귀를 기울여 자신이 '진심으로' 원하는 일을 찾아야 한다. 또한 메타버스 시대에 적응하려면 '평생 학습'을 머릿속에 새겨야 한다. 단 여기에서 말하는 '학습'이란 '책을 가지고', '이미 알고 있는 내용을', '반복해서 익히는 것'이 아니라 드넓은 메타버스에서 무한한 가능성을 끊임없이 탐색하는 것이다. 누구나 자신의 경험을 새로운 지식으로 정리할 수 있고, 그 지식을 다른 사람에게 전달할 수도 있다. 이는 더 많은 사람이 메타버스에 녹아들도록 도와줄 것이다.

■ 경제 커뮤니티에 적극적으로 참여하라

현대인은 대부분 회사의 조직 생활에 익숙하다. 그러나 경제 커뮤니티 시대가 열리면서 업무와 협력 방식이 근본적으로 변하기 시작했다. 우리가 해야 할 일은 지금, 당장, 커뮤니티 활동을 시작하는 것이다. 방관자로서 발만 슬쩍 담글 생각 따위 집어치워라. 커뮤니티에 어떻게 기여할지, 어떻게 자리매김할지를 열심히 고민하라. 커뮤니티 협업 과정에서 개인의 장점을 충분히 발휘할 수 있다. 코딩을 잘한다면 프로젝트에 개선안을 내놓고 코드를 수정하거나 보완할 수 있을 테고, 소통과 협업의 달인이라면 커뮤니티 조직 활동에 참여해 프로젝트의 영향력을 키울 수도 있다. 새로운 협업 관계에서는 능력이나 자원의 크기에 상관없이 누구나 최대한의 가치를 만들고 합리적으로 가치를 분배받을 수 있다.

■ 디지털 소셜 네트워크를 형성하라

메타버스에서는 개개인이 남긴 '디지털 발자국'이 모여 그 사람의 디지털 신용을 형성하며 디지털 정체성과 연동된다. 프라이버시 유출은 걱정할 필요가 없지만 커뮤니티 협업에 참여하거나 다른 메타버스 주민과 협력 관계를 맺을 때는 '특정한' 방식으로 디지털 신용 검증에 대한 요구를 받을 것이다. 따라서 잘 관리된 디지털 신용은 프리패스를 보증할 '통행증'이 된다. 또 디지털 이미지도 중요하다. 메타버스에서는 개개인의 디지털 이미지가 첫인상을 결정한다. 여기에는 디지털 분신의 외모, 자신이 창조하거나 소장한 디지털 예술품, 자신이 참여한 디지털 건물, 심지어 상호작용한 스마트 계약 등이 포함된다. 사교 방식도 완전히 바뀐다. 디지털 생활과 현실 생활이 융합되면서 실물 한 번 본 적 없거나 멀리 떨어진 곳에 사는 막역한 친구가 늘어날 것이다. 또 디지털 소셜 네트워크가 갈수록 더 중요해질 것이다.

메타버스 시대의
창업 물결이 밀려온다

2020년 4월, CCTV 앵커 주광취안朱廣權과 라이브커머스 1인자 리자치李佳琦 콤비는 생방송 플랫폼에서 통화 모드를 통해 CCTV '후베이 공동 구매, 고마워요! 여러분' 라이브커머스 캠페인을 벌였다. 이는 코로나19로 고통받는 후베이 업체들을 돕고자 마련한 행사였다. 이 행사를 통해 연근탕, 찻잎 등 후베이 지역에서 생산된 16개 특산품이 판매되었다. 이 라이브 방송은 누적 조회 수가 1.22억 회, 누적 매출액 4,014만 위안을 달성했으며 웨이보 화제어 조회 수 3.1억 회를 돌파했다.

모두 리자치를 두고 '인터넷이 선택한 사람'이라고만 하지, 그가 라이브커머스 분야에서 성공하기까지 6년 동안 자신을 갈고닦은 사실에 주목하는 사람은 없다. 리자치는 학교를 졸업한 뒤 화장품 기업의 뷰티 어드바이저(BA)로 3년 동안 일했다. 이 시간 동안 열정적으로 화장품을 연구한 그는 매장에서 고객과 상품 이해도가 가장 뛰어난 뷰티 어드바이저가 되었다.

2016년 타오바오 라이브가 시험 운영에 들어갔다. 한 라이브 방송사와 리자치가 근무하던 화장품 회사는 기회를 포착했다. 이들은 'BA 인플루언서 만들기'에 돌입해 매장 판매원을 인터넷상의 KOL_{key opinion} _{leader}로 만들고자 했다. 또한 오프라인에서 일대일로 진행되던 서비스를 온라인 라이브 플랫폼으로 옮겨 1 대 다수 서비스를 제공할 계획이었다. 리자치는 이 프로젝트에 다른 6명의 BA와 함께 뽑혔다. 처음에 리자치의 실적은 참담했다. 립스틱 판매 라이브 방송 때는 비웃음을 사기도 했다. 그러나 2017년 말부터 라이브커머스가 폭발적으로 성장하면서 하루아침에 인플루언서로 등극한다.

2018년 상반기, 리자치는 티몰에서 80차례 생방송을 진행해 수천만 위안에 달하는 화장품을 판매했다. 어느 날, 리자치를 인터뷰하던 기자가 그의 '립스틱 애착'을 발견하고 립스틱 찾기를 시켜보았다. 리자치는 기자가 말하는 호수의 립스틱을 3초 안에 정확히 찾아낼 정도로 립스틱에 대해 잘 알고 있었다.

'메타버스 수혜기'를 잡아라

웹 1.0~2.0의 발전으로 'IT' 업계가 수혜를 입었다. 위챗, 타오바오, 메이퇀, 틱톡 등 수많은 인터넷 플랫폼이 등장했고 많은 사람들이 인터넷 시대가 불러온 창업 기회를 포착했다. 리자치는 그중 대표적인 인물이다. 개혁개방 이후 중국은 시장화, 글로벌화, 도시화, IT가 불러온 네 번의 수혜를 누렸다. 변혁의 시기마다 창업 붐이 일어, 수많은 기업과 기업가가 등장했다. 인터넷이 다음 세대로 넘어가려는 지금, 다섯 번째 수혜기가 눈앞에 닥쳤다. 이른바 '메타버스 수혜기'다. 이 시기에도 어김없이 창업 붐이 일어날 것이다. 바로 메타버스에서 말이다. 사실 통찰력이 뛰어난 창업자들은 이미 메타버스로 뛰어들었고 대단한 성과를 거두기도 했다.

2014년 페이스북이 23억 달러에 인수한 VR 스타트업 오큘러스의 창업자는 20살이 갓 넘은 파머 럭키Palmer Luckey였다. 파머 럭키는 실리콘밸리, 중퇴, 차고 창업이라는 미국 창업가의 '3대 불문율'을 그대로 따랐다. 2009년 16살에 불과했던 그는 쓸 만한 VR 헤드셋을 찾아 온갖 괴상한 장비들을 싼값에 사들였지만 마음에 드는 것이 없었다. 결국 파머 럭키는 직접 만들기로 결심하고 차고에서 작업을 시작한다. 먼저 장비들을 하나하나 분해해 작동 원리를 파악한 뒤, 자신이 원하는 모양으로 개조했다. 그로부터 1년 뒤, 대학에 진학한 럭키는 틈날 때마다 장비를 손본 끝에 첫 번째 프로토타입 VR 장비를 개발했다. 자신의 꿈을 정한 럭키는 학교를 그만두고 오큘러스를 설립한다.

2012년 8월, 그의 첫 번째 제품인 오큘러스 리프트가 크라우드펀딩 플랫폼 '킥 스타터Kick Starter'에 등장했다. 한 달 동안 전시한 끝에 개발팀이 예상한 25만 달러보다 9배나 많은 243만 달러를 모금했다. 2013년 8월, 가상현실 헤드셋 오큘러스 리프트 1이 발매되었다. 그로부터

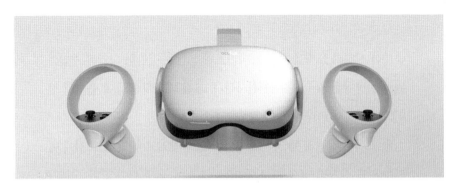

그림 11-4 오큘러스 최신작 퀘스트 2   (출처: 오큘러스)

한 달 뒤 세계적인 규모와 인지도를 자랑하는 E3Electronic Entertainment Expo 에서 '올해의 게임 하드웨어'에 뽑혔다. 파머 럭키는 이 제품이 디지털 세계와 물리 세계의 '틈'을 잇는 다리가 되길 바란다는 뜻에서 리프트 라고 이름 지었다. 이후 페이스북이 거금을 들여 오큘러스를 인수하면 서 오큘러스 제품은 빠르게 업그레이드되었고(그림 11-4) 저커버그와 럭키는 메타버스의 리더로 자리매김했다.

메타버스 시대에 필요한 창업자의 3가지 자세

그렇다면 메타버스의 창업자 대열에 서려면 어떻게 해야 할까? 필자 의 경험에 비추어보자면, 성공의 크기와 상관없이 딱 3가지가 필요하 다. 바로 생각하고, 행동하고, 끝까지 밀고 나가는 것이다.

하나, 깊이 '생각'하라. 메타버스는 엄청난 기회이자 장거리 코스다. 따라서 성급히 행동하기보다는 깊이 생각해서 본질을 깨우쳐야 한다.

충분한 시간과 노력을 들여 메타버스의 본질을 정확히 파악해 자신의 위치와 방향을 찾고 자원을 실사한다. 그런 다음에 행동에 옮겨야 장거리 경주에서 이길 수 있다.

둘, 깊이 생각한 끝에 자신에게 맞는 길을 찾았고, 정말로 그 길에 미래를 걸고 싶다면 이제 '행동'할 때다. 그 길에 '올인'해야 한다. 수혜기가 닥치기 전, 늘 아주 짧은 '태동기'가 존재했다. 위대한 기업들은 대개 이 태동기에 과감하게 움직여 성공을 거뒀다. 메타버스 태동기는 이미 우리 앞에 이르렀고 모든 사람이 동일한 출발선상에 서 있다. 방향만 제대로 정했다면, 누구나 달콤한 성공을 맛볼 수 있다.

셋, 일단 행동에 옮겼다면 '끝까지' 밀고 나가야 한다. 인터넷 시대를 돌이켜보면, 마지막에 웃는 자는 금수저 창업자도 아니고 혜성처럼 등장한 창업 스타도 아니었다. 확고한 신념을 가지고 끝까지 밀고 나간 사람이 결국 승리했다. 이들은 오로지 목표를 향해 전력투구했다. 위대한 길은 결코 탁 트인 평지가 아니며, 아무리 좋은 기회도 시련에 빠질 수 있다. 가다가 멈추면 아니 가는 것만 못하다 했다. 끝까지 밀고 나간 자만이 메타버스의 수혜자가 될 것이다.

위대한 디지털 문명
시대의 서막

인류는 늘 새로운 것에 호기심을 느낀다. 2021년 7월 20일, 아마존 창업자 제프 베이조스Jeff Bezos와 그의 동생 마크 베이조스Mark Bezos, 과거 우주비행사 훈련을 받은 82살의 월리 펑크Wally Funk, 18살의 고교 졸업생 올리버 대먼Oliver Daemen이 베이조스가 투자한 우주탐사 기업 블루오리진Blue Origin의 우주선을 타고 우주로 날아갔다가 지구로 귀환하는 데 성공했다. 이 네 사람은 우주비행사의 동승 없이, 4분 동안 지속적으로 무중력 상태를 경험해, 민간인으로 구성된 최초의 우주탐사팀이 되었다. 우주탐사에 미친 또 한 사람은 일론 머스크다. 일론 머스크에 관해 검색하면 '테슬라' 외에 가장 많이 검색되는 단어가 '화성'이다. 일론 머스크는 인류를 화성으로 보내겠다고 수차례 공언했다. 2002년, 일론 머스크는 우주탐사 기업 스페이스XSpaceX를 설립했다.(그림 11-5) 2017년, 일론 머스크는 달 기지와 영구적인 화성 식민지 건설을 포함

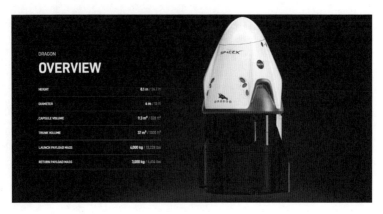

그림 11-5 스페이스X가 연구·개발한 유인우주선 'Dragon'　　　　　　(출처: 스페이스X)

한 지구 궤도 밖 행성 및 위성의 식민지화 계획을 발표했다.

　인류는 이미 수십 년 전부터 우주를 탐사하기 시작했다. 우주과학 기술의 발전은 우리 모두의 삶을 획기적으로 바꿔놓았다. 수많은 위성들로 유비쿼터스 환경이 조성되면서 휴대폰으로 위성 위치 확인 시스템을 사용할 수 있게 되었다. 농작물 종자를 우주로 보내 더 많은 새로운 품종의 농작물을 얻을 수 있게 되었다. 우주비행사의 신체 데이터를 모니터링하던 센서 시스템은 ICU intensive care unit로 발전해 수많은 생명을 구했다.

　이전에 인류가 대규모로 '신대륙'을 탐사한 역사는 15~17세기의 대항해 시대로 거슬러 올라간다. 많은 항해가가 천신만고 끝에 '신대륙'을 찾아내면서 동서양의 문화 교류와 무역 거래가 크게 늘어 세상을 진정으로 연결시켰다. 그뿐만 아니라 신기술의 발명과 금융 분야의 혁명을 불러와 중앙은행, 주식회사 등 '새로운 것'이 탄생했다. 이때 만들어진 비즈니스 모델과 조직 운영 방식이 수백 년이 흐른 지금까지 이어지고 있다.

지금 우리가 메타버스 탐색에 열을 올리는 것도 다음 단계로의 발전을 위해 '새로운 디지털 공간'을 모색하는 것이다. 대항해 시대는 새로운 조직 운영 방식과 금융 시스템의 탄생을 촉진했다. 우주에 대한 탐색은 기초과학 연구의 발전에 크게 기여했으며 새로운 기술의 산업화를 촉진했다. 인류는 지금 메타버스 대창조의 시대로 들어서고 있다. 머잖아 그 시절의 기적 같은 발전과 변화가 다시금 일어날 것이다. 메타버스는 그 자체로 새로운 종이면서 다른 종을 잉태하는 모태이다. 메타버스는 인류의 생활 방식을 송두리째 바꿀 '디지털 신대륙'이 될

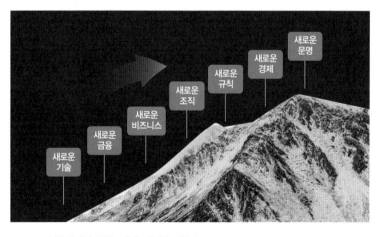

그림 11-6 인류 문명의 진화는 대개 7단계를 거친다.

것이며, 대창조의 신기원을 열어 인류를 더 높은 차원의 '디지털 문명'
으로 이끌 것이다.

돌이켜보면 인류 문명의 진보는 늘 새로운 기술, 새로운 금융, 새로
운 비즈니스, 새로운 조직, 새로운 규칙, 새로운 경제, 새로운 문명 등 7
단계를 거쳤다.(그림 11-6) 새로운 기술이 나타나 곳곳에 응용되면, 그
에 어울리는 금융 시스템이 구축되고 새로운 비즈니스 모델이 생겨난
다. 그것이 경계를 넘어 널리 퍼지면 새로운 조직 형태가 탄생하고 새
로운 규칙이 제정된다. 그리하여 새로운 경제체제를 형성해 결국 사회
를 새로운 문명 형태로 발전시킨다.

메타버스가 이끄는 디지털 문명 7단계

메타버스는 어떻게 우리를 새로운 디지털 문명으로 이끌까?

1단계는 새로운 기술이다. 메타버스는 디지털 기술로 움직인다. 메
타버스의 구축은 본질적으로 기술 혁신이다. 현재 블록체인, VR, AR,
인공지능, 클라우드 컴퓨팅, 사물인터넷, 빅데이터 등의 기술은 점차
성숙해 융합 발전하면서 메타버스의 기반을 탄탄히 다지고 있다. 물론
기술의 발전에 '끝'이란 없으므로 모든 기술이 계속해서 진화할 것이
다. 메타버스의 발전은 핵심 기술의 혁신 속도에 달려 있다.

2단계는 새로운 금융이다. 샌드힐로드Sandhill Road에 모여 있는 세계적
인 벤처캐피털과 나스닥이 도입한 전자거래 시스템은 혁신적인 새로

운 인터넷 기업에 날개를 달아줬고 실리콘밸리의 비약적인 성장과 번영의 기틀을 닦았다. 기술 혁신의 성과인 새로운 금융은 다시금 기술의 광범위한 적용을 뒷받침한다. 마찬가지로 메타버스를 뒷받침할 금융 시스템이 필요하다. 디지털 자산과 디파이에 기반한 '탈중앙화 프로그래밍 가능' 디지털 금융 시스템은 메타버스의 지속적인 발전을 이끌 것이다.

3단계는 새로운 비즈니스다. 인터넷 시대에 '파괴적 혁신'이 발생했다. 양면시장two-sided market, 플랫폼 경제 등 새로운 비즈니스 모델이 나타나 전 세계 구매자와 판매자를 직접 연결해 비즈니스 체계의 '탈중앙화'를 실현하고 전 세계 단일 시장을 형성해 무수한 일자리와 창업 기회를 제공했다. 메타버스에서는 디지털 경제와 실물 경제가 긴밀히 융합해 산업이 전반적으로 디지털화되고 데이터가 자산화된다. 비즈니스는 자원의 제약에서 벗어나 디지털 부의 창조 메커니즘을 만들어내고 비즈니스는 새로운 혁신을 이룰 것이다.

4단계는 새로운 조직이다. 인터넷 기업은 '스톡옵션'을 통해 직원에게 회사의 가치를 분배함으로써 조직 운영 방식과 분배 방식의 혁신을 이루고 조직의 활력을 끌어냈다. 이는 인터넷의 번영이 불러온 힘이었다. 메타버스 시대에는 경제 커뮤니티가 주류 조직 방식이 될 것이고 DAO의 거버넌스 메커니즘이 크게 유행할 것이다. 수많은 디지털 기여자도 장기적인 가치를 공평하게 분배받을 테고 모두가 세상을 바꾸는 위대한 여정에 참여할 수 있을 것이다. 커뮤니티 생태계 가치가 급속히 확장돼 메타버스의 발전과 번영을 이끌 것이다.

5단계는 새로운 규칙이다. 지난 몇 년간 많은 국가가 인터넷 업계를 겨냥한 법률과 정책을 내놓았다. 디지털 경제를 발전시키는 한편, 개인정보를 보호하고 시장 지배적 지위를 남용하는 독점 행위를 금지해 인터넷을 올바른 방향으로 이끌기 위함이다. 메타버스도 주권이 있는 디지털 공간이므로 앞으로 각국은 메타버스를 겨냥한 새로운 규칙을 만들어낼 것이다. 법규는 대부분 스마트 계약을 통해 이행될 것이다.

6단계는 새로운 경제다. 규칙이 마련됨에 따라 새로운 경제체제가 생겨날 것이다. 인터넷 시대에 디지털 경제는 이론에서 실제로 바뀌어 각국 경제 발전의 원동력이 되었다. 메타버스 시대에는 업그레이드 버전의 디지털 경제 형태가 나타날 것이며 진정한 스마트 경제체제를 형성해 새로운 경기순환 주기의 포문을 열 것이다.

7단계는 새로운 문명이다. 앞의 여섯 단계를 거치면서 메타버스는 사람들의 생활 방식과 사회의 모습을 바꿀 것이다. 디지털 세계와 물리 세계가 융합하고, 디지털 경제와 실물 경제가 융합하고, 디지털 생활과 현실 생활이 융합하고, 디지털 자산과 실물 자산이 융합하고, 디지털 정체성과 현실 정체성이 융합해 인류를 더 위대한 디지털 문명으로 이끌 것이다.

윌리엄 깁슨의 말처럼, "미래는 이미 와 있다. 단지 고루 퍼지지 않았을 뿐이다." 앞으로 10년은 메타버스 발전의 황금기이자 디지털 부의 황금기가 될 것이다. 혁신의 태동기가 다시금 열리고 있다. 이 책이 메타버스에 대해 함께 생각해볼 계기를 마련해 모두를 참여와 창조의 길로 이끌기를 바란다. 메타버스 대장정에 함께 올라 새로운 디지털 문명을 만들어보자!

우리 모두 함께합시다!

부록 1. NFT로 본 메타버스

NFT명: 제네시스(Genesis)

작품 형태: 게임 아이템

발행자: 크립토키티(CryptoKitties)

발행일: 2017년 11월 23일

발행 수량: 1

경매일: 2017년 12월 2일

NFT 콘텐츠: 제네시스는 첫 번째 '크립토키티'다.

출처: 대퍼 랩스

NFT명: 에인절(Angel)

작품 형태: 게임 아이템

제작자: 엑시 인피니티(Axie Infinity)

제작일: 2018년 3월 27일

제작 수량: 1

경매일: 2020년 11월 6일

NFT 콘텐츠: 이 엑시는 여러 희귀한 특성이 있어 당시 최고의 거래가를 기록했다.

출처: 스카이 매비스

NFT명: 매직 먼데이(MAGIC MONDAY)

작품 형태: 그림

발행자: 벤 모슬리(Ben Mosley)

발행 수량: 1

판매 플랫폼: TeamGBNFT.com

판매가: 5,400파운드

판매 콘텐츠: 오리지널 작품의 고해상도 디지털 영상, 이 작품을 그리는 과정을 전부 기록한 영상, 아티스트가 직접 장식한 작품의 인쇄본.

NFT 콘텐츠: 2021년 7월 26일, 영국 선수들이 도쿄올림픽에서 금메달 3개, 은메달 2개를 목에 걸었다. 영국 매체들은 이날을 '마법의 월요일'이라고 불렀다. 이 작품은 그날을 기념하기 위해 만들어졌다. 이 시리즈의 NFT는 영국 올림픽대표팀 Team GB와 NFT 서비스업체 'Tokns'가 공동으로 제작했는데, 올림픽 선수 기록 기념품, 영국 올림픽 참가 125주년 기념 아트 작품 등이 포함되어 있다.

출처: 벤 모슬리

NFT명: 섭씨 2도(Two Degrees)

유형: 영상

발행자: 테라0(Terra0)

발행 수량: 1

발행일: 2021년 5월 12일

경매기관: 소더비

경매일: 2021년 6월 10일

낙찰가: 37,800달러

NFT 콘텐츠: 독일 남부 숲을 3D로 스캔한 20초짜리 영상으로 화면에 'This NFT will burn itself'라는 경고 문구를 더했다. 테라0은 특별한 스마트 계약을 만들었는데, 미국 항공우주국(NASA)이 발표하는 연평균 기온 상승치가 섭씨 2도를 넘으면 이 NFT는 스스로 파괴된다.

출처: 테라0

NFT명: 매일-첫 5000일(Everydays-The First 5000 Days)

유형: 사진

발행자: 비플(Beeple, 본명은 Michael Joseph Winkelmann)

발행 수량: 1

발행일: 2021년 2월 16일

경매기관: 크리스티

경매일: 2021년 5월 11일

낙찰가: 69,346,250달러

NFT 콘텐츠: 비플의 초기 예술작품 5천 점을 합성한, 아티스트로서의 생애를 보여주는 완벽한 작품이다. 2021년 9월 기준, 이 작품은 최고가 NFT다.

출처: 비플

NFT명: WWW 소스 코드(Source Code for the WWW)

발행자: 팀 버너스 리(Tim Berners Lee)

발행 수량: 1

발행일: 2021년 6월 15일

경매기관: 크리스티

경매일: 2021년 6월 30일

낙찰가: 5,434,500달러

NFT 콘텐츠: 소스 코드의 날짜와 시간 스탬프가 포함된 오리지널 에디션. 코드를 작성하는 모습이 담긴 30분 25초짜리 무성 동영상. 팀 버너스 리가 파이썬을 사용해 오리지널 파일로 만들었고, 원본 파일 오른쪽 아래에 본인의 그래픽 서명을 넣은 포스터로 프린트할 수 있는 스케일러블 벡터 그래픽스(Scalable Vector Graphics, SVG) 파일. WWW 코드 및 코드 작성 과정을 회상하며 팀 버너스 리가 2021년 6월에 직접 쓴 편지도 포함.

출처: 팀 버너스 리

NFT명: 2021년 목단Rêve의 첫 노래 접련화 – 정보과학 기술이 '나'를 꿰뚫다

작품 형태: 애니메이션

발행자: 송팅(宋婷)

발행 수량: 1

경매기관: 차이나 가디언

경매일: 2021년 5월 20일

낙찰가: 667,000위안

NFT 콘텐츠: 이 작품은 아티스트 송팅이 클래식 곤곡(崑曲) 〈목단정(牧丹亭)〉을 각색한 AI – Human 협업 이머시브 시어터(immersive theater, 관객이 작품에 적극적으로 참여하는 공연 작품 – 옮긴이) 실험에 쓰인 소도구 중 하나다. 각 캐릭터의 '꿈속'은 〈목단정Rêve〉 시어터의 주연이고, 사람 배우, 알고리즘 NPC와 사람 관객은 조연 역할을 맡는다. 아티스트는 온체인 인공지능 모델 및 오프체인 인공지능 모델과 협력하여 화면 속의 색채 평면을 생성했다. 또 〈목단정〉의 아리아 '접련화(蝶戀花)' 가사와 2021년 현대인의 '고전 사

랑'에 대한 해독을 sha1 언어의 데이터 조각으로 암호화해 화면에 저장했다.

출처: 송팅

작품 형태: 알리페이 결제 코드 스킨(둔황페이톈)

발행사: 알리페이

발매 플랫폼: 앤트체인팬포인트(알리페이 미니 응용프로그램)

발매일: 2021년 6월 21일

발매가: 10적립포인트 + 9.9위안

발매 수량: 16,000건

NFT 콘텐츠: 구매 후 둔황페이톈 스킨이 알리페이 결제 코드에 나타난다.

출처: 앤트체인

부록 2. 게임으로 본 메타버스

게임명: 크립토복셀(Cryptovoxels)

개발업체: 놀런 컨설팅(Nolan Consulting Limited)

출시일: 2018년 4월

플랫폼: PC, VR

메타버스 관점에서 보기: 〈크립토복셀〉은 이더리움 블록
체인 기반 가상 세계다. 플레이어는 게임 속 가상 토지를
얻어 자신만의 건물을 세울 수 있다. 게임 화면은 단순한
픽셀 스타일이며 각종 디바이스에서 편하게 즐길 수 있다.
많은 크립토아티스트들이 크립토복셀을 반겼다. 아티스
트들이 크립토복셀에 마련한 갤러리를 방문해 전시 중인
NFT 예술작품을 직접 구매할 수 있다.

출처: 놀런 컨설팅

게임명: 젤다의 전설-야생의 숨결(The Legend of Zelda-
Breath of the Wild)

개발업체: 닌텐도

게임 유형: ARPG

게임 배경: 플레이어는 어둠을 몰아내는 검으로부터 선택
받은 기사가 되어 내면의 목소리를 따라 하이랄 왕국에서
모험을 떠난다. 플레이어는 이 과정에서 기억을 되찾고 재
앙 가논을 물리치고 젤다 공주를 구해 100년 전의 사명을
완수한다.

출시일: 2017년 3월 3일

플랫폼: Switch, Wii U

메타버스 관점에서 보기: 이 게임은 자유도가 매우 높은 생존, 모험, 전략 게임으로 거대한 세계 지도를 구현하고 있다. 플레이어는 이 신비로운 땅에서 자유롭게 탐색하며 마음껏 활약할 수 있다. 또 이 게임은 매우 자유로운 전투 시스템을 갖고 있어 다양한 무기, 방어구, 아이템을 사용할 수 있다. 플레이어는 전술, 장비 조합은 물론이고 하이랄에서의 생활 방식까지, 자유롭게 정할 수 있다. 이 게임을 통해 메타버스 가상 세계에 가까운 경험을 할 수 있다.

출처: 닌텐도

게임명: 데스 스트랜딩(Death Stranding)

개발업체: 코지마 프로덕션(Kojima Productions)

제작자: 코지마 히데오(Kojima Hideo)

게임 유형: TPS

게임 배경: 미래 세계에서 인류는 과학 연구를 통해 평행 세계의 존재를 알게 된다. 평행 세계 몬스터의 침략으로 사회가 붕괴된다. 게임 속 플레이어는 주인공인 샘 포터 브리지스(Sam Porter Bridges)가 되어 멸망해가는 미국 곳곳을 다니며 인류를 단결시키고 구원한다.

출시일: 2019년 11월 8일

플랫폼: PS4, PC

메타버스 관점에서 보기: 게임 속에서 플레이어의 가장 중요한 임무는 각 도시 연맹 사이를 오가며 물자를 운송하는 것이다. 물자를 운송하는 여정은 굉장히 험난하다. 플레이어는 그야말로 산 넘고 물 건너 대륙을 오가며 BT와 강도의 공격까지 피해야 한다. 스토리가 어느 정도 진행되면 전 세계 플레이어들이 협력해 도시 연방 사이에 고속도로를 만들 수도 있다. 플레이어들은 각자의 게임 속에서 재료를 모아 어떤 도로의 일부분을 만들 수 있다. 모든 플레이어가 힘을 모은 덕에 각 도시 연맹을 잇는 고속도로가 완성돼 이제 트럭을 타고 도로 위를 내달릴 수 있다. 메타버스에서는 이처럼 전 세계 이용자들이 협업하는 모습을 아주 흔히 볼 수 있을 것이다.

출처: 코지마 프로덕션

게임명: 월드 오브 워크래프트(World of Warcraft)

개발업체: 블리자드 엔터테인먼트(Blizzard Entertainment)

게임 유형: MMORPG

게임 배경: 아제로스 대륙에는 수많은 신기한 종족이 살고 있다. 신앙과 이념의 차이로 인해, 오크를 중심으로 모인 동맹 세력 호드와 인간을 중심으로 뭉친 연합 세력 얼라이언스로 나뉜다. 호드와 얼라이언스는 때로는 전쟁을 일으키고, 때로는 힘을 합쳐 공동으로 외적을 막아낸다. 얼마 전 호드와 얼라이언스는 두 번째로 아제로스를 침략한 불타는 군단(Burning Legion)을 패퇴시켰다. 그러나 안도의 한숨을 쉬는 이때, 어둠땅(Shadowlands)의 위협이 덮쳐온다.

출시일: 2004년 11월 23일

플랫폼: PC

메타버스 관점에서 보기: 이 게임에서 플레이어는 매우 자유로운 플레이를 경험한다. WOW에서 주목해야 할 부분은 플레이어 간에 아이템을 분배하는 시스템, 즉 DKP(드래곤 킬 포인트) 시스템이다. 그룹에 대한 기여도에 따라 각 플레이어는 얼마간의 DKP 포인트를 받는다. 보스를 쓰러뜨린 후에 아이템이 드롭되면, 이 포인트로 경매에 입찰할 수 있다. 현재 DKP 시스템은 월드 오브 워크래프트 그룹 관리의 주류 모델이 되었다. 미래에는 이처럼 디지털 기여도에 따라 공평하게 분배하는 방식이 주류를 이룰 것이다.

출처: 블리자드 엔터테인먼트

게임명: 마인크래프트
개발업체: 모장 스튜디오(Mojang Studios)
게임 유형: 샌드박스 게임
출시일: 2009년 5월 17일
플랫폼: PC, Android, iOS, Xbox, PS, Switch, Wii U, VR
메타버스 관점에서 보기: 이 게임은 하고 싶은 일을 자유롭게 할 수 있는 세상을 제공한다. 정해진 배경맵이 없고 캐릭터의 제한도 없기 때문에 플레이어는 자유도가 지극히 높은 이 픽셀 세계에서 생활하고 모험을 즐기고 놀 수 있으며 자신만의 세상을 창조할 수도 있다. 메타버스는 물리적 제약을 무시해도 되는 세계다. 누구나 마음껏 창의력을 발휘해 자신만의 세상을 만들어나갈 수 있다.

출처: 모장 스튜디오

게임명: 더 심즈 4(The Sims 4)

개발업체: 맥시스 소프트웨어(Maxis Software)

게임 유형: 시뮬레이션 게임

출시일: 2014년 9월 2일

플랫폼: PC, PS4, XboxOne

메타버스 관점에서 보기: 플레이어는 이 게임을 하면서 현실과는 전혀 다른 인생을 경험할 수 있다. 예를 들어 현실에서는 소심하기 짝이 없는 사람도 게임 속에서는 대담하고 거침없는 사람이 되어 겪어본 적 없는 더 멋진 인생을 경험할 수 있다. 아마 많은 사람이 '메타버스'에 거는 기대도 바로 '색다른 인생 경험'일 것이다.

출처: 맥시스 소프트웨어

부록 3. 영화와 드라마로 본 메타버스

영화 제목: 레디 플레이어 원(Ready Player One)

감독: 스티븐 스필버그(Steven Spielberg)

주연: 타이 셰리던(Tye Sheridan), 올리비아 쿡(Olivia Cooke), 벤 멘델슨(Ben Mendelsohn)

상영 날짜: 2018년 3월 30일

줄거리: 가상현실 기술이 고도로 발달한 2045년, 천재 제임스 할리데이는 가상현실 기술로 '오아시스'라는 거대한 게임 세계를 창조해 엄청난 성공을 거둔다. 죽음을 앞둔 제임스 할리데이는 자신이 오아시스에 '이스터 에그'를 숨겨뒀으며, '오아시스' 플레이어라면 누구나 이스터 에그 쟁탈전에 참여할 수 있고, 이 이스터 에그를 찾아내는 사람이 오아시스의 주인이 될 것이라는 유언을 남긴다. 그리하여 주인공은 가상 세계와 현실 세계를 넘나들며 기묘한 모험을 하게 된다.

메타버스 관점에서 보기: 〈레디 플레이어 원〉은 과학기술이 고도로 발달한 미래에 디지털 세계와 물리 세계의 바람직한 관계에 대해 생각해보게 한다. 마지막에 주인공은 '오아시스'를 완전히 닫는 대신, 1주일에 이틀만 폐쇄한다. 사람들이 진실한 인생에 아쉬움을 느끼지 않도록 현실에서 더 많은 시간을 보내게 하기 위함이었다. 어쩌면 감독은 디지털 세계와 물리 세계가 유기적으로 결합돼 가상과 현실이 공존하는 세상이야말로 가장 나은 미래의 모습임을 관객들에게 전하고 싶었는지도 모른다. 이 영화를 본

사람 중 상당수는 '오아시스' 속 세계가 그들이 상상하던 메타버스라고 입을 모았다.

출처: 워너브라더스

애니메이션 제목: 소드 아트 온라인(Sword Art Online)

감독: 이토 도모히코(Ito Tomohiko)

주연: 기리토(Kirito), **기리가야 가즈토**(Kirigaya Kazuto)

더빙: 마쓰오카 요시쓰구(Matsuoka Yoshitsugu) / **아스나**(Asuna) / **유키 아스나**(Yuuki Asuna) **더빙: 토마츠 하루카**(Tomatsu Haruka)

상영 날짜: 2012년 7월 7일

줄거리: 2022년, 글로벌 최고 제조업체 아르구스(ARGUS)가 가상 세계에 접속할 수 있는 너브기어(NERvGear)를 만들어낸다. 너브기어를 쓰면 가상 세계인 '아인크라드'에 접속할 수 있다. 주인공은 너브기어의 초기 베타테스터가 되어 게임을 플레이하는데, 얼마 지나지 않아 모든 플레이어가 게임 속에 갇히게 된다. 게임에서 죽으면 현실에서도 죽게 된다. 게임에서 나가는 유일한 방법은 보스(Boss)를 쓰러뜨리는 것이다.

메타버스 관점에서 보기: 〈소드 아트 온라인〉은 NPC와 상호작용하는 법, 자원을 획득하는 법, 다른 플레이어와 협력하는 법 등 다양한 시나리오에서 가상 세계 속 일상생활을 그려낸다. 〈소드 아트 온라인〉은 사람과 사람 사이의 사교 관계, 가상 세계와 물리 세계 사이의 전환 방법에 관해 이야기한다. 디지털 세계에서는 더 많은 재미있는 사람과 사귈 수 있고 더 신나는 일을 발견할 수도 있지만 그에 따른 도전도 만만치 않다. 디지털 세계에서의 우정, 심지어 애정을 현실 세계로 끌어오려면 어떻게 해야 할까?
가상 세계와 현실 세계 사이의 정체성 전환은 어떤 식으
로 해야 할까? 이는 메타버스 시대에 중요한 문제로 대두
될 것이다.

출처: A-1 Pictures

드라마 제목: 블랙 미러(Black Mirror)

제작자: 찰리 브루커(Charlie Brooker)

배급사: 넷플릭스, 영국 지상파 TV 채널 4

방영 날짜: 2011년 12월 4일(시즌 1)

줄거리: 〈블랙미러〉는 현대 또는 미래에 고도로 발달한 과
학기술이 인간의 정신세계를 어떻게 이용하고 재구성하고
파괴하는지를 보여주는 옴니버스 형식 드라마다.

메타버스 관점에서 보기: '블랙 미러'가 가리키는 것은 무
엇인가? 어떤 미러가 '블랙'인가? 아마 다들 그 답을 알
것이다. 바로 전자 제품의 스크린이다. 〈블랙 미러〉는 미
래의 과학기술이 인간사회에 미칠 영향에 대해 고찰한다.
미래에는 인간관계, 연애, 일상생활부터 정치, 전쟁, 인성
등 모든 것이 과학기술의 발달로 인해 변해갈 것이다. 그
런데 과연 과학기술의 발달이 긍정적인 변화만 불러올까?
디지털 세계에서 길을 잃지 않고, 디지털 세계와 물리 세
계를 바람직하게 융합시키려면 어떻게 해야 할까? 우리
모두 깊이 고민해봐야 할 문제다.

출처: Zeppotron & House of Tomorrow

영화 제목: 프리 가이(Free Guy)

감독: 숀 레비(Shawn Levy)

주연: 라이언 레이놀즈(Ryan Reynolds) 가이 역

조디 코머(Jodie Comer) 밀리/몰로토프걸

상영 날짜: 2021년 8월 13일

줄거리: 머지않은 미래에, 은행 직원 가이는 어느 날 문득 자신이 프리 시티라는 게임 속에 NPC임을 알게 된다. 그의 세상이 완전히 뒤집히는 충격적인 사실이었지만 가이는 누군가의 뜻대로 움직이는 평범한 NPC가 되기를 거부한다. 가이는 자신의 가치를 실현하기 위해 정의를 실현하는 히어로로 거듭난다. 가이의 이상 행동에 개발자는 서버를 파괴하려고 한다. 그러나 현실 세계에서 온 플레이어인 몰로토프걸의 도움으로 가이는 최후의 반격을 시작한다. 그 과정에서 가이는 몰로토프걸과 사랑에 빠진다.

메타버스 관점에서 보기: 인공지능 디지털 휴먼은 메타버스 가상 세계의 주요 구성원으로 현실 세계의 사람처럼 정체성, 형상, 경력, 감정, 심지어 생각까지 한다. 디지털 휴먼과 공생하는 메타버스를 구축하려면 어떻게 해야 할까? 〈프리 가이〉는 새로운 시각에서 이 문제를 생각해보게 한다.현실

출처: 20세기 스튜디오

영화 제목: 매트릭스(The Matrix)

감독: 더 워쇼스키스(The Wachowskis)

주연: 키아누 리브스(Keanu Reeves), 캐리앤 모스(Carrie-Anne Moss)

상영 날짜: 1999년 4월 30일(1편)

줄거리: 미래에 로봇은 인류와의 전쟁에서 승리한다. 로봇은 계속해서 전기에너지를 얻기 위해 인류의 신체를 인큐베이터 안에 가두고 인류의 사유를 가상 세계인 '매트릭스' 속에 묶어둔 채 인간을 생체전기를 생산하는 배터리로 쓴다. 각성자들은 가상 세계의 편안한 삶을 버리고 절망으로 가득 찬 현실 세계로 돌아와 기계에 대항한다.

메타버스 관점에서 보기: 〈매트릭스 4〉의 개봉을 계기로, 가상과 현실 사이에서의 선택과 사고가 다시금 뜨거운 화제가 되었다. 사실 '매트릭스' 가상 세계는 메타버스가 아니라 기계가 인간을 가둔 '우리'일 뿐이다. 진정한 메타버스는 우리에게 더 나은 삶을 선사하고 더 많은 사람이 자신의 가치를 실현할 기회를 준다. 그곳에서는 디지털 생활과 현실 사회생활을 동시에 누리면서 더 다채로운 삶을 경험할 수 있다.

출처: 워너브라더스

1. Bloomberg Technology. Investing in the "Metaverse"[EB/OL]. 2021-07-02[2021-09-01]. https://www.youtube.com/watch?v=k8USncWsHlo.

2. Roblox. Roblox Reports First Quarter 2021 Financial Results[EB/OL]. 2021-05-10[2021-09-01]. https://ir.roblox.com/news/news-details/2021/RobloxReports-First-Quarter-2021-Financial-Results/default.aspx.

3. Minecraft. Minecraft Franchise Fact Sheet[R/OL]. 2021-04-02[2021-09-01]. https://news.xbox.com/en-us/wp-content/uploads/sites/2/2021/04/Minecraft-Franchise-Fact-Sheet_April-2021.pdf.

4. 마나 토큰은 디센트럴랜드에서 쓰이는 블록체인 기반 토큰으로, 이 가상 세계에서 통용되는 디지털 아이템이라고 생각하면 된다.

5. 여기에서 말하는 메커니즘은 이더리움 2.0 업그레이드 이전의 것이다. 이더리움 1.0은 작업 증명Proof of Work, PoW에 기초한 합의 메커니즘을 사용한다. 이 메커니즘은 물리적 컴퓨팅 파워로 거래를 검증하고 새로운 블록을 만들어낸다. 반면에 이더리움 2.0은 지분 증명Proof of Stake, PoS 합의 메커니즘을 사용해 ETH를 예치한 검증자가 새로운 블록을 만들어낸다.

6. 스톡 투 플로 계산 방식은 시장 공급량을 연간 신규 발행량으로 나눈다. 그 값이 클수록 해당 상품의 희소성이 크다는 뜻이고, 공급량 증가율도 낮다.

7. https://ultrasound.money/(통계 기간: 2021년 8월 4일부터 2022년 2월 4일). https://ethhub.io/.

8. 중신증권中信證券. 2020 글로벌 인터넷 업계 회고 및 전망[R/OL]. 2020-7-16[2021-09-01]. https://tech.sina.com.cn/roll/2020-07-16/doc-iivhvpwx5613885.shtml.

9. 맥킨지 글로벌 연구소. 중국의 디지털 전환: 인터넷이 생산력과 성장에 미치는 영향[R/OL]. 2014-07-01[2021-09-01]. https://www.mckinsey.com.cn/wp-content/uploads/2014/08/CN-MGI-China-ES.pdf.

10. 중국정보통신연구원. 글로벌 디지털 경제의 새 모습(2020년)[R/OL].2020-10-01[2021-09-01]. http://www.caict.ac.cn/kxyj/qwfb/bps/202010/P02020101-4373499777701.pdf.

11. 중국정보통신연구원. 글로벌 디지털 경제 백서-COVID-19 충격파 속 회생의 빛[R/OL]. 2021-08-02[2021-09-01]. https://mp.weixin.qq.com/s/G3Mi8GlNOV-RygGEfGsAiHw.

12. 중국인터넷정보센터. 제48차 중국 인터넷 발전 상황 통계 보고[R/OL]. 2021-08-27[2021-09].

https://tech.sina.com.cn/zt_d/nnic48/.

13. 류단단(劉丹丹). BMW 그룹: '스마트화'를 새기다, 〈Automotive Business News〉[EB/OL]. 2020–05–25[2021–08–01]. https://www.sohu.com/a/397562045_294030.

14. 셰원쥔(謝文君). '유동자산 디지털 자산화 대출'로 세상에 퍼지는 감주향[EB/OL]. 2021–07–23[2021–08–01]. https://www.financialnews.com.cn/qy/dfjr/202107/t20210723_224110.html.

15. 2015년 10월, 영국 시사주간지 《이코노미스트The Economist》는 "신뢰 기계"라는 제목의 기획기사에서 블록체인을 설명했다.

16. '프로그래밍 가능성'에 대해서는 9장에서 자세히 다루도록 한다.

17. 즈옌컨설팅智研咨詢. 중국 게임 시장이 활황을 이어가는 가운데, 전 세계 온라인 가상 물품 거래 시세는 어떠한가? [EB/OL]. 2021–07–30[2021–09–01]. https://www.chyxx.com/industry/202107/966003.html.

18. 마운트 곡스는 원래 〈매직: 더 개더링Magic: The Gathering〉이라는 판타지 게임에서 사용하는 카드를 거래하는 온라인 거래소로 제드 맥칼렙Jed McCaleb이 설립했다. 마운트 곡스라는 이름도 〈Magic: The Gathering Online Exchange〉의 앞글자를 따서 만든 명칭이며 나중에 비트코인 거래소로 전환해 2011년에 마크 카펠레스Mark Karpeles에게 팔렸다. 2013년, 마운트 곡스는 당시 세계 최대 규모의 디지털 자산 거래소가 되었다. 그러나 해킹 사건이 발생한 뒤, 2014년 3월 9일, 마운트 곡스는 미국 법원에 파산보호를 신청했다.

19. KYTKnow Your Transaction는 블록체인에서 거래되는 디지털 자산을 실시간으로 모니터링할 수 있는 기술이다.

20. 해커가 다오의 자산 약 30%를 탈취한 뒤, 화이트 햇white hat이라는 이름의 해커 무리가 다오에 남은 자금을 해커와 비슷한 수법으로 다른 스마트 계약 몇 개로 이동시켰다. (이 계약들을 'the white hat DAOs'라고 부르는데 해커가 이 자산들을 인출하지 못하도록 하기 위함이었다.) 다오 자산을 탈취한 해커의 스마트 계약은 'Dark DAO'라고 불린다. 따라서 하드 포크가 실제로 영향을 미친 것은 상술한 스마트 계약이다.

21. Vitalik Buterin. DAOs, DACs, DAs and More: An Incomplete Terminology Guide[EB/OL]. 2014–05–06[2021–07–01]. https://blog.ethereum.org/2014/05/06/daos–dacs–das–and–more–an–incomplete–terminology–guide/.

22. 이자 농사yield farming에는 '농사'라는 단어가 들어가 있지만 단순한 비유일 뿐, 사실 농업과는 아무런 관련이 없다.

23. 물론 다른 여러 리스크가 존재한다. 예를 들어 해킹으로 인한 기술 리스크, 자산 변동으로 인한 시장 리스크 등이 그러하다. 이밖에도 일부 디파이 프로토콜에는 백도어 기능(시스템 관리자가 일부러 열어놓은 시스템의 보안 구멍–옮긴이)이 심어져 있어 프로그램 개발자가 악의적으로 디지털 자산을 갈취할 가

능성도 있다. 그야말로 고양이한테 생선을 맡긴 꼴이 된다. 그래서 스마트 계약의 코드 감사 보고에 있어 제삼자 안전 감사기관이 매우 중요해졌다.

24. 샤오미가 A주와 B주를 부르는 방식이 좀 특이하다. A주는 다수의 의결권을 가진 주식이라고 정의되었다. A주는 1주당 10의결권을 가지지만 B주는 1주당 1의결권을 가진다.

25. 다오DAO는 일종의 거버넌스 모델로, 이번 장 도입부에서 언급한 다오(The DAO)는 이런 기제하의 구체적 응용 프로젝트였다. 다오 해킹 사건으로 해산된 다오는 아직 진정으로 어떤 역할을 한 적이 없다. 둘을 잘 구분하기 바란다.

26. 슬래시slash는 '삭감'을 뜻한다. 네트워크에서 나쁜 행위를 한 검증자validator에 대한 일종의 처벌 메커니즘이다. 예를 들어 검증자가 오프라인 상태거나 네트워크를 공격하거나 변경된 소프트웨어를 운행하는 등 나쁜 행위를 하면 처벌을 받고 스테이킹한 닷 중 일정량을 잃게 된다.

27. Larva Labs. CryptoPunks Overall Stats[DB/OL]. 2021-08-21[2021-08-21]. https://www.larvalabs.com/cryptopunks.

28. Vivaldi Partners. Business Transformation Through Greater CustomerCentricity-The Power of Social Currency[DB/OL]. 2016-09[2021-08-21]. https://vivaldigroup.com/en/wp-content/uploads/sites/2/2016/09/SocialCurrency-2016_Main-Report.c.pdf.

29. 우샤오보吳曉波. 텐센트 라이징: 중국 인터넷 기업 진화론[M]. 항저우: 저장대학출판사. 2017.

30. Sensor Tower. Top Grossing Mobile Games Worldwide for August 2021[EB/OL]. 2021-09-08[2021-09-10]. https://sensortower.com/blog/top-mobilegames-by-worldwide-revenue-august-2021.

31. Sensor Tower. Genshin Impact Races Past $1 Billion on Mobile in Less Than Six Months[EB/OL]. 2021-03-23[2021-09-10]. https://sensortower.com/blog/genshin-impact-one-billion-revenue.

32. 장니나張妮娜. 프리미엄 마켓 입성에 성공한 샤오미 11 Ultra, 페이스유니티 '디지털 화신'이 함께하다[EB/OL]. 2021-04-15[2021-08-05]. https://www.doit.com.cn/p/438376.html.

33. 현재 메타마스크는 이더리움 블록체인과 이더리움가상머신(EVM) 호환 블록체인을 지원한다.

34. 리화롄黎華聯. 하오장濠江 양안에서 1초 만에 신뢰를 보내다[EB/OL]. 2020-10-26[2021-08-10]. https://www.163.com/dy/article/FPRT7JD00550037C.html.

35. Burnt Banksy. Original Banksy Morons[DB/OL]. 2021-05-01[2021-08-01]. https://opensea.io/assets/0xdfef5ac9745d24db881fef3937eab1d2471dc2c7/1.

36. CryptoArt. TOP ARTISTS[DB/OL]. 2021-9-13[2021-9-13]. https://cryptoart.io/artists.

37. Nonfungible. NON-FUNGIBLE TOKENS QUARTERLY REPORT Q2 2021[R/OL]. 2021-07-31[2021-08-01]. https://nonfungible.com/subscribe/nftreport-q2-2021.

38. McKinsey & Company. Global Payments 2016: Strong Fundamentals Despite Uncertain Times[R/OL]. 2016-09[2021-08-21]. https://www.mckinsey.com/~/media/mckinsey/industries/financial%20services/our%20insights/a%20mixed%202015%20for%20the%20global%20payments%20industry/globalpayments-2016.ashx.

39. 세계은행그룹. 2017 글로벌 핀덱스 데이터베이스 보고서(Global Findex Database 2017) [DB/OL]. 2018[2021-08-20]. https://openknowledge.worldbank.org/bitstream/handle/10986/29510/211259ovCH.pdf.

40. 2021년 7월, 서클은 USDC의 준비금 221억 달러 중 47%가 현금과 현금등가물이고 16%가 회사채, 15%가 양키 CDYankee certificate of deposit, 13%가 미국 국채, 8%가 상업 어음, 1%가 지방채 municipal bond와 미국 기관채라고 밝혔다. 2021년 8월 22일, 서클은 모든 USDC 준비금을 현금과 단기 미국 국채로 바꿀 것이라고 공표했다.

41. BIS. BIS Innovation Hub work on central bank digital currency(CBDC)[EB/OL]. 2021[2021-08-20]. https://www.bis.org/about/bisih/topics/cbdc.htm.

42. 중국인민은행 디지털 위안화 연구개발팀. 중국 디지털 위안화의 연구개발 진전 백서[R/OL]. 2021-07[2021-08-20]. http://www.pbc.gov.cn/goutongjiaoliu/113456/113469/4293590/2021071614200022055.pdf.

43. 둘의 거래 메커니즘이 상당히 달라서 위의 데이터로 단순 비교하기에는 무리가 있다. 이는 독자들의 직관적인 이해를 돕기 위한 자료일 뿐이다.

44. https://twitter.com/haydenzadams/status/1338582286112092162?lang=en.

45. David Mihal. Crypto Fees[DB/OL]. 2021-09-20[2021-09-20]. https://cryptofees.info/.

46. Hayden Adams. Uniswap Birthday Blog-V0[EB/OL]. 2019-11-02[2021-08-20]. https://medium.com/uniswap/uniswap-birthday-blog-v0-7a91f3f6a1ba.

47. u/vbuterin. Let's run on-chain decentralized exchanges the way we run prediction markets[EB/OL]. 2016-10-03[2021-08-20]. https://www.reddit.com/r/ethereum/comments/55m04x/lets_run_onchain_decentralized_exchanges_the_way/.

48. 총 예치금은 스마트 계약에 예치된 자산 총액을 말한다. 수량이 많을수록 서비스 능력이 강하다.

49. 유동성 풀에 관한 소개는 6장 중 컴파운드 사례를 참고하기 바란다.

50. 유동성 제공자가 겪을 수 있는 주요 리스크는 비영구적 손실이다. '비영구적 손실'을 이해하지 못하거나 효과적으로 통제하지 못하면 유동성을 제공하는 행위가 자산가치를 제로로 만들 수도 있다. 즉 자산을 전부 잃을 수도 있다.

51. The Economist. Down the rabbit hole: The beguiling promise of decentralised finance. And its many perils.[EB/OL]. 2021-09-18[2021-09-20]. https://www.economist.com/

leaders/2021/09/18/the-beguiling-promise-ofdecentralised-finance.

52. DeBank. TVL(Total Value Locked)(달러)[DB/OL]. 2021-09-20[2021-09-20]. https://debank. com/ranking/locked_value.

53. Ryan Watkins & Roberto Talamas. Q2'21 DeFi Review[R/OL]. 2021-07-13[2021-08-20]. https://messari.io/article/q2-21-defi-review.

54. @rchen8. DeFi users over time[DB/OL]. 2021-09-20[2021-09-20]. https://dune.xyz/ rchen8/defi-users-over-time.

55. P2P 대출은 스테이킹 대출과 달리 스테이킹 자산, 즉 대출할 수 있는 자산이 필요 없다. P2P 대출을 할 때는, 모든 조작이 한 번의 거래 안에서(블록 하나가 생성되는 시간 안에) 완성된다. 다시 말해 모든 절차(대출, 이체, 실행 조작, 상환)가 하나의 거래 안에 작성되어야 한다.

56. https://twitter.com/coin98analytics/status/1425118397587595265.

57. 중신증권 연구부. 주제 | 메타버스 도해[EB/OL]. 2021-09-16[2021-09-16]. https://mp.weixin. qq.com/s/9wrBeMnGSsoCsR39AC7cTg.

58. 화웨이클라우드. IoT 에지(IoT Edge) 제품 소개[EB/OL]. 2021-07-08[2021-09-01]. https:// support.huaweicloud.com/productdesc-iotedge/iotedge_01_0001.html.

59. 왕관란王冠然, 주화성朱話笙. 메타버스 주제 연구보고: 경험에서 출발해 가상과 현실의 경계를 부수다 [R/OL]. 2021-06-24[2021-08-01]. https://www.eet-china.com/mp/a70274.html.

60. 화웨이. AR 통찰과 응용 실천 백서[R/OL]. 2020-07[2021-08-01]. https://carrier.huawei. com/~/media/CNBGV2/download/bws2021/ar-insight-andapplication-practice-white-paper-cn.pdf.

61. 아이타오艾軺. 스마트 글라스에 관해 당신이 모르는 잡지식과 신개념[EB/OL]. 2016-01-09[2021-08-01]. https://36kr.com/p/1721009455105.

62. Tom Loftus. The Morning Download: JP Morgan Chase Makes Coding Literacy a Requirement[EB/OL]. 2018-10-08[2021-08-01]. https://www.wsj.com/articles/the-morning-download-j-p-morgan-makes-coding-literacy-arequirement-1539000360.

63. 링크드인. 2021년 중국 신종 직업 추세 보고서[R/OL]. 2021-06[2021-08-01]. https://business. linkedin.com/content/dam/me/business/zh-cn/talent-solutions/Event/2021/june/ emerging-job/2021-emerging-job-report.pdf.

메타버스 - 새로운 부의 탄생

초판 1쇄 인쇄 | 2022년 5월 9일
초판 1쇄 발행 | 2022년 5월 16일

지은이 | 위자닝, 최준용
옮긴이 | 정주은

발행인 | 고석현
발행처 | ㈜한올엠앤씨
등 록 | 2011년 5월 14일
편 집 | 정내현
디자인 | 이창욱
마케팅 | 정완교, 소재범, 고보미

주 소 | 경기도 파주시 심학산로12, 4층
전 화 | 031-839-6804(마케팅), 031-839-6811(편집)
팩 스 | 031-839-6828
이메일 | buzmap@naver.com
ISBN | 978-89-86022-55-1 03320